Uni-Taschenbücher 1390

UTB FÜR WISSENSCHAFT

Eine Arbeitsgemeinschaft der Verlage

Wilhelm Fink Verlag München
Gustav Fischer Verlag Stuttgart
Francke Verlag Tübingen
Paul Haupt Verlag Bern und Stuttgart
Dr. Alfred Hüthig Verlag Heidelberg
Leske Verlag + Budrich GmbH Opladen
J. C. B. Mohr (Paul Siebeck) Tübingen
R. v. Decker & C. F. Müller Verlagsgesellschaft m. b. H. Heidelberg
Quelle & Meyer Heidelberg · Wiesbaden
Ernst Reinhardt Verlag München und Basel
F. K. Schattauer Verlag Stuttgart · New York
Ferdinand Schöningh Verlag Paderborn · München · Wien · Zürich
Eugen Ulmer Verlag Stuttgart
Vandenhoeck & Ruprecht in Göttingen und Zürich

Kurt Wuchterl

Grundkurs: Geschichte der Philosophie

2. Auflage

Verlag Paul Haupt Bern und Stuttgart

Kurt Wuchterl, geboren 1931, ist apl. Professor für Philosophie an der Universität Stuttgart und unterrichtet gleichzeitig Mathematik und Philosophie am Scheffold-Gymnasium in Schwäbisch-Gmünd. - Studium der Mathematik, Philosophie und Physik in Heidelberg und Göttingen. Promotion bei H.-G. Gadamer und D. Henrich. Habilitation 1975 über Logik und Sprachphilosophie.

Verantwortlich für den Fachbereich Geisteswissenschaften im Rahmen des UTB-Programmes des Paul Haupt-Verlages: Dr. Urs P. Lattmann.

CIP-Titelaufnahme der Deutschen Bibliothek

Wuchterl, Kurt:
Grundkurs: Geschichte der Philosophie / Kurt Wuchterl. - 2. Aufl. - Bern ; Stuttgart : Haupt, 1990
(UTB für Wissenschaft : Uni-Taschenbücher ; 1390 : Philosophie)
ISBN 3-258-04130-X
NE: UTB für Wissenschaft / Uni-Tachenbücher

Printed in Germany

Inhalt

B. Die Blütezeit der griechischen Philosophie: Die Ausformung der philosophischen Ansätze zu wirkungsmächtigen Lehren

C. Die Weiterentwicklung der Philosophie: Die christliche Synthese aus Glauben und Wissen

D. Die Philosophie im Umbruch der Neuzeit: Philosophische Neuansätze als Grundlage der modernen Welt

E. Stationen auf dem Weg zur Gegenwart: Von Hegel bis Nietzsche

F. Die Philosophie im 20. Jahrhundert: Repräsentanten und Grundformen der neueren Philosophie

G. Anhang

Einleitung

Der vorliegende ,,Grundkurs'' versucht, durch die Darstellung und Entwicklung von Gedanken wirkungsgeschichtlich bedeutsamer Philosophen in die Eigenart philosophischer Fragestellungen und in die Vielfalt ihrer gedanklichen Ausformungen einzuführen. Philosophie und Philosophiegeschichte gehören eng zusammen; selbst betont systematische Darstellungen der Philosophie kommen nicht ohne historische Bezüge, genetische Aspekte und Rückgriffe auf Vorläufer und früher Gedachtes aus. Der philosophische Gedanke hängt in hohem Maße von einzelnen Persönlichkeiten ab. Denn Philosophie entsteht in der schöpferischen Auseinandersetzung mit den sich ständig wandelnden Existenzbedingungen, wobei die begriffliche Ausgestaltung dieser Bemühungen von der Originalität des Denkers geprägt ist. Weil es dabei letztlich auch um das Allgemeinmenschliche geht, bedeutet ein Nach-Denken des bereits Gedachten eine Hilfe zur eigenen Selbstfindung im Akte des Philosophierens.

Die Vielgestaltigkeit philosophischer Reflexionen, die uns in einer zweieinhalbtausendjährigen Tradition überliefert wurde, zwingt zur Beschränkung auf wenige entscheidende Höhepunkte und folgenreiche Umbrüche, die gerade für eine Einführung in das Wesen philosophischen Denkens von Bedeutung sind. Weil dieser Einführungscharakter und die Verwendbarkeit als Arbeitsbuch im Vordergrund stehen, unterscheidet sich die vorliegende Konzeption von den vielen ausführlichen Darstellungen der Geschichte der Philosophie in zwei wesentlichen Punkten: Sie konzentriert sich *erstens* auf *einige wenige Grundgestalten* der europäischen Philosophie und verzichtet auch bei deren Charakterisierung auf Vollständigkeit; sie gibt sich mit der Herausarbeitung einiger Aspekte zufrieden, welche für unsere Denktradition von Bedeutung sind. Der ,,Grundkurs'' ergänzt *zweitens* die Darstellung der Entwicklungslinien durch *kurze Primärtexte,* welche die interpretatorische Bemühung am ursprünglich Gedachten ermöglichen. Damit steht diese Konzeption in der Mitte zwischen Textsammlungen mit mehr oder weniger ausführlichen Vorbemerkungen und den Darstellungen, die auf Originaltexte überhaupt verzichten. Sie eignet sich daher nicht nur als Arbeitsbuch, sondern gibt auch dem Einzelleser illustrative und vertiefende Proben aus der unübersehbaren Fülle philosophisch-historischer Standardwerke.

Der Versuch, in einer exemplarischen Betrachtung trotzdem den Traditionszusammenhang zu wahren und einen Einblick in die Philosophie insgesamt zu vermitteln, gelingt nicht ohne bewußte Auswahl und perspektivische Vorentscheidungen. Besonders für die Philosophie des 20. Jahrhunderts erschwert die zeitliche Nähe eine repräsentative Auswahl, die zudem nicht nur deutsche Philosophen behandeln will. Deshalb steht hier in größerem Ausmaß als sonst der Philosoph als Repräsentant einer bestimmten philosophischen Strömung im Vordergrund. Die Darstellung zeigt in jedem Fall nur einen von vielen Wegen auf, sich im Gestrüpp des philosophischen Dickichts zurechtzufinden, in das uns die zahlreichen Werke, Monographien, Aufsätze, Lexika und Kommentare immer wieder verstricken.
Die Auswahlkriterien sind vor allem durch die folgenden Ziele bestimmt:

- Die Herausarbeitung des spezifisch Philosophischen insbesondere im Stadium der Ablösung vom Mythos.
- Die Darstellung der Begrifflichkeit und Problematik des griechischen Wissenschaftsbegriffs, der für das gesamte abendländische Denken ausschlaggebend wurde.
- Die Entdeckung von Denkelementen, die für das Geistesleben unseres Kulturbereichs von entscheidender Bedeutung wurden.
- Die Einsicht in die Bedeutung der Philosophie in ihre praktischen Disziplinen für die Selbstfindung des Menschen und für seine Stellung in Gesellschaft und Geschichte.
- Die Aufdeckung von Denkzusammenhängen innerhalb der philosophischen Argumentation und schließlich
- das Bewußtwerden der Notwendigkeit, trotz der „Mühe des Begriffs" die zentralen Aussagen vergangener Epochen immer wieder neu zu interpretieren, um ihre Bedeutsamkeit für eine sich ständig wandelnde Gegenwart stets neu zu entwickeln. Deshalb wird wiederholt auf die Vielfalt der Interpretationsmöglichkeiten gerade der sogenannten großen philosophischen Entwürfe hingewiesen.

Der letzte Gesichtspunkt macht deutlich, daß der Gang durch die Geschichte der Philosophie nur als Anregung zur eigenständigen Interpretation eben jener Erkenntnisse und Existenzweisen angesehen werden darf. Die eingefügten Referat- und Diskussionsthemen geben einige Anregungen in diese Richtung. Da ihre Behandlung häufig

weiterer Literatur bedarf, ist in jedem Falle eine zusätzliche Quelle angegeben. Zusammen mit den beigefügten Texten erweitert diese Möglichkeit den ,,Grundkurs" zu einem Arbeitsbuch, das in Seminaren, Schulen, aber auch im Eigenstudium verwendet werden kann.
Damit ist der *systematischen Hinführung* zur Philosophie in dem ,,Lehrbuch der Philosophie" (UTB 1320) eine *historische Orientierung* an die Seite gestellt. Beide Bücher werden durch die ,,Methoden der Gegenwartsphilosophie" (UTB 646) sinnvoll ergänzt. Die drei Werke führen auf je verschiedene Weise in die Gedankenwelt der Philosophie ein, die auch heute noch einen Beitrag zur kulturellen Gestaltung unserer Zeit vermittelt.
Für die sorgfältige Durchsicht und für die sachlichen Korrekturen des ,,Grundkurs"-Manuskripts bin ich den Herren Dr. Hartmut Müller und Dr. Peter Spranger sowie meiner Ehefrau zu Dank verpflichtet.

A. Die Geburt der Philosophie: Von der mythologischen Welterklärung zur philosophischen Reflexion

Wir kennen Hochkulturen in Ägypten und Babylon, in Indien, China und in anderen Ländern, die sich Jahrtausende vor der Blüte der griechischen Kultur entfaltet haben. In diesen Kulturen dachten Menschen über die Welt und über ihr Schicksal in der Zeit nach; sie versuchten, die Naturkräfte zu verstehen, in ihrem Dasein einen Sinn zu entdecken und durch Mythen die Macht des Todes zu brechen.
Auch Thales, Anaximander, Anaximenes und andere Persönlichkeiten aus dem griechischen Kleinasien stellten im 6. Jahrhundert vor Christus solche Fragen. Aber ihre Antworten, die sich inhaltlich scheinbar nur wenig von den Überlegungen und Ahnungen jener Unbekannten vergangener Hochkulturen unterschieden, bedeuten für uns den Anfang der europäischen Philosophie. Worin besteht das Revolutionäre im griechischen Denken und inwiefern sind die Fragen und Antworten der Ursprung unserer eigenen Kultur geworden?

1. Die Welt der Mythologie

1.1 Der Mythos als älteste Form der Weltdeutung

Ehe es Wissenschaften, Philosophien und Weltanschauungen gab, beantworteten Mythologien die uralten Fragen nach dem äußeren und inneren Geschehen in der menschlichen Erlebniswelt. Sonne, Mond und Sterne, Blitz und Donner, Fruchtbarkeit und Dürre, aber auch Geburt und Tod, Gesundheit und Krankheit, Liebe und Haß – kurzum alle bedeutsamen Erscheinungen und Vorgänge im Lebensbereich der Menschen wurden auf göttliche Gewalten und Einflüsse zurückgeführt. Die Mythologie, als „das Wort vom Mythos", erzählt von eben diesen Göttern und gottähnlichen Wesen. Solche Erzählungen hatten für die damaligen Menschen keineswegs nur symbolischen Charakter,

sondern sie meinten genau das, was sie aussagten: Die Götter sind da und wirken in die Menschheit hinein. Mythologie ist so „Wort vom Tatsächlichen“ und „Wort des Sachverhalts“. [1] Sie erzählt sowohl von vergangenen Taten als auch vom gegenwärtigen Einwirken der Götter; sie berichtet von der Antwort des Menschen auf die göttlichen Forderungen und von seinem Umgang mit dem Göttlichen. Diese Antworthandlungen verfestigten sich zu Riten und Kulthandlungen.
Im Mythos herrschen bildhaftes Denken und unbewußtes Gestalten vor. Mythisches Denken ist weder streng begrifflich, noch deduktiv, sondern versucht, geprägte Formen darzustellen. Trotzdem hat die mythologische Weltdeutung ihre eigene Logik und Kausalität. Sie beruft sich auf eine ursprüngliche Phantasie und auf die Autorität des Erzählten. Der Meeresgott bewegt die Wogen des Meeres und läßt die Erde erbeben; Nymphen spenden dem Dürstenden das Quellwasser, und Baumgeister in den Platanenhainen schenken erquickenden Schatten.
Zwischen Mythos und *Religion* bestehen enge Beziehungen. Meistens bezeichnet man diejenigen konkreten historischen Erscheinungsformen von Mythen als Religionen, in welchen genauer bestimmbare Inhalte zum Glaubensgut größerer geschlossener Gemeinschaften wurden. Jene Inhalte deutete man dann als Offenbarungen des Göttlichen, die zugleich das Handeln der Menschen normierten. Religionen waren deshalb ursprünglich eng an Stammes- und Volksgemeinschaften gebunden. Mächtige Priesterkasten pflegten nicht nur die religiöse Tradition, sondern waren zugleich die tragenden Säulen der staatlichen Ordnung. Erst spätere Entwicklungsstadien führten zu den bekannten Weltreligionen, die über Völker und Staaten hinausgreifen.
In einer Zeit, da es weder Wissenschaft noch Philosophie gab, enthielten Mythos und Religion die tiefsten Äußerungen und Einsichten von menschlichen Gemeinschaften und Völkern.

1.2 Die beginnende Loslösung vom Mythos in den kosmogonischen und gnomischen Dichtungen Griechenlands

In Griechenland konnten sich Volksmythologien wild wuchernd ausbreiten, weil es dort keine Priesterkaste gab, die den Glauben hätte pflegen und disziplinieren können. Deshalb traten immer wieder Männer auf, die auf eigene Faust die mythologischen Vorstellungen umbildeten und neue Mythen schufen. Neben Volksheiligen, die in strenger Askese lebten, Wundertaten vollbrachten und Sühneopfer vollzogen, aber im Dunkel der Geschichte namenlos blieben, leuchten zwei Gestalten auf, die für die Weiterbildung der Mythen von größter Bedeutung wurden: *Homer* und *Hesiod.*

Unser Wissen von den Göttern Griechenlands stammt zum großen Teil aus den Dichtungen Homers. In ihnen wurde aber der uralte Volksglauben der Vorzeit bereits dichterisch gestaltet und souverän weiterentwickelt. In dieser sogenannten homerischen Religion zeigen sich die Götter oft in erhabenem Glanz und in würdevoller Schönheit. Vom Olymp aus regierend greifen sie immer wieder in das Schicksal der Menschen ein und nehmen ihnen ihre Entscheidungen ab. Aber sie sind wie die Menschen dem Schicksal (Moira) unterworfen, unterscheiden sich charakterlich nur wenig von ihnen und können sogar erzürnt, haßerfüllt und voller Intrigen sein - alles Züge, die den Widerspruch späterer Generationen, denen eine reine philosophische Theologie vorschwebte, herausforderten.

In der zweiten bedeutsamen Dichtung, der „Entstehung der Götter" von Hesiod, erkennt man orientalische Einflüsse. Ihre grotesk phantastischen Ausschmückungen zeigen eine urtümliche Rohheit, die der kultivierten homerischen Götterwelt fremd war. Bei Hesiod sind die zufällig handelnden Götter Homers zu allgemeinen naturgegebenen Größen umgedeutet. Er gibt einen Überblick über alles Göttliche in der Welt. Dabei betont er aber auch die Schattenseiten des menschlichen Daseins. Während bei den Göttern Ordnung und Recht bestehen, herrscht bei den Menschen das Böse, obwohl sie von Zeus regiert werden. Hier kündeten sich erste Unterscheidungen an, die später zum Gegensatz von Idee und Wirklichkeit bzw. von Sein und Schein führten.

Erste Lehrinhalte und Namen sind uns ferner von den *Orphikern* und den *„sieben Weisen"* überliefert. Bei ihnen verstärkte sich die selbständige Gestaltung der von Inkonsequenzen wimmelnden Volksmythen, die weder das Weltall überzeugend erklären konnten, noch ethische Vorschriften enthielten. Deshalb dachten sich die Orphiker weitere Geschichten zur Entstehung der Welt (Kosmogonie) aus und ließen dabei ihrer dichterischen Phantasie freien Lauf. Ihre Gedanken, die als göttliche Offenbarung des thrakischen Sängers Orpheus gedeutet wurden, fanden weite Verbreitung.

Im Mittelpunkt der orphischen Dichtung stand der Gott Dionysos. Die Entwicklung des Kosmos war identisch mit dem Schicksal dieses Gottes, der von grausamen Titanen zerrissen und dessen Herz von Zeus verschlungen wurde. Bei den Orphikern verwandelte sich der Mythos mehr und mehr zum dichterischen Symbol: Dionysos bedeutete den Weltengrund, sein Zerrissenwerden den Übergang des Ursprünglichen in die Vielheit der Dinge, und das Verschlungenwerden des Herzens meinte die Rückkehr der Welt in den Urgrund. Die Götter verloren ihre persönliche Eigenart und näherten sich abstrakten Begriffen.

Die Orphiker, die sich später zu einflußreichen Sekten entwickelten, lehrten die Wiedergeburt der Seele, den damit verbundenen Vegetarismus und die Existenz des Hades, des Totenreiches. Das eigentliche Leben beginnt für sie erst jenseits der Leiblichkeit, wenn sie durch Askese und Buße aus dem Zwang der Wiedergeburt erlöst sind.

Waren die Volksheiligen und die Orphiker noch religiöse Praktiker, so finden wir bei den *„sieben Weisen“* erste *ethische Reflexionen,* die sich vom Mythos gelöst haben. Hier sind uns Namen und Sentenzen überliefert.

Auf die Bedeutung der sieben Weisen für die Entwicklung der Philosophie weist die Tatsache, daß Thales von Milet, der erste Philosoph, ihnen zugerechnet wird. Neben Thales werden stets noch sein Zeitgenosse Solon, der athenische Gesetzgeber, sowie der ionische Richter Bias und Pittakos aus Lesbos genannt. Von ihnen sind uns sogenannte Gnomen überliefert, das heißt kurze Sinnsprüche, die das Ethische in einzelnen Aspekten, nicht dagegen in seiner systematischen Allgemeinheit betreffen. Viele treten in der Form von kurzen Imperativen auf wie beispielsweise: Erkenne dich selbst! - Fliehe die Lust, die Unlust gebiert! - Gehorche dem Guten! - Im Glück sei mäßig, im Unglück besonnen!

Von Indien abgesehen sind die übrigen Hochkulturen in der Reflexion des Ethischen außerhalb der Religion nicht über das Gnomische hinausgekommen. In Griechenland dagegen wurde dieses Stadium direkt von der Philosophie abgelöst: die philosophischen Kosmologien verdrängten die mythologischen Kosmogonien, die universalen ethischen Konzeptionen das Gnomische.

2. Die Entstehung der Philosophie in Griechenland

2.1 Die Besonderheiten Griechenlands

Daß fast gleichzeitig und unabhängig voneinander in Griechenland, Persien, Indien und China erstmals Philosophen auftraten, so daß K. Jaspers die Zeit um 500 v. Chr. als den „tiefsten Einschnitt der Geschichte" und als die „Achsenzeit der Weltgeschichte" bezeichnete,[2] ist eines der großen ungelösten Rätsel der Geschichtsforschung.
Es gibt eine Reihe von Gründen, die uns die Entstehung der europäischen Philosophie gerade in Griechenland zwar verständlicher machen, sie aber nicht restlos erklären. Dabei sind politische, gesellschaftliche, geographische, linguistische und anthropologische Faktoren von Bedeutung.
Während die Ägypter und Babylonier zur gemeinsamen Kultivierung großer Stromtäler mächtige Staatsgebilde schaffen mußten, konnten sich die auf Inseln und Halbinseln angesiedelten Griechen ohne diesen Druck in Freiheit zu einer Vielzahl von kleineren Staaten organisieren, in denen es weder Kasten noch privilegierte Priester- und Beamtenschichten gab, welche als Hüter der Wahrheit auftraten. Auch der Umstand, daß Griechenland in den Zeiten seines geistigen Aufschwunges nicht durch fremde Großmächte niedergehalten wurde, wirkte sich vorteilhaft aus. So gab es in den geistigen Entwicklungen keine äußeren Beschränkungen durch Religion oder gesellschaftliche Schranken. Zugleich verursachte die politische Zersplitterung ständig geistige Auseinandersetzungen in leidenschaftlichen Parteikämpfen, welche die individuellen Kräfte und Standpunkte aktivierten und schließlich zur Idee der *Demokratie* und *Polis* führten.
Dazu kamen zahlreiche Anregungen von außen, die ein seefahrendes Volk in seinem *Wettstreit* mit Handelspartnern und Konkurrenten tagtäglich erhalten konnte. Kaufleute und Seeleute lernten die verschiedenartigsten Lebens- und Glaubensformen fremder Völker kennen und wurden dadurch zum Nachdenken über ihre eigene Vorstellungswelt veranlaßt. Der durch erfolgreiche Geschäfte aufkommende *Reichtum* milderte den Druck des bloßen Existenzkampfes und verschaffte Zeit für Muße und eigenes Forschen. Dies alles konnte sich nur deshalb für die kulturelle Entwicklung so vorteilhaft auswirken, weil das griechische Volk zusätzlich mehrere bemerkenswerte spezifische Fähigkeiten aufwies: eine große Beobachtungsgabe und Aufnahmefähigkeit gepaart mit einer genialen Kombinations- und Abstrak-

tionsfähigkeit. „Dieses begabteste aller Völker“ [3] vermochte vom empirischen Mannigfaltigen zum begrifflichen Einen aufzusteigen und zugleich die Fragen bis zum letzten Urgrund aller Dinge voranzutreiben wie kein anderes Volk. Zugleich gestaltete sein überdurchschnittlicher Sinn für Ordnung und Maß dieses Ganze zu einem Kosmos von Harmonie und gesetzmäßiger Vernunft.

Von größter Bedeutung für diese Entwicklung war auch die *griechische Sprache.* Ihre Schmiegsamkeit war geradezu dafür prädestiniert, der Ausdruck philosophischer Gedanken zu werden. Ihr Formen- und Bedeutungsreichtum ermöglichte die Bildung substantivierter Abstrakta und vielfältiger Komposita; durch das Neutrum von Partizipien und Adjektiven sowie durch die Existenz des bestimmten Artikels ließen sich Prinzipien (das Seiende, das Gute) bezeichnen; die Formen des Verbs wiesen den Weg zu kategorialen Unterscheidungen wie Tun und Leiden, Akt und Potenz.

Nicht zu vergessen ist in diesem Zusammenhang die Auseinandersetzung mit der bildenden Kunst und insbesondere mit der Poesie, in denen der Mythos in symbolischem Gewand weiterlebte. Sie entwickelten sich fast gleichzeitig mit der Philosophie zur höchsten Blüte. Die Auseinandersetzungen mit „diesem Konkurrenten und Todfeind des Wissens“ [4] regten die philosophische Phantasie zu immer überzeugenderen Ansätzen wissenschaftlicher Tätigkeit an, um neben der Kunst als eigentliche Quelle von Wissen und Erkenntnis bestehen zu können.

2.2 Der erste Philosoph: Thales von Milet

Thales gilt im allgemeinen als der erste Philosoph. Er habe erstmals die Frage nach dem Urgrund aller Dinge gestellt und die Antwort in einem uns wohlbekannten Stoff, dem Wasser, gefunden. Zudem sei er der Begründer der wissenschaftlichen Erforschung der Natur; berühmt ist seine Vorhersage der Sonnenfinsternis vom 28. Mai 585 v. Chr.

Doch diese einfache Charakterisierung ist bereits Interpretation. Denn uns sind über Person und Lehre des Thales keine Einzelheiten aus historischen Quellen überliefert, sondern nur aus Berichten über den Philosophen, die vor allem durch die Sichtweise des Aristoteles geprägt wurden. Der Übergang vom Mythos zur Philosophie ist fließend. Auch bei Hesiod und in anderen Mythologien finden wir Spekulationen über den Urgrund der Welt. Zudem klingt die Aussage des Thales „Alles ist voll von Göttern“ nicht gerade aufgeklärt. Außerdem soll die Lehre vom Wasser nicht nur als wissenschaftliche Erklärungshilfe

für Erdbeben u. a. gedient haben; Aristoteles verweist auf Beziehungen zu den mythologischen Urströmen Okeanos und Styx.
Auch die Behauptung, Thales sei der Begründer der rationalen Wissenschaft ist nicht ohne Einschränkung richtig. Wir finden schon bei den Ägyptern und Babyloniern eine Fülle mathematischen, astronomischen und medizinischen Wissens. Aber in all diese Fällen handelt es sich um Einzelwissen. Die Mathematik beispielsweise war völlig zweckgebunden und bezog sich auf Einzelaufgaben aus Astronomie, Vermessungs- und Baukunde. In der griechischen Philosophie dagegen wird die Mathematik erstmals zur freien Lehre, das heißt, sie wird um der Erkenntnis willen und damit unter ganz allgemeinen theoretischen Gesichtspunkten betrieben. Aber die entscheidenden Beiträge zu dieser Entwicklung einer freien Wissenschaft lieferten erst die Generationen, die auf Thales nachfolgten. Die Lehren von Pythagoras, Platon, Aristoteles und Euklid waren die wichtigsten Stationen.
Trotzdem ist es sinnvoll, Thales den ersten Philosophen und Naturforscher zu nennen. Er ist die Symbolfigur, in welcher sich der neue Geist konkretisiert, der die Voraussetzung für die Entwicklung zur Philosophie und zur freien Wissenschaft darstellt. Thales repräsentiert so eine Reihe von Eigenschaften, die zum Teil erst bei seinen Nachfolgern signifikant ausgebildet wurden, nämlich

- selbständiges Nachdenken des Individuums aufgrund der Verwunderung, ja Erschütterung über die Fragwürdigkeit der Welt;
- die Frage nach dem letzten einheitlichen Grund aller Dinge unabhängig von mythologisch personifizierten Autoritäten und religiösen Zwängen;
- die selbstbewußte methodische Suche nach Wissen um seiner selbst willen;
- die Berufung auf eine dem Menschen eigene Vernunftfähigkeit (Logos)[5], die es ermöglicht, hinter der vordergründigen Scheinwelt eine wahre Wirklichkeit zu entdecken.

Über den historischen Thales gibt es keine direkten Quellenüberlieferungen, weil alle seine Schriften verloren gegangen sind. Doch kursieren zahlreiche Anekdoten, die in ihrem unterschiedlichen Charakter zugleich einen Hinweis auf die Einschätzung der Philosophie durch das einfache Volk geben.
Es gibt Anekdoten, die uns einen völlig weltfremden Thales zeigen. So berichtet Platon: ,,Als Thales die Sterne beobachtete und nach oben

blickte und als er dabei in einen Brunnen fiel, soll eine witzige und geistreiche thrakische Magd ihn verspottet haben: er wolle wissen, was am Himmel sei, aber es bleibe ihm verborgen, was vor ihm und zu seinen Füßen liege." [6] Platon skizziert da das Bild des versponnenen Philosophen ohne Realitätsbezug, wie es auch heute noch in der Vorstellungswelt vieler Menschen weiterlebt. Positiv interpretiert verweist das Bild aber auf ein jeder Philosophie wesentliches Element: der Philosoph denkt über die praktischen Bedürfnisse hinaus und verläßt so den Bereich des nur Nützlichen.

Neben dieser Anekdote existieren zahlreiche andere, die Thales als klugen Staatsmann, vielseitigen Praktiker und weltgewandten Kaufmann, ja als gerissenen Geschäftemacher beschreiben. Aufgrund seiner naturwissenschaftlichen Kenntnisse konnte er eine reiche Olivenernte voraussehen, kaufte daher die Ölmühlen seiner Gegend auf und erwarb durch diesen kaufmännischen Trick ungeheuren Reichtum. In einer anderen Geschichte wird berichtet, er habe durch die Umleitung des Flußbettes des Halys dem Heer des Krösus einen schlachtenentscheidenden Übergang ermöglicht. [7]

In dieser Charakterisierung kommt zum Vorschein, was Philosophie, oder besser Naturforschung, auch vermag: durch Wissen den Menschen und die Natur zu beherrschen. Einige Interpreten wollen hier bereits eine Vorform der Einheit von Theorie und Praxis entdecken. Doch blieb die vorsokratische Philosophie bis zu den Sophisten ausgesprochen theoretisch. Explizite Handlungsorientierungen, wie sie in der Mythologie gang und gäbe waren, fehlten und kamen über gnomische Ansätze nicht hinaus.

2.3 Das Spannungsverhältnis von Mythos und Logos

Die Entwicklung der Philosophie bedeutet zugleich ein Zurückdrängen des Mythologischen. Jaspers und andere sprechen ausdrücklich von einem Übergang des Mythos zum Logos, ja von einem „Kampf gegen den Mythos von seiten der Rationalität". [8] Die Mythen wurden mehr und mehr zum Gleichnis für Selbsterdachtes. Im Logos dagegen faßte man alle Tendenzen zusammen, in denen Menschen allein auf sich gestellt den Ursprung der Welt zu ergründen suchten. Philosophie bedeutete so immer zugleich auch „Aufklärung", Selbständig- und Mündigwerden.

Dieser Prozeß vollzieht sich nicht schlagartig. Besonders in der Person des *Pythagoras* und seiner Schule wird die noch ungebrochene Macht des Mythos deutlich. Lange Wanderjahre hatten Pythagoras nach Ägypten und in den Orient geführt, ehe er im griechischen Unteritalien einen religiösen Orden mit strengen Regeln, geheimnisvollen Kulthandlungen und eigener Tracht gründete. In ihm wurden großartige wissenschaftliche, insbesondere mathematische Entdeckungen gemacht und Spekulationen über die Zahlen und deren Verhältnisse als Urprinzipien einer harmonischen Welt entwickelt.
Die zentrale Lehre der Seelenwanderung war eng mit einer neuen Ethik verquickt. Man bewunderte bei den Pythagoräern die asketische Aufopferungsbereitschaft und den bedingungslosen gegenseitigen Beistand. Der Geheimbundcharakter vertrug sich jedoch schlecht mit den Öffentlichkeitsprinzipien der Polis und führte zu politischen Spannungen. Schließlich wurden zahlreiche Anhänger, möglicherweise auch Pythagoras selbst, an ihrem Versammlungsort in Kroton getötet. Dieser erste freie Verein in der Menschheitsgeschichte war ein Hort intensiver wissenschaftlicher Arbeit und philosophischer Spekulation, und trotzdem kann hier von einem Bruch mit dem Mythos keine Rede sein.
Die betont kritische Haltung gegenüber Religion und Mythos verstärkte sich erst im Laufe der Jahrhunderte und erreichte bei den Sophisten ihren Höhepunkt. Doch muß man sich darüber im klaren sein, daß aufklärerische Rationalität im Sinne von Entzauberung, Entheiligung und Verweltlichung nur die eine Seite der Philosophie darstellt. In Sokrates' Daimonion, in Platons philosophischen Dichtungen und in Aristoteles' Lehre vom Absoluten treten auch in der Folgezeit mythologische und religiöse Elemente auf und existieren in Eintracht mit philosophischen Inhalten. Und die gesamte mittelalterliche Philosophie lebt von der Synthese aus religiösem Glauben und vernunftmäßigem Wissen.
So wird deutlich, daß es innerhalb der Philosophie grundsätzlich mehrere Möglichkeiten einer Bewertung des Mythos gibt, die nicht einfach auf den gemeinsamen Nenner „Logos kontra Mythos" gebracht werden können. Sieht man von der deskriptiven Bedeutung des Wortes Mythos als von Göttern und gottähnlichen Heroen handelnde Erzählung oder Sage ab, so ergeben sich die drei folgenden Deutungen:

- *erstens* positiv: Mythos als vollwertiges bildhaftes und stark personifizierendes Gedankengebilde zur Bewältigung von Wirklichkeit, in welchem die letzten Einsichten von menschlichen Gemeinschaften zum Ausdruck kommen (Mythos als historisches Phänomen primitiver Gesellschaften);

- *zweitens* ebenfalls positiv: Mythos als Gleichnis, als Analogie oder auch nur als symbolischer Ausdruck für die nicht auflösbaren Widersprüche in den Bestimmungen autonomer menschlicher Existenz (Mythos als Ausdruck philosophischen Bemühens um die letzten Fragen);
- *drittens* negativ: Mythos als irrationale Vorform der eigentlichen aufklärerischen geistigen Weltbewältigung, welche der wissenschaftlichen Einsicht und der Verwirklichung von Vernunft im Wege steht (Mythos als Hemmschuh des Logos).

Die beiden zuletzt genannten Grundeinstellungen bedingen ein Spannungsverhältnis zwischen Mythos und Logos, das die gesamte Geschichte der Philosophie prägte. Dies verbietet eine einseitige Charakterisierung des Philosophischen als Antithese zum Mythos.

3. Die Vorsokratiker

Die griechischen Philosophen von Thales bis zur Blütezeit des perikleischen Zeitalters werden im allgemeinen als Vorsokratiker bezeichnet. Wir greifen aus der großen Anzahl dieser Denker drei Repräsentanten heraus, bei denen sowohl die inhaltliche Kosmos-Spekulation als auch bestimmte Grundkonzeptionen von Philosophie verdeutlicht werden können.

3.1 Anaximander und die kosmologische Spekulation

Anaximander aus Milet (um 610/09–547/46 v. Chr.) war ein Schüler des Thales. Wegen der Fülle seiner bahnbrechenden Gedanken erscheint Thales im Vergleich zu ihm nur noch als Vorläufer; die eigentliche philosophische Persönlichkeit, der „Hauptkerl“, wie Nietzsche sagt, ist Anaximander. Texte seiner Philosophie sind uns sogar in einem Fragment überliefert, das zugleich als ältestes Beispiel griechischer Prosa gilt.
Wir finden bei Anaximander neben den eigentlichen philosophischen Aussagen zahlreiche *naturwissenschaftliche Erklärungsversuche.* Er gilt als der erste Denker, der die Entstehung des Weltalls auf rein physikalische Prinzipien zurückzuführen versuchte. Von ihm stammt die erste Erdkarte und ein Himmelsglobus. Anaximander sprach erstmals

die kühne und folgenreiche Idee aus, „daß sich die Erde im Weltraum in schwebender Lage befinde, und zwar im Mittelpunkt der Welt". [9]
In der *Philosophie* steht, wie bei den meisten Vorsokratikern, die Frage nach dem Wesen des Weltgrundes (arché) im Vordergrund. Anaximander deutete das Urprinzip als *metaphysischen Begriff,* der sich von der inhaltlich-anschaulichen Vorstellung, wie wir sie noch im Wasser des Thales fanden, loslöst. Anaximander bezeichnete diese Arché als „Apeiron", als Unendliches. Dabei dachte er zwar noch an einen unbestimmten, ungestalteten und homogenen Stoff, wollte aber zugleich die Unerschöpflichkeit und innere Gesetzmäßigkeit des Lebensprozesses erfassen. Aus dem Unendlichen scheiden sich nämlich die Gegensätze aus; der Urstoff sondert sich in Kaltes und Warmes, in Trockenes und Feuchtes. Große Aufmerksamkeit hat die im Anaximander-Fragment formulierte Überzeugung gefunden, daß der Weltprozeß in all seinen Abläufen in gesetzlicher strenger Notwendigkeit bestimmt und geordnet ist. Die damit verbundenen dunklen Hinweise auf Sühne, Buße und Ungerechtigkeit haben oft zu nicht minder dunklen Interpretations-Spekulationen geführt. Recht sachlich weist Jaeger darauf hin, daß es sich weniger um ein rationales Naturgesetz, als vielmehr eher um eine Art Weltnorm innerhalb der „Rechtsgemeinschaft der Dinge" handelt. [10]
Mit Thales und Anaximander beginnt die lange Reihe von Denkern, die sich um die Klärung der Prinzipien des kosmologischen Weltgeschehens bemühen. Einige lehrten nur *eine* Arché, z. B. Luft (Anaximenes) oder Feuer (Heraklit), andere verkündeten *mehrere* Urstoffe, wie etwa Empedokles, der die vier Elemente Feuer, Wasser, Luft und Erde aufzählt. Leukipp und Demokrit führten kleinste qualitätslose unveränderliche und unteilbare Teilchen ein, die berühmten Atome, und nahmen damit spekulativ eine Idee der modernen experimentellen Naturforschung vorweg. So unterschiedlich die Antworten im einzelnen zu sein scheinen, allen diesen Forschern gemeinsam war die Überzeugung, allein aus menschlicher Vernunft und ohne mythologische Überlieferungen die Welt verstehen zu können.

3.2 Werden und Sein: Heraklit und Parmenides

Die Berufung auf bestimmte Urstoffe ist bei den meisten Philosophen mit der Annahme dynamischer Prinzipien verbunden. So sollte schon bei Anaximander das Apeiron zugleich den Lebensprozeß erklären. Das große Thema war stets das *Werden des Kosmos.* An der Entstehung, Entwicklung und Gestaltung der lebendigen Natur zweifelte dabei niemand. In Heraklit finden wir einen Denker, der diesen Gedanken des Werdens bis zum Äußersten steigerte. Der große Gegenspieler des dynamischen Denkers war Parmenides; er wandte sich gegen die Selbstverständlichkeit der Bewegung und brachte durch den Hinweis auf das vollkommene *unveränderliche Sein,* das allem Denken zugrundeliege, einen neuen wirkungsmächtigen Gedanken in die Philosophie. So bildeten sich in den Gedanken des Heraklit und des Parmenides *zwei Urtypen von Philosophie* heraus, die sich durch die gesamte Philosophiegeschichte verfolgen lassen:

- eine dynamische Denkweise, in der Bewegung und Veränderung zum Wesen der Dinge gehört, und
- eine mehr strukturelle Denkweise, die durch die Fixierung des Gedachten als Identisches die logische Ordnung und Harmonie des ewig gleichen Seins lehrt.

Der Widerstreit beider Grundhaltungen ist zugleich die Geburt der „Dialektik", das heißt der Lehre, welche diesen Gegensatz zu verstehen und zu überwinden suchte.

Heraklit von Ephesos, ein stolzer, die Menschen verachtender Aristokrat aus vornehmstem Geschlecht, lebte nach Auseinandersetzungen mit den radikal-demokratischen Einwohnern seiner Heimatstadt in der Einsamkeit der ionischen Küstenwelt. Nachfolger haben seine Lehre auf die kurze Formel des „pánta rheî" (alles fließt) gebracht. Heraklit lehrte, daß sich alle Dinge im ewigen Fluß befinden; sowohl im Menschenleben wie in der Natur vollzieht sich ein unablässiger Kampf entgegengesetzter Prinzipien. Nichts verharrt im gleichen Zustand; wir können nicht zweimal in den gleichen Fluß steigen. Was uns beharrend erscheint, ist nur ein Kreuzungspunkt verschiedener Werdelinien, der durch starre Begrifflichkeit und strenge Rationalität erfaßt werden kann.
Die Prozesse werden durch die fortwährende Wandlung eines Urstoffes, des Feuers, bedingt. Im ewigen Rhythmus eines Auf und Ab von Ausdünstungen aus Erde und Meer geht die Welt durch Krieg und Streit aus dem Urfeuer hervor und kehrt in Eintracht und Friede wieder dorthin zurück. Trotzdem vollzieht sich das Werden nicht in einem chaotischen Wirrwarr, sondern in strenger Harmonie: alles ist von einem Weltgesetz beherrscht, die Weltvernunft („Logos") lenkt den Weltenablauf. Im Begriff des Logos sind nach B. Snell drei wesentliche

Elemente enthalten: Spontaneität, der Bezug auf das Ganze (Koinon) und vor allem seine Tiefendimension. (Heraklit: „Der Seele Grenzen kannst du im Gehen nicht ausfindig machen, und ob du jegliche Straße abschrittest; so tiefen Sinn hat sie.“)[11] Als Seele der Welt ist er zugleich Norm für menschliches Handeln, aber weniger im Sinne eines strengen Sittengesetzes als eher im Sinne eines intuitiv erlebten inneren Ordnungsprinzips kindlicher Unschuld. In der Idee des übersinnlichen Weltprinzips tritt uns die Gottheit als das Absolute entgegen; im Logos ist jede anthropomorphe Mythologie abgestreift und erstmals Gott als metaphysisches Prinzip gedacht.

Parmenides von Elea ist der Hauptvertreter der eleatischen Schule, die von Xenophanes begründet wurde und auf die weitere Entwicklung der Philosophie entscheidend eingewirkt hat. Parmenides ging nicht mehr wie seine Vorgänger von der *Außenwelt* aus, sondern wandte sich dem *Denken* des Menschen zu. So steht dieser Philosoph in der Mitte zwischen der Kosmos-Spekulation der ersten Philosophen, welche ihre Prinzipien meistens der Sinnenwelt entnommen hatten, und den Sophisten, die sich ganz den Interessen und Handlungen der Menschen zuwandten und über die menschliche Innenwelt reflektierten.
Nach Parmenides heißt „denken“ immer „*etwas* denken“. Demnach bezieht sich jeder Denkakt auf Seiendes, also kann Nichtseiendes nicht gedacht werden. Denken und Seiendes sind letztlich eines. Wenn Philosophie darin besteht, auf dem Weg des reinen Denkens zur Wahrheit an sich zu gelangen, müssen sich Philosophen dem Seienden zuwenden und Setzungen von Nichtseiendem zurückweisen. Die Existenz von Nichtseiendem wird aber überall dort behauptet, wo Urteile über Einzeldinge gefällt und Veränderungen als letzte Gegebenheiten gedacht werden. Denn Einzelurteile bedeuten stets, daß Eines gesetzt und Anderes ausgeschlossen, also Nichtseiendes gedacht wird. Auch Bewegtes bezieht sich nicht auf Seiendes, sondern ist in jedem Augenblick als anderes gedacht. So ergeben sich folgerichtig die zwei zentralen Lehrstücke des Parmenides:

- erstens: das Denken bezieht sich stets auf das Ganze der Wirklichkeit; das Seiende als Ganzes, oder kürzer: das Sein, erfüllt als „wohlgeordnete Kugel“ die gesamte Natur;
- zweitens: das Denken erfaßt das Sein als beharrende Einheit; aller Wandel und damit alle Inhalte sinnlicher Wahrnehmung sind Schein und Trug; Bewegung ist undenkbar, sinnliche Wahrnehmungen sind Täuschungen.

Aus beiden Einsichten folgt, daß das Seiende - ganz wie in modernen physikalischen Raumtheorien - keinen leeren freien Raum zuläßt, in welchem sich, wie es später die Atomisten fordern, kleinste Teilchen bewegen könnten.

Zenon, ein Schüler des Parmenides, der zusammen mit dem Meister nach Athen gereist war und sogar Perikles unterrichtet hatte, entwikkelte in seiner „Dialektik" mehrere Beweise gegen die Wirklichkeit der Bewegung. Am bekanntesten ist die Fabel von „Achilles und die Schildkröte". (Beide bestreiten einen Wettlauf, in welchem Achilles der Schildkröte einen Vorsprung von einem Stadion zubilligt. Bis Achilles den Weg von einem Stadion zurückgelegt hat, ist die Schildkröte einen kleinen Bruchteil eines Stadions weitergekrochen. Bis Achilles diesen Bruchteil durchlaufen hat, ist die Schildkröte schon wieder weiter, und so fort.) Es ist dies ein erstes Beispiel eines „indirekten Beweises", der von der Annahme des Gegenteils, nämlich der Bewegung, auf einen Widerspruch stößt und damit die Annahme in Frage stellt.

3.3 Die Vorsokratik als Anfang des Philosophierens überhaupt

Werden und Sein blieben in der vorsokratischen Spekulation als unversöhnte Antithesen stehen. Erst Platons Lehre stellte die erste wirkungsmächtige Synthese dieses Widerstreits dar. Damit wurde aber gleichzeitig die Weiterentwicklung der Philosophie in eine bestimmte Richtung entscheidend beeinflußt. Moderne Philosophen, wie Nietzsche oder Heidegger, denen diese Weichenstellung als Fehlentwicklung erschien, griffen daher immer wieder auf die Anfänge der philosophischen Reflexion vor Platon zurück. So enthalten die Fragmente der Vorsokratiker gerade in ihrer Dunkelheit Anregungen zu Neuinterpretationen, die sich aus dem Zwang der geschichtlichen Entwicklung befreien wollen. Außerdem sind zahlreiche Probleme, die später in der Philosophiegeschichte diskutiert wurden, schon von den Vorsokratikern zwar nicht gelöst, aber doch aufgeworfen worden. Der Rückgriff auf die ursprünglichen Fragen gibt den Blick frei für völlig neue Perspektiven. Die Zeugnisse des geschichtlichen Anfangs der Philosophie werden dadurch trotz ihres fragmentarischen Charakters zum Anfang originellen Philosophierens in der Gegenwart.

Die große Wertschätzung der Vorsokratiker in der Gegenwart darf aber nicht vergessen lassen, daß ihre unmittelbare historische Bedeutung darin lag, der Philosophie den Weg zu deren Blüte bereitet zu haben. Die Wirkungsmacht der ersten Philosophen war gering, ihr Einfluß nur auf kleinste Kreise beschränkt. Noch prägten vor allem Dichter, Gesetzgeber und Staatsmänner das öffentliche Bewußtsein. Das änderte sich erst mit dem Auftreten der *Sophisten,* denen es gelang, das philosophische Gespräch in die Bildungsschicht Griechenlands einzuführen.

4. Texte A

4.1 Der Logos in kritischer Distanz zum Mythos (W. Nestle)

- Mythos und Logos - damit bezeichnen wir die zwei Pole, zwischen denen das menschliche Geistesleben schwingt. Mythisches Vorstellen und logisches Denken sind Gegensätze. Jenes ist - unwillkürlich und aus dem Unbewußten schaffend und gestaltend - bildhaft, dieses - absichtlich und bewußt zergliedernd und verbindend - begrifflich. Ursprünglich ist die mythische Vorstellungsbildung die einzige Form, in der der Mensch seine äußere und innere Welt sich verständlich zu machen versucht. Alle Vorgänge auf beiden Gebieten, der Auf- und Untergang der Gestirne, die atmosphärischen Erscheinungen, das Wachstum der Pflanzen, die Äußerungen des Tierlebens, Gesundheit und Krankheit, Geburt und Tod, so gut wie Liebe und Haß, Tapferkeit und Feigheit, Klugheit und Verblendung, Traum und Verzückung, Begeisterung und Wahnsinn werden mit Hilfe der Personifikation und bildhaften Phantasie auf dämonische Wesen zurückgeführt. Wie die Erdoberfläche ursprünglich ganz mit Wasser bedeckt war, das erst allmählich zurückwich und Inseln und Kontinente hervortreten ließ, so war auch dem primitiven Menschen die ihn umgebende Welt und sein eigenes Wesen von einer mythischen Vorstellungsschicht überdeckt, die erst in langen Zeiträumen allmählich soweit zurücktrat, daß immer größere Gebiete vom denkenden Verstande bloßgelegt und erhellt wurden ...

Genauer charakterisiert sich das mythische Denken durch den völligen Mangel einer Prüfung seiner Vorstellungen an der Wirklichkeit, also einer Abgrenzung von Schein und Sein, durch das Suchen nach einer guten oder schlimmen Absicht dämonischer Wesen, durch die Spiritualisierung der Naturkräfte und die Materialisierung geistiger Inhalte und durch den Glauben an die magische Wirkung kultischer Handlungen. Damit ist schon gesagt, daß auch das mythische Denken der *Kausalität* nicht ganz entraten kann; aber es wendet den Begriff der Ursache noch rein willkürlich und unkritisch an. Er erscheint hier erst keimhaft, noch umhüllt von einer dichten Schale abergläubischer Vorstellungen, die er erst nach langer Erfahrung sprengt und abwirft...

Nun hat freilich die Geistesgeschichte der Menschheit bewiesen, daß auch der *Logos,* das vernünftige Denken, die Wirklichkeit nicht restlos zu erfassen imstande ist, daß er schon bei Begriffen wie Stoff, Kraft, Leben auf unlösbare Rätsel stößt und daß er vollends darauf verzichten muß, uns den Sinn des Seins und Daseins zu deuten. So bleibt also etwas *Irrationales* übrig, das sich der Erkenntnis durch empirische Forschung und vernünftiges Denken entzieht, und die Verkennung dieser Grenzen hat den „Rationalismus" in üblen Ruf gebracht und seine Ausweisung aus dem Gebiet der Religion zur Folge gehabt. (...)

Nun kann aber das Irrationale zweierlei bedeuten: das Übervernünftige und das Widervernünftige. Gibt man hiebei auch zu, daß das *Übervernünftige,* das Transzendente, sich nie in verstandesmäßige Begriffe wird fassen lassen, so wird man doch schwerlich das metaphysische Denken von den Vorsokratikern bis zu den großen Systemen des deutschen Idealismus aus dem Geistesleben Europas streichen wollen. Denn der metaphysische Trieb des Menchen hat sich, aller Erkenntnistheorie und auch aller Gottlosigkeit zum Trotz, als unausrottbar erwiesen und, wenn auch „die Arithmetik mit Religion gar nichts gemeinsam hat" (H. St. Chamberlain), wenn auch der Polytheist ebenso fromm sein kann wie der Monotheist, so wird man doch kaum bestreiten können, daß im Übergang von einer polytheistischen zu einer monotheistischen Gottesvorstellung in weltanschaulicher Hinsicht ein Fortschritt liegt und daß ernstes Nachdenken über das Göttliche und Ewige echter Religiosität nie gefährlich, sondern immer nur förderlich sein kann. Ebensowenig wird wahre Religion durch die sich immer mehr erweiternde wissenschaftliche Erkenntnis der Welt in Frage gestellt: sie wird dadurch nur auf eine höhere Ebene gehoben; was sie an Breitenausdehnung verliert, gewinnt sie an Tiefe, und sie wird so genötigt, sich aus dem Gebiet des Erforschlichen, das sie sich unrechtmäßigerweise unterworfen hatte, sich auf das des Unerforschlichen zurückzuziehen, wo der Glaube an einfache und grundlegende religiöse Werte seine Stelle hat.

Das *Widervernünftige* in der mythischen Weltauffassung wird aber allerdings der Logos unerbittlich bekämpfen. Dazu gibt ihm die oben erwähnte Pseudokausalität des mythischen Denkens das Recht. Hier ist schon die Beseitigung des Irrtums, der auf einer religiösen Wahnvorstellung beruht, ein Verdienst, auch wenn der Versuch, eine richtigere Erkenntnis an seine Stelle zu setzen, noch nicht auf den ersten Wurf gelingt. Gegenüber der usprünglich vollständigen Mythisierung des Weltgeschehens beginnt mit dem Erwachen des Logos im Sinne eines kritischen Denkens eine fortschreitende „Entzauberung" oder „Entheiligung" der Welt und ihre zunehmende Beherrschung durch Berechnung, die Heiligkeit des sich klar werdenden Lebens kündigt sich an.

4.2 Mythos und menschliche Lebensbewältigung (P. Feyerabend)

Wir verdanken der Wissenschaft unglaubliche Entdeckungen. Wissenschaftliche Ideen haben unseren Geist geklärt und unser Leben verbessert. Andrerseits hat die Wissenschaft positive Errungenschaften früherer Zeiten verdrängt und dadurch unser Leben wichtiger Möglichkeiten beraubt. Genau dasselbe gilt von den uns heute bekannten Mythen, Religionen, magischen Lehren. Auch sie haben zu ganz unglaublichen Entdeckungen geführt, auch sie haben Probleme gelöst und das Leben der Menschen verbessert. Vergessen wir nur nicht, was wir den Erfindern dieser Mythen verdanken! Sie haben das Feuer erfunden und bewahrt; sie haben Tiere und Pflanzen auf bestimmte Zwecke hin gezüchtet und zwar oft genauer, als dies in der heutigen Zeit wissenschaftlicher Züchtung möglich ist; sie haben grundlegende Tatsachen der Astronomie und der Geographie entdeckt und konzis beschrieben; sie haben dieses Wissen verwendet zur Umseglung der Erde und zur Kultivierung neuer Kontinente; sie hinterließen uns eine Kunst, die sich mit den besten Erzeugnissen der abendländischen Kunst messen kann und die ganz außerordentliches technisches Talent verrät; sie entdeckten die Götter, die menschliche Seele, das Problem des Übels, und sie haben versucht, die mit diesen Entdeckungen verbundenen Schwierigkeiten zu erklären.

4.3 Über das Anaximander-Fragment (W. Jaeger)

a) Es sei der Geist dieser archaischen Philosophie am Beispiel der imposantesten Gestalt unter den milesischen Physikern, des *Anaximander*, verdeutlicht. Er ist der einzige, von dessen Weltanschauung wir eine genauere Vorstellung gewinnen. In Anaximander offenbart sich eine erstaunliche Spannweite des ionischen Denkens. Er war der Urheber eines Weltbildes von wahrhaft metaphysischer Tiefe und strenger konstruktiver Einheit . . .
Das Urprinzip, das Anaximander an die Stelle des von Thales dafür ausgegebenen Wassers setzt, das Unbegrenzte (Apeiron), zeigt dasselbe kühne Hinausgehen über die sinnliche Erscheinung. Alle Naturphilosophen sind überwältigt von dem ungeheuren Schauspiel des Werdens und Vergehens der Dinge, deren farbige Gestalt das menschliche Auge wahrnimmt. Was ist das Unerschöpfliche, woraus alles wird und wohin es wieder vergeht? Thales glaubt, es sei das Wasser, das zu Luft verdunstet oder zu Festem gefriert, gleichsam versteint. Seine Wandlungsfähigkeit drängt sich auf. Aus dem Feuchten stammt alles Leben auf der Welt.

b) Anaximenes hielt die Luft, nicht das Wasser für das Ursprüngliche und suchte so vor allem das Leben im All zu erklären; die Luft beherrsche die Welt wie die Seele den Körper, und auch die Seele sei Luft, Atem, Pneuma. Anaximander redet vom Apeiron, das kein bestimmtes Element ist, sondern ,,alles in sich umschließt und alles steuert". Dies scheint sein eigener Ausdruck zu sein. Aristoteles nahm an ihm Anstoß, weil man von der ,,Materie" besser sagen könne, sie sei in allem beschlossen, als sie umschließe alles. Aber andere Epitheta, die vom Apeiron in dem aristotelischen Bericht gebraucht werden wie ,,unsterblich" und ,,unvergänglich" zeigen den Sinn des Aktivs unmißverständlich, und ,,steuern" kann nur ein Gott das All. So ist denn auch überliefert, daß das Apeiron das immer neue Welten aus sich gebiert und in sich zurücknimmt, von dem Philosophen selbst als das Göttliche bezeichnet wurde. Der Hervorgang der Dinge aus dem Apeiron sei eine Ausscheidung aus dem uranfänglichen Allverein der Gegensätze, die sich in dieser Welt bekämpfen. Hierher gehört dann jenes großartige Wort, das einzige, das uns von Anaximander direkt überliefert ist: ,,Woraus aber dem Seienden sein Ursprung sei, dahinein müsse auch sein Untergang sein nach Schicksalsbestimmungen. Denn es müsse eines dem andern Strafe und Buße zahlen nach dem Richterspruch der Zeit."

Seit Nietzsche und Erwin Rohde ist über diesen Satz viel geschrieben und viel Mystisches in ihn hineingedeutet worden. Das Dasein der Dinge als solches, die Individuation soll ein Sündenfall, ein Abtrünnigwerden vom ewigen Urgrund sein, für das die Kreaturen Buße leiden müßten. Seitdem der richtige Text hergestellt ist (durch Aufnahme des in den alten Ausgaben fehlenden ,,dem anderen") sollte es klar sein, daß es sich um etwas ganz anderes, um den Ausgleich der Pleonexie der Dinge handelt. Nicht das Dasein ist eine Schuld, das ist eine ungriechische Auffassung, sondern Anaximander stellt sich leibhaftig vor, daß die Dinge unter sich im Streit liegen wie die Menschen vor Gericht. Wir sehen eine ionische Polis vor uns. Wir sehen den Markt, wo das Recht gesprochen wird, und den Richter, der auf dem Stuhle sitzt und die Buße festsetzt... Er heißt Zeit. Wir kennen ihn aus Solons politischer Gedankenwelt, sein Arm ist unentfliehbar. Was einer der Streitenden zu viel vom anderen genommen hat, wird ihm unweigerlich wieder entzogen und dem gegeben, der zu wenig erhielt. Solons Gedanke war der: die Dike ist nicht abhängig von der menschlichen, irdischen Rechtsprechung, sie kommt auch nicht von außen als einmaliger Begriff einer göttlichen Strafgerechtigkeit, wie es die ältere Religion Hesiods sich vorstellte, sondern sie ist ein immanent in dem Geschehen selbst sich vollziehender Ausgleich, der daher auf jeden Fall kommt, und eben diese ihre Unentrinnbarkeit ist die ,,Strafe des Zeus", die ,,göttliche Vergeltung". Anaximander geht viel weiter. Er sieht diesen ewigen Ausgleich nicht nur im Menschenleben, sondern in der ganzen Welt, an allen Wesen sich verwirklichen. Die in der menschlichen Sphäre sich zeigende Immanenz seines Vollzugs drängt ihm den Gedanken auf, daß die Dinge der Natur, ihre Kräfte und Gegensätze gleichfalls einer immanenten Rechtsordnung unterworfen worden sind wie die Menschen und daß nach ihr sich ihr Aufstieg und Untergang vollzieht.

In dieser Form scheint sich – vom modernen Standpunkt her gesehen – der ungeheure Gedanke einer durchgängigen Gesetzmäßigkeit in der Natur anzukündigen. Aber es handelt sich nicht um die bloße Gleichförmigkeit des Kausalablaufs im abstrakten Sinne unserer heutigen Wissenschaft. Was Anaximander in seinen Worten formuliert, ist eher eine Weltnorm als ein Naturgesetz im modernen Sinne zu nennen. Die Erkenntnis dieser Norm des Geschehens in der Natur hat einen unmittelbar religiösen Sinn. Sie ist nicht bloße Beschreibung von Tatsachen, sie ist Rechtfertigung des Wesens der Welt. Die Welt erweist sich durch sie als ein ,,Kosmos" im großen, zu deutsch: als eine Rechtsgemeinschaft der Dinge. Sie behauptet ihren Sinn gerade im unablässigen, unentrinnbaren Werden und Vergehen, d. h. in dem was für den Lebensanspruch des naiven Menschen das Allerunbegreiflichste und am schwersten zu Ertragende in diesem Dasein ist. Ob Anaximander selbst das Wort Kosmos in diesem Zusammenhang schon gebraucht hat, ist uns nicht bekannt. Bei seinem Nachfolger Anaximenes findet es sich schon, wenn das Fragment echt ist. Der Sache nach ist die Kosmosidee, wenn auch nicht genau in dem späteren Sinne, zweifellos durch die anaximandrische Vorstellung der im Naturgeschehen waltenden ewigen Dike im Prinzip gegeben. Wir können daher das Weltbild Anaximanders mit Fug als die innere Entdeckung des Kosmos bezeichnen. Denn nirgendwo anders als in den Tiefen des Menschengeistes war diese Entdeckung zu machen. Sie hat nichts zu schaffen mit Fernrohren und Sternwarten oder irgendwelcher anderen Art rein empirischer Forschung. Derselben inneren Kraft der Intuition ist die Vorstellung der Unendlichkeit der Welten entsprungen, die die Überlieferung dem Anaximander zuschreibt. Ohne Frage schließt der Kosmosgedanke der Philosophie einen Bruch mit den gewohnten religiösen Vorstellungen in sich. Aber dieser Bruch ist der Durchbruch zu einer neuen überwältigenden Anschauung der Göttlichkeit des Seins inmitten des Grauens der Vergänglichkeit und Vernichtung, von welchem jenes neue Geschlecht, wie die Dichter zeigen, sich bedrängt sah.

4.4 Heraklit-Fragmente

a) Denen, die in dieselben Flüsse hineinsteigen, strömen andere und wieder andere Wasserfluten zu.

b) In dieselben Flüsse steigen wir und steigen wir nicht, wir sind und wir sind nicht.

c) Alles Geschehen erfolgt infolge eines Gegensatzes.

d) Die Lebenszeit ist ein Knabe, der spielt, hin und her die Brettsteine setzt: Knabenregiment!

e) Krieg ist aller Dinge Vater, aller Dinge König. Die einen erweist er als Götter, die anderen als Menschen, die einen macht er zu Sklaven, die anderen zu Freien.

f) Diese Weltordnung, dieselbige für alle *Wesen,* schuf weder einer der Götter noch der Menschen, sondern sie war immerdar und ist und wird sein ewig lebendiges Feuer, erglimmend nach Maßen und erlöschend nach Maßen.

g) Dies Weltgesetz (Logos), das doch ewig ist, begreifen die Menschen nicht, weder bevor sie davon gehört noch sobald sie davon gehört haben. Denn obgleich alles nach diesem Gesetz geschieht, machen sie den Eindruck, als ob sie nichts davon ahnten, wenn sie sich an solchen Worten und Werken versuchen, wie ich sie verkündige, indem ich ein jedes nach seiner Natur zerlege und klarmache, wie es sich damit verhält. Die anderen Menschen aber wissen ebensowenig, was sie im Wachen tun, wie sie sich erinnern, was sie im Schlafe tun.

Dieses von Capelle übersetzte Fragment lautet bei Diels:
g') Für der Lehre Sinn aber, wie er hier vorliegt, gewinnen die Menschen nie ein Verständnis, weder ehe sie ihn vernommen noch sobald sie ihn vernommen. Denn geschieht auch alles nach diesem Sinn, so gleichen sie doch Unerprobten, so oft sie sich erproben an solchen Worten und Werken, wie ich sie erörtere, nach seiner Natur ein jegliches zerlegend und erklärend, wie es sich verhält. Den anderen Menschen aber bleibt unbewußt, was sie nach dem Erwachen tun, so wie sie das Bewußtsein verlieren für das, was sie im Schlafe *tun.*

4.5 F. Nietzsche über Heraklit

a) Lauter als Anaximander rief Heraklit es aus: „Ich sehe nichts als Werden. Laßt euch nicht täuschen! In eurem kurzen Blick liegt es, nicht im Wesen der Dinge, wenn ihr irgendwo festes Land im Meere des Werdens und Vergehens zu sehen glaubt. Ihr gebraucht Namen der Dinge, als ob sie eine starre Dauer hätten: aber selbst der Strom, in den ihr zum zweiten Male steigt, ist nicht derselbe als bei dem ersten Male."
Heraklit hat als sein königliches Besitztum die höchste Kraft der intuitiven Vorstellung; während er gegen die andre Vorstellungsart, die in Begriffen und logischen Kombinationen vollzogen wird, also gegen die Vernunft, sich kühl, unempfindlich, ja feindlich zeigt und ein Vergnügen zu empfinden scheint, wenn er ihr mit einer intuitiv gewonnenen Wahrheit widersprechen kann: und dies tut er in Sätzen wie „alles hat

jederzeit das Entgegengesetzte an sich“ so ungescheut, daß Aristoteles ihn des höchsten Verbrechens vor dem Tribunal der Vernunft zeiht, gegen den Satz vom Widerspruch gesündigt zu haben.

b) Aus dem Krieg des Entgegengesetzten entsteht alles Werden: die bestimmten als andauernd uns erscheinenden Qualitäten drücken nur das momentane Übergewicht des einen Kämpfers aus, aber der Krieg ist damit nicht zu Ende, das Ringen dauert in Ewigkeit fort. Alles geschieht gemäß diesem Streite, und gerade dieser Streit offenbart die ewige Gerechtigkeit. Es ist eine wundervolle, aus dem reinsten Borne des Hellenischen geschöpfte Vorstellung, welche den Streit als das fortwährende Walten einer einheitlichen, strengen, an ewige Gesetze gebundenen Gerechtigkeit betrachtet. Nur ein Grieche war imstande, diese Vorstellung als Fundament einer Kosmodizee zu finden; es ist die gute Eris Hesiods zum Weltprinzip verklärt, es ist der Wettkampfgedanke der einzelnen Griechen und des griechischen Staates, aus den Gymnasien und Palästren, aus den künstlerischen Agonen, aus dem Ringen der politischen Parteien und der Städte miteinander ins Allgemeinste übertragen, so daß jetzt das Räderwerk des Kosmos in ihm sich dreht.

c) Jenes gefährliche Wort, Hybris, ist in der Tat der Prüfstein für jeden Herakliteer; hier mag er zeigen, ob er seinen Meister verstanden oder verkannt hat. Gibt es Schuld, Ungerechtigkeit, Widerspruch, Leid in dieser Welt?
Ja, ruft Heraklit, aber nur für den beschränkten Menschen, der auseinander und nicht zusammen schaut, nicht für den kontuitiven Gott; für ihn läuft alles Widerstrebende in eine Harmonie zusammen, unsichtbar zwar für das gewöhnliche Menschenauge, doch dem verständlich, der, wie Heraklit, dem beschaulichen Gotte ähnlich ist.

4.6 Parmenides-Fragmente

a) Wohlan, so will ich denn sagen ..., welche Wege der Forschung allein zu denken sind: der eine Weg, daß IST *ist* und daß Nichtsein nicht ist, das ist die Bahn der Überzeugung (denn diese folgt der Wahrheit), der andere aber, daß NICHT IST *ist* und daß Nichtsein erforderlich ist, dieser Pfad ist, so künde ich dir, gänzlich unerkundbar; denn weder erkennen könntest du das Nichtseiende (das ist ja unausführbar) noch aussprechen.

b) Nötig ist zu sagen und zu denken, daß *nur* das Seiende ist; denn Sein ist, ein Nichts dagegen ist nicht; das heiße ich dich wohl beherzigen.

c) Denn ist ist unmöglich, daß dies zwingend erwiesen wird: es sei Nichtseiendes... Aber nur noch Eine Weg-Kunde bleibt dann, daß IST *ist*. Auf diesem sind gar viele Merkzeichen: weil ungeboren ist es auch unvergänglich, denn es ist ganz in seinem Bau und unerschütterlich sowie ohne Ziel und es war nie und wird nie sein, weil es im Jetzt zusammen vorhanden ist als Ganzes, Eines, Zusammenhängendes (Kontinuierliches). Denn was für einen Ursprung willst du für dieses ausfindig machen? Wie, woher sein Heranwachsen? Auch nicht sein *Heranwachsen* aus dem Nichtseienden werde ich dir gestatten auszusprechen und zu denken. Denn unaussprechbar und undenkbar ist, daß NICHT IST *ist*.

4.7 H.-G. Gadamer über Parmenides

Von *Parmenides* sind große Teile seines *Lehrgedichtes* erhalten. Er gilt als der Begründer der Eleatischen Schule, und wenn es auch ein Anachronismus ist, im 6. Jahrhundert v. Chr. von Schulen zu sprechen, so ist doch seine Lehre nicht nur die eines einzelnen gewesen, sondern sicherlich eines der folgenreichsten geistigen Weltereignisse überhaupt. Er bezieht sich ausdrücklich in jenen Versen, in denen er seine Lehre von der Wahrheit und dem Schein niedergelegt hat, auf die neue Welterklärung. Er erklärt sie für scheinhaft, wenn auch offenkundig nicht einfach für Blendwerk oder Phantasie, sondern er hält ihr entgegen, daß man sich in diesem neuen Weltbild denkend nicht ohne Widersprüche zurechtfinden kann. Was da so aufeinander wirkt und als gegensätzliche Kräfte die Einheit des Weltganzen bestimmt, ist zwar nicht mehr ein Kampf mythischer Mächte, göttlicher Herrschaften, die ihre Protektionsbereiche gegeneinander verteidigen, wie das im homerischen Epos erscheint. Wie das aber eigentlich zu denken ist, daß es zu solcher Ordnung kam, daß Tag und Nacht einander ablösen, daß der Lauf des Jahres die Zeiten bringt und vergehen läßt, wie sich die Himmelskörper in ihrer Erdenferne aus Feuer gebildet haben und wie auf Erden die Elemente einander die Waage halten, das ist für den denkenden Geist von einem tiefen Rätsel erfüllt. Wie soll das Sein ins Sein gekommen sein? Woher soll in das umfassende Ganze des Seienden je Bewegung gekommen sein? Wie soll aus diesem Ganzen je etwas herausfallen können? Entstehen wie Vergehen sind gleich rätselhaft geworden, sobald man damit ernst macht, daß das Seiende ein Ganzes ist, das alles umfaßt und außerhalb dessen nichts ist. Da mag es zwar der menschlichen Vorstellung so scheinen, als ob im Einzelnen etwas ‚aus dem Nichts' entstünde oder ins Nichts verginge, aber denken kann man sich nichts bei diesem Nichts, aus dem etwas entstehen oder in das etwas vergehen soll. Das sieht wie ein bloßes Wort aus, dem nichts Seiendes entspricht. In der Tat hat Parmenides mit beharrlicher Logik den Beweis unternommen, daß das Seiende ist und das Nichtseiende (das Nichts) nicht ist, und er hat diesem Gedanken zuliebe alle Veränderung, alle Bewegung, alles Werden und Vergehen für bloßen Schein erklärt, d. h. für eine gedankenlose Vorstellungsweise, bei der der Blick statt auf das Ganze des Seienden auf ein Einzelnes gerichtet ist, dessen Anwesenheit oder Abwesenheit wie ein Kommen aus dem Nichts oder Gehen ins Nichts erscheint. Parmenides ist durch die Kühnheit seiner Leugnung der Bewegung zum ersten Anwalt der strengen Konsequenz im Denken geworden, indem er der Evidenz der Sinne die Folgerichtigkeit des Gedankens vorzog und damit die innere Widersprüchlichkeit und Unklarheit in den Grundbegriffen des neuen jonischen Weltdenkens aufdeckte. Von ihm datiert daher eine neue Epoche frühen griechischen Denkens. Sein Einwand, daß das Seiende ist und nie nicht sein kann und deswegen keine Veränderung, Bewegung usw. duldet, war nicht zu widerlegen, und das nötigte die spätere Welterklärung zu neuen kühnen Abstraktionen wie der Annahme, daß alles Seiende aus unteilbaren kleinsten Teilen, aus Atomen bestehe, die wirklich der Forderung des Seins genügten, unzerstörbar und unveränderlich zu sein, was sie sind. Der Eleatische Gedanke ist insofern ein bleibender philosophischer Grundgedanke, mit dem es ein jedes Denken aufzunehmen hat.

5. Referat- und Diskussionsthemen A

5.1 Philosophie im Spannungsfeld von kritischer Aufklärung und Mythos. (E. Topitsch: Gemeinsame Grundlagen mythischen und philosophischen Denkens, in: H. Poser: Philosophie und Mythos, Berlin/New York 1979)

5.2 Ist Philosophie eine Wissenschaft, eine Existenzweise oder nur eine andere Form von Mythologie? (E. Martens/H. Schnädelbach: Philosophie. Ein Grundkurs. Reinbek 1985)

5.3 Das Wesen des Mythos. (W. Burkert: Mythisches Denken; Versuch einer Definition. In: Poser a. a. O.)

5.4 Die Frage nach den philosophischen Urprinzipien in der vorsokratischen Kosmologie und die Erklärungsversuche der modernen Physik. (C. F. v. Weizsäcker: Zum Weltbild der Physik, Stuttgart 1949, 4. Aufl. Die Atomlehre der modernen Physik)

5.5 Die Paradoxien Zenons und verschiedene Auflösungsversuche. (F. v. Kutschera: Die Antinomien der Logik, Freiburg 1964)

5.6 Die pythagoreische Schule. (F. Ueberweg: Grundriß der Geschichte der Philosophie. Darmstadt 1957, 14. Aufl. Band 1, § 13)

5.7 Die Darstellung der Vorsokratik im 1. Buch der „Metaphysik" von Aristoteles (983a–987a)

5.8 Die griechische Sprache als Instrument philosophischer Terminologie (Beispiele). (J. Burckhardt: Griechische Kultur, Berlin 1947, insbes. S. 217 f.)

6. Zeittafel A

um	1000 v. Chr.	Heratempel in Olympia
um	800	Gründung Spartas
	8. Jahrhundert	wahrscheinliche Zeit Homers
	8.–6. Jh.	Griechische Kolonisation des Mittelmeerraums
	776	Siegerliste im Olymp
um	750	wahrscheinliche Zeit Hesiods
	594	Gesetzgebung Solons
um	590	Zeit der Sieben Weisen
	585	*Thales von Milet* sagt die erste Sonnenfinsternis voraus
	610/09–547/46	*Anaximander von Milet*
	585–525	Anaximenes von Milet
um	580–500	*Pythagoras aus Samos*
um	580–485	Xenophanes aus Elea
	559–530	Perserkönig Kyros
um	540–480	*Parmenides von Elea*
um	544–483	*Heraklit von Ephesos*
	538–510	Tyrannen in Athen (Hipparchos, Hippias)
	510–506	Reformen des Kleisthenes in Athen; Demokratie
	522–486	Perserkönig Dareios I.
um	500–428	Anaxogaros aus Athen
um	490–430	Zenon von Elea
	480	Seesieg der Griechen über die Perser bei Salamis
um	483–424	Empedokles von Agrigent
um	460	Leukipp von Abdera (oder Milet)
um	460–371	Demokrit von Abdera

B. Die Blütezeit der griechischen Philosophie: Die Ausformung der philosophischen Ansätze zu wirkungsmächtigen Lehren

Überblick

Nach dem Sieg über die Perser, durch die Griechenland zwei Generationen lang in seiner Existenz bedroht war, reifte die griechische Kultur im ,,Perikleischen Zeitalter" zu ihrer klassischen Blüte. Athen wurde politisches und kulturelles Zentrum. Hier schufen die Künstler um Phidias die Statuen und Reliefs des Parthenons, des Heiligtums der Staatsgöttin Athena in der wideraufgebauten Akropolis. Dichter wie Äschylos, Sophokles und Euripides entwickelten die griechische Tragödie, Aristophanes die griechische Komödie und Herodot schrieb die Geschichte der Perserkriege.
Auch die Philosophie erhielt neue Impulse. Sie gewann eine Universalität, die nicht bei der allgemeinen Betrachtung des Kosmos stehen blieb, sondern die ganze Fülle der menschlichen Handlungs- und Lebenswelt zu ihrem Thema machte. Sie war Teil einer allgemeinen Bildungsbewegung, die inzwischen die höheren Bevölkerungsschichten Griechenlands erfaßt hatte und entscheidend von den *Sophisten* getragen wurde. Ihren eigentlichen Höhepunkt erreichte die Philosophie jedoch erst nach dieser allgemeinen kulturellen Blütezeit, als die Auseinandersetzungen um die Vorherrschaft in Griechenland zum Peleponnesischen Krieg führten und die Vorherrschaft Spartas und später der makedonischen Könige (Philipp II, Alexander der Große) das goldene Zeitalter in Athen beendet hatten. *Sokrates, Platon* und *Aristoteles* prägten in der klassischen Epoche der griechischen Philosophie die Gedanken, die zum Fundament der abendländischen Kultur wurden, ohne die alle philosophischen Fragestellungen der Folgezeit unverständlich bleiben. Die theoretische Philosophie wurde zugleich praktische Philosophie, die in die Auseinandersetzungen des öffentlichen Lebens eingriff und diese mitprägte. Das tragische Schicksal des Sokrates ist eine drastische Bestätigung dieser Verwicklung.

7. Die Sophisten

7.1 Die Wende vom Kosmos zum Menschen

Für die ionischen Naturphilosophen (Thales, Anaximander u. a.) war der Mensch so sehr Glied des Kosmos, daß es überflüssig erschien, ihn selbst zum Thema der Forschung zu machen. Auch praktische und erzieherische Gedanken lagen ihnen innerhalb ihrer Spekulationen fern. Bei den Nachfolgern, z. B. bei Xenophanes, wurden vereinzelt Versuche gemacht, auch die menschliche Tugend im Sinne von Tüchtigkeit (areté) mit der rationalen Erkenntnis des Kosmos und Gottes in Zusammenhang zu bringen. Seit Heraklit und vor allem seit Anaxagoras, der als erster den Geist (noûs) zu den eigenständigen Prinzipien der Welterklärung zählte, kann man von einer ,,anthropologischen Tendenz" der Kosmologie (W. Jaeger)[12] sprechen, nachdem der Logos die ordnende Funktion im Weltprozeß übernommen hatte und die sittliche Welt in der Form der gnomischen Spruchpoesie thematisiert worden war. Trotzdem gibt es keinen direkten Übergang von diesen philosophischen Ansätzen zu dem spektakulären Auftreten der Sophisten als Volkserzieher. Angesichts der Vielfalt der kosmologischen Theorien von einem ,,Bankrott der Naturphilosophie" (W. K. Guthrie)[13] zu sprechen, der den inneren Umschwung von der theoretischen zur praktischen Philosophie eingeleitet habe, ist stark übertrieben. Schließlich entstammten die Philosophen und die Sophisten zwei ganz verschiedenen Traditionen; die Kosmologen waren wissenschaftlich-theoretisch, die Sophisten rein praktisch orientiert.

Nach der siegreichen Verteidigung gegen die persische Übermacht war das griechische Selbstbewußtsein stark gewachsen. Das kleine Volk der Griechen hatte in dem Entscheidungskampf zwischen Okzident und Orient erstmals aktiv in die Weltgeschichte eingegriffen. Im Gefolge dieses Krieges stellten sich bald Reichtum und Luxus ein; das Bedürfnis nach höherer Bildung und nach Möglichkeiten der Einflußnahme wurde wach, zumal seit Perikles allen Bürgern selbst die höchsten Staatsämter offen standen. Die neuen politischen Erfahrungen und die Ausbreitung rationalen Denkens verdrängten altadelige, in Mythen verwurzelte Privilegien und ebneten den Weg für die Entfaltung des Einzelbürgers. Das Ideal des freien Individuums war geboren. Aber im Gegensatz zur Autonomie des neuzeitlichen Individuums blieb der griechische Mensch naturhaft in das Stammes- und Staatsganze eingebunden. Bildung (,,Paideia") bedeutete keinen Selbstzweck, sondern Vorbereitung für das öffentliche Leben. Da nur derjenige Einfluß gewinnen und Karriere machen konnte, der vor dem Gericht und in der Volksversammlung die besten Argumente in der überzeugendsten Redekunst vorbrachte, wurde die Rhetorik die wichtigste Bildungsdisziplin. Die Lehrer dieser Fertigkeit waren die „Sophistai", die „Lehrer der Weisheit" aus Abdera, Leontinoi oder Keos, die von Stadt zu Stadt ziehend auch nach Athen kamen und dort ihre Kenntnisse und Fertigkeiten gegen Entlohnung weitergaben.

Die Sophisten entstammten einer Tradition, welche die Interessen des Volkes vertrat. Sie griffen auf die alte Poesie zurück, die seit Jahrhunderten Gemeingut des Volkes war und stets erzieherische Absichten verfolgte. Die Sophisten gelten als die ersten Experten der Interpretation griechischer Dichtkunst. Homer stellte für sie eine Fundgrube nicht nur für die Mythologie dar, sondern auch für praktisches Wissen und kluge Lebensregeln. Der Sophist Hippias demonstrierte diese Universalität bei den olympischen Spielen, indem er in Kleidern und Schmuck auftrat, die er vom Umhang bis zum Fingerring eigenhändig gefertigt hatte. Die Sophisten hielten in den Städten Kurse ab, lehrten dort, gleichsam als die ersten Enzyklopädisten der Menschheitsgeschichte, neben praktischen Fähigkeiten Grammatik, Dichtkunst und auch Kosmologie. Hauptsächlich aber beschäftigten sie sich mit der Rhetorik und insbesondere mit der Kunst des Überredens. Zum körperlichen Wettstreit an den Gymnasien kam durch die Sophisten der geistige Wettstreit mit Worten hinzu. Im Gegensatz zu den Philosophen, die dem Volk immer fremd, ja oft verhaßt blieben, hatten diese Wanderprediger wie einst die Rhapsoden engsten Kontakt mit den Massen. Sie wurden überall gefeiert und man bezahlte ihnen märchenhafte Honorare. Gorgias konnte es sich leisten, eine Statue seiner Person aus purem Gold dem Gott in Delphi zu weihen. Die Bezahlung war in älterer Zeit das äußere Unterscheidungsmerkmal zwischen Philosophen und Sophisten. Lebten die ersteren, oft Welt und Würde verachtend, in freiwilliger Armut und im Zölibat, so wußten die letzteren sehr genau, daß das Volk dasjenige höher schätzt, was teuerer verkauft wird.

Doch trotz aller Unterschiede praktizierten die Sophisten auch Elemente der philosophischen Existenz: sie wandten die von den Milesiern entdeckte Rationalität auf die Poesie an und radikalisierten mit ihren Überredungskünsten den Individualismus in einem Zeitalter, das diese Tendenzen bereits in sich trug. So bedingte der Umbruch in Politik und Gesellschaftsstruktur und im gleichen Maße die aufkommende Kritik und Skepsis in der geistigen Auseinandersetzung eine *Wende auch der Philosophie hin zum Menschen.* Die zweite Hälfte des fünften Jahrhunderts wurde ein Zeitalter der Aufklärung, in dem sich die

Vernunft weiter emanzipierte. Das neue Thema war der Mensch als sittlich handelndes und in die Gemeinschaft integriertes Individuum.

7.2 Die Entartung der Sophistik

a) Die Aufklärung der Sophisten

Es besteht kein Zweifel, daß die ersten Sophisten hoch angesehene Lehrer waren. Sie gelten mit Recht als Begründer der Erziehungswissenschaften und der Rhetorik, ja für W. Jaeger sind sie „die Schöpfer des Kulturbewußtseins" und durch ihre pädagogischen Aktivitäten die ersten Vertreter des Humanismus.[14] In ihren erzieherischen Überlegungen wurde erstmals der *Gegensatz von Natur und Satzung* bewußt. Die in den alten Kosmogonien als Arché interpretierte, immer gleiche gesetzmäßige Natur trat den geltenden Vorschriften gegenüber, welche Menschen geschaffen haben. Dies Gesetz des Menschen (nómos) unterdrückt den Menschen, indem es sich gegen die natürliche Gesetzlichkeit (phýsis) im Menschen stellt. Daher tauchen in der *sophistischen Aufklärung* erstmals revolutionäre Forderungen auf: Gleiches Recht für alle Menschen und zwar Gleichheit in Bildung und Besitz; ja selbst die Gleichstellung der Frau wurde gefordert. Besonders brisant war der Ruf nach Abschaffung des Adels und der Sklaverei. Alkidamas wird das Zitat zugeschrieben: „Frei hat Gott alle geschaffen. Keinen hat die Natur zum Sklaven gemacht."[15] Man durchschaute zugleich die Einzelinteressen, die sich oft hinter menschlichen Gesetzen und Institutionen verbergen. Zugleich kam es zu den ersten Übertreibungen und Einseitigkeiten. Einige lehrten, nur der Schwache müsse sich dem Gesetz unterwerfen, der Starke dagegen könne sich über dieses hinwegsetzen und ganz den Trieben seiner Natur folgen; andere akzeptierten das natürliche Recht des Stärkeren über den Schwächeren. Schließlich wurde die gesamte Sittlichkeit zur konventionellen Setzung abgestempelt, welche der persönlichen Entfaltung der menschlichen Persönlichkeit nur schade.

Bezeichnete „Sophist" ursprünglich einen Fachmann, der sich auf praktischem und theoretischem Gebiet durch besonderes Wissen und Können auszeichnete – Herodot nennt Solon und Pythagoras Sophisten, – so erhielt dieser Ausdruck später den auch heute noch üblichen negativen Sinn des Wortverdrehers. Durch ihre Haupttätigkeit, nämlich durch die Vermittlung ihrer zersetzenden Lehren in der praktischen Redekunst, verbreiterte sich der Graben zwischen den Sophisten und den alten Philosophenschulen im Laufe der Zeit mehr und mehr.

Den Sophisten ging es nicht mehr um die Weitergabe von Erkenntnissen, sondern nur noch um die Überredung. Das Gewinndenken der Lehrer und das Streben der Schüler nach materiellen Vorteilen verdrängten das vorsokratische Ideal der Wahrheitssuche um ihrer selbst willen. So degenerierten viele Sophisten schließlich zu gewinnsüchtigen Händlern mit Scheinwahrheiten. Solche destruktiven Tendenzen waren damals sicherlich im Volke schon verbreitet. Nur so ist der große Erfolg der Sophisten verständlich; sie artikulierten einfach den Zeitgeist jener Epoche. Mit der Loslösung von mythologischen Vorstellungen lockerten sich zugleich die Bindungen zur Lebensform der alten Polis. Man zeigte seine Skepsis gegenüber Sitten und Gebräuchen, politischen und sozialen Ordnungen. So geriet das neue Ideal der Paideia, kaum geboren, schon in die erste Krise.

b) Protagoras

Als Hauptvertreter der Sophistik gilt *Protagoras* aus Abdera, ein Zeitgenosse des Sokrates, der in vielen Städten und besonders in Athen wirkte. Möglicherweise sprach er auch vor Perikles. Protagoras hatte großen Zulauf und Erfolg. Für die Neugründung Thurioi in Süditalien soll er die Gesetze entworfen haben. Am Ende seines Lebens geriet er in Schwierigkeiten. Er wurde wegen seines Atheismus in Athen angeklagt und zum Tode verurteilt, konnte rechtzeitig fliehen, starb dann aber auf der Überfahrt nach Sizilien. Seine Schriften wurden sofort alle verboten, konfisziert und auf dem Markt von Athen öffentlich verbrannt. Deshalb sind uns nur wenige Satzfragmente überliefert.
Von Protagoras stammt der berühmte Satz, daß der Mensch das Maß aller Dinge sei. Es gibt danach nur die relative Wahrheit: wahr beziehungsweise gut ist, was der je einzelne für wahr beziehungsweise für gut hält. Von ihm stammen ferner die ersten Ansätze einer Erkenntnistheorie. Nach Protagoras muß das gesamte Seelenleben auf Wahrnehmungen zurückgeführt werden. Diese wiederum sind subjektive Abbilder, die einerseits vom Bau der Sinnesorgane, andererseits von unserer inneren subjektiven Stimmungslage abhängen.
Die Ambivalenz der Bewertung der Sophisten findet man auch in der Person des Protagoras wieder. Während man meistens die beiden erwähnten Lehren im Sinne des *Relativismus* und *Subjektivismus* deutet, vermittelt der platonische Dialog „Protagoras“ eine recht positive Bildungsidee, die möglicherweise vom historischen Protagoras ebenfalls vertreten wurde. Im Gegensatz zu Sokrates/Platon ist Protagoras als praktizierender Sophist überzeugt, daß die (politische) Tugend lehrbar

sei. Die Vermittlung der Arete ist die letzte Stufe in seinem Mythos von der Entstehung der Kultur, die folgende Stadien umfaßt: Am Anfang steht als Unterscheidungsmerkmal vom Tier die technische Zivilisation, die durch die Prometheusgabe des Feuers möglich wurde. Während aber technisches Wissen nur Fachleuten zukommt, hat Zeus in einem zweiten Akt *allen Menschen* den Sinn für Recht und Gesetz gegeben und so die Voraussetzung für eine staatliche Einzelgemeinschaft geschaffen. Die eigentliche und höchste Bildung aber bedarf einer speziellen politischen Arete, die von den Sophisten gelehrt wird und welche die gesamte Menschheit betrifft und zusammenhält.

c) Gorgias

In Gorgias von Leontinoi erreichten die negativen Tendenzen und die Skepsis ihren Höhepunkt. Er formulierte erstmals die Selbstaufhebung der Philosophie und jeder Wissenschaft überhaupt. Sein *Skeptizismus,* in dem behauptet wird, daß es nichts gäbe, ferner daß nichts erkennbar und nichts mitteilbar sei, ist so radikal, daß einige Forscher die Aussagen nur als spielerische Schaustellung sophistischer Kunst interpretieren wollten. Doch stellt seine Lehre nur den konsequenten Endpunkt der Entwicklung der Sophistik dar: die Verkündigung der Macht des Wortes und der Ohnmacht des Geistes; nicht um Erkenntnis von Wahrheit geht es, sondern um Manipulation, Einfluß und Macht. Welche Gefahren sich aus der Ausbreitung solcher Gedanken ergaben, wurde den konservativen Zeitgenossen der Sophisten bald bewußt. Kein Wunder, daß sie sich den Sophisten und Philosophen gegenüber gleichermaßen ablehnend verhielten und eifrig für die Bewahrung von Sitte und Religion kämpften. In dieser Situation war der Konflikt mit Sokrates unvermeidbar, obwohl gerade er am ernsthaftesten gegen die negativen Tendenzen der Sophistik ankämpfte und sein Leben für die Erneuerung der Philosophie aufopferte.

8. Sokrates: Philosophie als Lebensform

Mit dem Namen Sokrates sind zwei Vorstellungen untrennbar verbunden:

- die *sokratische Methode* als Instrument gegen die Sophistik und
- die *Philosophie als Existenzweise,* als Einheit von philosophischer Lehre und persönlichem Handeln.

8.1 Quellen

Beides hat ein Sokrates-Bild entstehen lassen, das fast zu einem Mythos wurde und als Ideal der Philosophie dient. Dabei vergißt man leicht, daß unser Wissen über Sokrates vor allem auf Aussagen seiner Anhänger und glühenden Verehrer zurückgeht. Denn wir schöpfen unsere Kenntnisse hauptsächlich aus den platonischen Dialogen (hier vor allem aus der „Apologie" und dem „Gastmahl"); außerdem macht Aristoteles einige Angaben über ihn. Sehr distanziert und ohne Überschwang berichtet nur Xenophon vor allem in seinen „Memorabilien"; er beschränkt sich allerdings auf sehr äußerliche Umstände. Gewißermaßen als Stimme seiner Widersacher spricht allein Aristophanes in seiner Komödie „Die Wolken". Er läßt dort seiner dichterischen Freiheit die Zügel schießen und beschreibt Sokrates als verabscheuungswürdigen Atheisten mit allen negativen Prädikaten der verhaßten Sophisten. Bei dieser Quellenlage wird es stets eine offene Frage bleiben, was Sokrates selbst gelehrt hat und was Platon und andere Zeitgenossen an eigenen Gedanken mit der historischen Person Sokrates verwoben haben. Nur wenn man die platonische Darstellung als authentisch betrachtet, kann man zu dem Urteil J. Burckhardts kommen, der Sokrates den „bekanntesten Hellenen" nennt und „die erste Persönlichkeit der ganzen Weltgeschichte, von welcher wir völlig genau Bescheid wissen - nicht zwar über das einzelne seines (zumal früheren) Lebens, wohl aber über sein Wesen".[16] Für den strengen Historiker ist die gegenteilige Behauptung von G. Martin näherliegend, wonach Sokrates der unergründlichste aller Menschen sei: „Sokrates völlig ergründen, hieße, den Unergründlichen zu ergründen. Einen Weg zu finden, ihn vollkommen darzustellen, hieße Sokrates zu widerlegen . . . ."[17]

8.2 Lebensdaten

Die Lebensdaten sind schnell berichtet. Als Sohn eines Bildhauers und einer Hebamme um 469 v. Chr. in Athen geboren erlernte er den Steinmetzberuf, übte diesen aber nicht aus und blieb ohne Vermögen. Er nahm an drei Feldzügen teil, in denen er sich als pflichtbewußter, abgehärteter und todesmutiger Soldat erwies; er soll Alkibiades Leben und Waffen gerettet haben. In Friedenszeiten hielt er sich von der Politik fern. Er behauptete später, hätte er dies nicht getan, wäre er schon längst durch die Intrigen der Herrschenden getötet worden. Nur ein-

mal, im Arginusenprozeß 406 v. Chr., betätigte er sich als Prytane (Ratsherr) in der Rolle eines Verteidigers der angeklagten Feldherren und setzte damit sein eigenes Leben aufs Spiel. Seine Hauptbeschäftigung war der Müßiggang. Auf der Agora, in den Straßen und Gymnasien, in den Werkstätten und vor allem bei den Festgelagen seiner Freunde verwickelte dieser Störenfried jeden ins Gespräch und ließ die Gesprächspartner meistens verunsichert und nicht selten in Verwirrung zurück. Unter seinen Anhängern genoß er höchstes Ansehen, hatte doch das delphische Orakel auf Anfrage eines seiner Freunde festgestellt, daß es keinen weiseren Menschen gäbe als Sokrates. Er war ihnen ein Vorbild an Klugheit - obwohl er immer wieder beteuerte, er wisse, daß er nichts wisse - an Selbstbeherrschung, Frömmigkeit und Charakterfestigkeit und verkörperte Selbstgenügsamkeit und Uneigennützigkeit. Da er nur von den Gaben seiner Freunde lebte, vernachlässigte er notwendigerweise seine Ehefrau und seine Söhne. Kein Wunder, daß Xanthippe sich zum zänkischen Weib entwickelte, ihm und seinen Freunden die Hölle heiß machte und - wenn auch auf weniger rühmliche Weise als Sokrates - der Nachwelt in lebendiger Erinnerung blieb. Im Alter von 70 Jahren wurde Sokrates schließlich wegen Verführung der Jugend und Gotteslästerung vor Gericht gestellt und zum Tode verurteilt. Obwohl Fluchtmöglichkeiten bestanden, unterwarf er sich dem formal korrekt gefällten Urteil und trank im März 399 v. Chr. den Schierlingsbecher.
Für das Volk unterschieden sich die Überlegungen des Sokrates kaum von den verführerischen Argumentationen der Sophisten. War für diese alles Wissen subjektiv und relativ, so wurde Sokrates nicht müde, allen Gesprächspartnern ihr Nichtwissen nachzuweisen. Wo war da der Unterschied?

8.3 Die sokratische Methode

Die „sokratische" Methode, die aufgrund der Quellenlage genauso gut die „frühplatonische" Methode heißen könnte, umfaßt mehrere Schritte:

- Sokrates knüpft an die Verwendungsweise zentraler Begriffe an. Er fragt z. B.: Was ist Tapferkeit? Was ist Frömmigkeit? Was ist Gerechtigkeit? Diese Fragen werden nicht rein theoretisch als Aufforderung zu einer Definition gestellt, sondern sie sind durch Ironie affektiv geladen. Sokrates täuscht den Unwissenden vor, der sich belehren lassen will, obwohl er bereits überzeugt ist, daß die zu erwartenden Antworten voller Widersprüche sind („sokratische Ironie“).

- Das bohrende Weiterfragen bei jeder Antwort zwingt den Gesprächspartner, *Rechenschaft zu geben.* Dabei werden Folgerungen entwikkelt, welche die Problematik der Behauptungen immer deutlicher werden lassen. Es wächst die Einsicht, daß man eigentlich nichts weiß. Dies kann zu ersten negativen Reaktionen führen, nämlich zum Ausweichen auf andere, nicht diskutierte Thesen, die einfach dogmatisch gesetzt werden, oder zur Weigerung, sich auf ein weiteres gemeinsames Gespräch einzulassen.
- Akzeptiert der Partner eine Weiterführung des Gesprächs, dann nähert man sich allmählich einem verbesserten Begriff. Die Annäherung erfolgt *induktiv,* das heißt, man geht von vielen Beispielen aus und versucht, daraus das Allgemeine zu erfassen. Die Ergebnisse sind jedoch nicht endgültig, lassen aber ahnen, daß sie den ursprünglichen Vorstellungen überlegen und der Wahrheit näher sind.
- Die Fortsetzung des Gesprächs konzentriert sich auf die Zielvorstellungen, um dann über die richtigen Mittel zur Erlangung dieser Ziele entscheiden zu können. Der eigentliche Zielpunkt unseres Handelns ist nach Sokrates immer das *Wissen vom Guten.*
- Ein philosophisches Gespräch ist letztlich eine Wissensprüfung, das heißt, es geht dabei nicht nur um Gegenstandswissen, sondern auch um uns selbst, die wir zu wissen glauben. Philosophie ist so *Selbsterkenntnis.* Sie entfaltet, was in der Vernunft des Menschen schon angelegt ist und dem Gesprächspartner vor der Begegnung mit Sokrates nicht bewußt war (Hebammenkunst, Mäeutik).
- Sowohl Begriffs- als auch Selbsterkenntnis bleiben im Gespräch offen und *aporetisch.* Die Probleme sind nicht endgültig gelöst; nur die Selbstsicherheit ist beseitigt. Im „wissenden Nichtwissen“ erfaßt der Mensch nur „Bilder“, in denen die göttliche Wahrheit wirksam ist.

Sokrates verstand sich mit dieser Methode nicht als Sophist, sondern als deren radikalster Gegner. Im Gegensatz zu jenen Volksverführern glaubte er an das Gute und an das Wahre. Das ironische Infragestellen der selbstsicheren Behauptungen seiner Dialogpartner sollte nicht den Skeptizismus, den Relativismus oder gar den Nihilismus fördern, sondern die verfestigten und unkritisch hingenommenen Meinungen aufbrechen und den Weg bereiten zur echten Einsicht und damit zum rechten Tun. *Die gemeinsame Suche dieses letzten Ziels heißt Philoso-*

phie. Eine solche neue geistige Haltung läßt sich nur aus der Demut des Nichtwissens, nicht dagegen aus der Überheblichkeit sophistischer Kritik erreichen. In den letzten Entscheidungen berief sich Sokrates auf eine innere Stimme, auf sein „Daimonion". Zudem war er fest von der Unsterblichkeit der individuellen Seele überzeugt. So zielte sein Denken nicht auf die Zersetzung von Wissenschaft, Sitte und Religion, sondern auf eine Einheit aus Wissen, Wollen und Glauben.
Offensichtlich enthält die sokratische Philosophie trotz der Betonung des Nichtwissens drei entscheidende positive inhaltliche *Prämissen:*

- Sokrates war von der absoluten Geltung der sittlichen Normen überzeugt;
- er setzte an die Stelle des Einzelmenschen als „Maß aller Dinge" (Protagoras) die Vernunft des Gattungswesens Mensch, die sich im begrifflichen Wissen artikuliert.
- Philosophie war ihm keine Überredungskunst, sondern sie führte zur Selbsterkenntnis und ermöglichte aus dem Wissen um das Gute das gute Handeln.

8.4 Der Tod des Sokrates

Die inhaltliche Seite der sokratischen Philosophie tritt in den Hintergrund, wenn man sich seinem persönlichen Schicksal zuwendet. Sokrates wurde zum Inbegriff der philosophischen Existenz. Nicht um Wissensvermittlung ging es dabei, sondern um die Führung des Menschen hin zum Guten und Wahren und um das Vorbild einer sich aus Überzeugung aufopfernden Existenz. Sokrates lebte im Bewußtsein einer Sendung und ging für diese in den Tod. Die eindrucksvolle Schilderung seines Endes durch Platon hat die Menschen seit je ergriffen. In der Patristik sah man in Sokrates einen Vorläufer von Christus. Nur in wenigen Fällen (z. B. bei Nietzsche) wurde die Begründung der Begriffsbestimmung und der normativen Ethik durch Sokrates als Irrweg der philosophischen Entwicklung gedeutet und dadurch das Vorbildhafte seines Lebens entwertet.
Man hat sich Gedanken gemacht, warum die Verurteilung des Sokrates und seine Tötung in Athen keinen allgemeinen Aufruhr hervorrief. Aber bei aller Idealisierung des Sokrates-Bildes sollte man nicht vergessen, daß seine Ironie auch verletzt hat, daß sein Nichtwissen dem einfachen Mann als Spott erscheinen konnte und die ständige Belästi-

gung, die oft genug nur Verwirrung hinterließ, viele Bürger zu seinen Feinden werden ließ. Zudem wirkte Sokrates mit seiner Berufung auf das Delphische Orakel nicht gerade bescheiden. Und als er in seiner Verteidigungsrede unter Hinweis auf seine göttliche Sendung vorschlug, die Stadt möge ihm als Belohnung für seine Wohltaten eine lebenslängliche Rente aussetzen, da wird dies selbst wohlwollende Bürger vor den Kopf gestoßen haben. So dürfte sich Sokrates beim unverständigen und empfindlichen Volk zahlreiche Feinde gemacht haben, aber auch bei den um den Götterglauben besorgten Priestern und bei den herrschenden Demokraten, für welche die Freundschaft des Sokrates mit einer Reihe ihnen feindlich gesinnter Aristokraten und ehemaliger Oligarchen verdächtig genug gewesen sein mag. Die wenigen Freunde waren im Zeitalter der Herrschaft der Massen nicht mächtig genug, um die Katastrophe abzuwenden.

9. Platon: Philosophie zwischen Systematik und Dialogik

9.1 Einführung

a) Anknüpfung an Sokrates

Platon war der bedeutendste Schüler des Sokrates. Seine Philosophie muß daher aus der *sokratischen Problemsituation* heraus verstanden werden. Wie Sokrates ging es Platon zunächst um die sittliche Bildung der Menschen und damit um die sittliche Grundlegung des Staates, der sich zu seiner Zeit in desolatem Zustand befand. Als Streiter gegen die Sophistik stellte er sich die Frage, wie in der Überwindung von Skepsis und Relativismus ein sicheres Wissen zu finden ist, das den Bürgern vermittelt werden kann. Wie kommt man zur Arete, das heißt, zur Tüchtigkeit in moralischem und gesellschaftlichem Sinne? Wie muß sich der Bürger bilden, um ein verantwortungsvoller Staatsmann werden zu können, der das Gemeinwesen zum Wohle aller vernünftig regiert?

b) Die Wirkung Platons

Auf der Suche nach der Grundlage des wahren Staates entdeckte Platon eine Welt *hinter* der vordergründigen Wirklichkeit, die *Welt der Ideen.* Diese Entdeckung war es vor allem, durch welche seine Philosophie für die kulturelle Weiterentwicklung von größter Bedeutung wurde. Die gesamte Kultur der Antike empfand durch und durch platonisch. Auch der große Gegenspieler Platons, sein Schüler Aristoteles, dachte letztlich in platonischen Grundkategorien. Aber nicht nur in der griechisch-römischen Welt war sein Einfluß ausschlaggebend. Im Augustinismus lebte der Platonismus in christlicher Gestalt weiter und prägte die gesamte mittelalterliche Philosophie. In späteren Jahrhunderten griff dann die Renaissance im Gegenzug zum scholastischen Aristotelismus erneut auf Platon zurück und vermittelte so dessen Gedankenwelt der Neuzeit.

c) Interpretationen der platonischen Philosophie

Die *Deutung der Leistung Platons* hat im Laufe der Geschichte zahlreiche Wandlungen erfahren. *Aristoteles* verstand seinen Lehrer als den ersten großen *Systematiker,* der seine Philosophie als Synthese aus herakliteischen, sokratischen und pythagoreischen Vorstellungen schuf. Aber weder Heraklits Reduzierung der Wirklichkeit auf die bewegte vordergründige und vergängliche Sinnenwelt noch die Beschränkung auf reines Denken bei Parmenides konnte in den Augen Platons die richtige Antwort auf die Frage nach der Grundverfassung unserer Welt sein. Beides mußte ernst genommen und zusammengebracht werden. Wie diese Synthese im einzelnen zu denken ist, gerade darauf antwortete die *Ideenlehre* Platons.

Die Fixierung auf die Systematik und auf die Ideenlehre hat das philosophische Verständnis der Philosophie *Platons* durch die Jahrhunderte hindurch bis zur *Renaissance* geprägt. Dabei vermischten sich zahlreiche religiöse und spekulative Vorstellungen mit der eigentlichen Philosophie, so daß Platon lange Zeit als religiöser Prophet und Mystiker galt. Erst in der Romantik setzte mit F. Schleiermacher eine Loslösung von der Etikettierung als Ideen-Systematiker ein. Es wurde der *Dialog* in seiner Bedeutung wiederentdeckt. Die Dialogform war nicht willkürliches Darstellungsmittel, sondern die einzige Möglichkeit, dem Spezifischen des platonischen Philosophierens gerecht zu werden, nämlich dem problematisierenden Nicht-zum-Ende-Kommen des menschlichen Denkens.

Seitdem versteht man die gesamte Philosophie Platons eher *genetisch,* das heißt als großen Denkprozeß, der sich erst nach einer Reihe entscheidender Wandlungen in der Grundeinstellung vollendete. Die platonische Spätphilosophie erscheint dann gelegentlich sogar als Kritik der vorangegangenen Ideenlehre. Durch die genetische Betrachtungsweise erhielt das biographische Element einen neuen Stellenwert. Nachdem man seit U. von Wilamowitz von der Echtheit der meisten Briefe Platons überzeugt war, wertete man die Ausführungen im 7. Brief als glaubwürdige Autobiographie des Philosophen. Damit erhält der Gedanke der *Grundlegung von Sitten- und Staatslehre* endgültig das ihm zukommende Gewicht. Die aristotelischen Kritiken deutet daher die moderne Forschung weitgehend als Mißverständnisse. So steht heute die Ideenlehre nicht mehr isoliert *über* der praktischen Philosophie, sondern sie wird als notwendiges Zwischenstadium in der allgemeinen Dialogik des platonischen Denkens verstanden.[17a]

Verschiedene Epochen haben Platon verschieden interpretiert: Augustinus sah in ihm den erleuchteten Heiden, der christliches Gedankengut philosophisch vorwegnahm; die Renaissance entdeckte in ihm den Künstler und religiösen Propheten; die Neuzeit feierte Platon als den Entdecker des *Apriori,* als Begründer des Idealismus und als Vorkämpfer für das sittlich Gute, als den Philosophen der lebendigen Dialogik und den systematischen Methodiker der Begrifflichkeit. In der Gegenwart gilt er einerseits als Hauptvertreter der unzeitgemäßen Metaphysiker, welche sich angeblich in eine phantastische „Hinterwelt" (Nietzsche) geflüchtet haben; andererseits dient sein aporetisches Denken zur Explikation der heute oft favorisierten sprachlichen *Lehr- und Lernprozesse.* In ihnen wird der Philosophierende im „dramatischen Moment des Suchens und Findens" sichtbar gemacht.[18]

Die Möglichkeit, ihre Werke immer wieder neu interpretieren zu können, ist für große Philosophen charakteristisch. Deren Größe besteht geradezu darin, daß ihre Gedanken in verschiedenen Epochen durch spezifische, auf jene Zeit passende Interpretationen nutzbar gemacht werden können. So stellt die Philosophie Platons nicht nur einen isolierten Höhepunkt in der Geschichte der Philosophie dar, sondern sie wirkt nachhaltig durch die von ihr geprägte Tradition in unsere Zeit hinein.

9.2 Lebensdaten und Werke

a) Daten zu Platon

Platon wurde 427 v. Chr. in Athen geboren; er entstammte einem angesehenen reichen Adelsgeschlecht. Bereits mit 20 Jahren gehörte er dem Kreis um Sokrates an und wurde dessen wichtigster Schüler. Nach

dem Tode seines Lehrers unternahm er mehrere Reisen. Gut belegt und von großer Bedeutung für seinen weiteren Lebensweg sind die Reisen nach Unteritalien und insbesondere nach Sizilien. In Syrakus befreundete er sich mit Dion, dem Schwager des Tyrannen Dionysios I., konnte aber den Herrscher nicht für seine philosophischen Ideen gewinnen. Im Gegenteil, Dionysios zwang Platon zur Abreise. Er wurde dann unterwegs seiner Freiheit beraubt und auf dem Sklavenmarkt feilgeboten. Nachdem er von einem Bekannten losgekauft worden war, kehrte er nach Athen zurück. Dort gründete er um 387 v. Chr. in dem heiligen Bezirk des Heros Akademos die „Akademie", die erste Gelehrtenschule oder Universität der Weltgeschichte, in der Wissenschaft und Philosophie gelehrt wurden. Sie blühte zu einem Zentrum der philosophischen Bildung Griechenlands auf und hatte bis zur Auflösung im Jahre 529 n. Chr. fast ein Jahrtausend Bestand. Zwei weitere Versuche, in Syrakus unter dem ihm wohlgesonnenen Dionysios II. als philosophischer Berater zu wirken, scheiterten wieder, zumal Dion inzwischen in Ungnade gefallen war und sich Platon mit vielen Menschen verfeindet hatte.
Platon widmete sich in Athen ganz der Philosophie. Politische Aktivitäten vermied er seit seiner Jugend, weil er durch verwandtschaftliche Beziehungen zu den verhaßten Vertretern der „Herrschaft der Dreißig" ständig gefährdet war. Nachdem Platon lange Zeit in hohem Ansehen gestanden hatte, mußte er am Ende seines Lebens Rückschläge ertragen. Das Ende des zweiten athenischen Seebundes, der Niedergang Siziliens, die Schwäche Athens und Spartas hinterließen eine tiefe Resignation; enttäuschte Hoffnungen und persönliche Kränkungen bestimmten seine letzten Jahre. Über seinen Tod berichtet Diogenes Laertius: „Gestorben ist er ... bei einem Hochzeitsschmaus im ersten Jahr der 108. Olympiade im Alter von einundachtzig Jahren";[19] das entspricht dem Jahre 347 v. Chr.

b) Die Werke Platons

Vermutlich kennen wir alle von Platon veröffentlichten Werke; auch eine ganze Reihe unechter Schriften sind uns überliefert, die seinen Namen tragen. Als echt anerkannt sind die Apologie des Sokrates, eine Reihe von Briefen, einige Versuche zur Dichtkunst und vor allem an die dreißig Dialoge. Der 7. Brief enthält interessante biographische Details. Meistens werden die Dialoge in vier Gruppen eingeteilt:

(1) Frühschriften: Hier führt Platon ethische Begriffsbestimmungen in sokratischer Manier vor. Man spricht von der „induktiven Methode", dem Weg vom Einzelnen zum Allgemeinen. Die Gespräche handeln beispielsweise von der Tapferkeit (Laches), der Frömmigkeit (Euthyphron) oder von der Besonnenheit (Charmides). Eine Trennung des platonischen vom sokratischen Gedankengut ist fast unmöglich.

(2) Schriften zur Sophistik: In ihnen werden die ethischen Überlegungen gezielt für die politischen und weltanschaulichen Auseinandersetzungen eingesetzt. Man erkennt erste spezifisch platonische Gedankenelemente wie z. B. die durch orphische und pythagoreische Ideen beeinflußte Präexistenz- und Unsterblichkeitslehre. Beispiel: Gorgias (gegen sophistische Unmoral und über die Lehrbarkeit der Tugend).

(3) Schriften der Reifezeit: Diese enthalten die Grundgedanken der theoretischen und praktischen Philosophie Platons: Ideen-, Seelen- und Staatslehre werden dialogisch in großen Mythenschöpfungen entwickelt und in ihren Anwendungen auf Erkenntnisfragen, Psychologie, Ethik und Politik erläutert. Im Zentrum stehen vier Dialoge:

- Symposion (Gastmahl): das Hohelied auf den philosophischen Eros, auf die treibende Kraft des Strebens nach Schönem und Gutem;
- Phaidon: über die Unsterblichkeit der Seele;
- Politeia (Staat): dieses umfangreichste Werk Platons enthält die Ideen-, Seelen- und Staatslehre; im Mittelpunkt steht die Bestimmung der Gerechtigkeit;
- Phaidros: über die Ideen- und Seelenlehre.

(4) Schriften der Altersjahre: Es erfolgt eine Zurückdrängung der metaphysisch-spekulativen Gedanken zugunsten einer Betrachtung der Methode und der sinnlichen Realität. Die mäeutische Dialogform wird preisgegeben. Abstrakte Begriffsanalysen, z. B. über das Eine und das Mannigfaltige, ersetzen bildhafte Mythen. Beispiele: Timaios (ausführliche Naturphilosophie); Nomoi (Gesetze; Berücksichtigung der politischen Wirklichkeit).

9.3 Exemplarische Darstellung der platonischen Philosophie

a) Die Entdeckung des eigentlichen Seienden

(1) Anknüpfungspunkte. „Alles fließt", hatte einst Heraklit gesagt. Die *Sophisten* waren überzeugt, daß auch Sitten und Gebräuche, moralische Normen und Lebensformen in ständigem Wandel begriffen seien. Aus dieser Veränderung der Sitten folgerten sie die Unmöglichkeit allgemeinverbindlicher Normen. In den Augen der Sophisten gab es weder Gerechtigkeit noch sittlich gutes Verhalten. Für *Sokrates* dagegen war es selbstverständlich, daß Tugenden und moralisch verbindliche Grundhaltungen vorausgesetzt werden müssen, wenn menschliche Handlungen sinnvoll sein sollen. Während aber Sokrates in seinen dialogischen Analysen die sophistischen Thesen zwar widerlegte, aber seine eigene Überzeugung nur antithetisch hinstellte, versuchte *Platon* mit Hilfe seiner Ideenlehre, die sokratische Überzeugung zu *begründen.* So stieß Platon auf der Suche nach einer Fundierung der Moral auf eine alles Seiende betreffende allgemeine Theorie der Erkenntnis und des Wissens.
Platon knüpfte dabei direkt an die Erfahrungen der Sophisten an. Auch er glaubte, daß weder die Sitten und Handlungsnormen noch die Sinneswahrnehmungen und die sogenannten Einsichten des gesunden Menschenverstandes kritiklos hingenommen werden dürfen. Aber während die Sophisten daraus die Relativität von Moral und Erkenntnis schlossen, bedeuteten diese Grunderfahrungen für Platon nur den Ausgangspunkt für die Begründung von Ethik und Wissenschaft. Die Unsicherheit sittlicher Entscheidungen und sinnlicher Erscheinungen stellte die Philosophie vor die Aufgabe, trotz dieser Schwierigkeiten ein sicheres Fundament zu finden. So gelangte Platon zu der Überzeugung, daß hinter der veränderlichen Natur etwas ewig Gleichbleibendes stehe, das die Welt der bewegten Gegenstände erst ermögliche und die Voraussetzung für moralisches Handeln darstelle. Dieses eigentliche Seiende nannte er *Ideen.*

(2) Die Rolle der Mathematik. Es gibt eine Wissenschaft, die mit ideenähnlichen Gegenständen operiert, nämlich die Mathematik. Wer mit Kreide einen Kreis an die Tafel zeichnet, ist sich darüber im klaren, daß er nur ein Abbild des Kreises vor sich hat. Der eigentlich gemeinte Kreis ist viel regelmäßiger, hat nicht die Breite der Kreidestriche und betrifft Punkte der Ebene, deren Abstände von einem festen Punkt ganz genau übereinstimmen. Wir können uns noch so viel Mühe ge-

ben, es wird uns nicht gelingen, den Kreis als solchen zu zeichnen oder in irgendeiner natürlichen Form unserer Umwelt adäquat repräsentiert zu sehen. Es gibt immer Abweichungen, Meß- und Ablesefehler und jeder „punktförmige“ Gegenstand ist genau genommen gar kein Punkt. Mathematische Objekte sind offensichtlich nicht Gegenstände unserer natürlichen Umwelt, sondern etwas Gedachtes und geistig Erschautes, das sich nur in schattenhaften Näherungen in der Natur vorfindet. Wenn wir auch keinen wahren Kreis konstruieren können, so vermögen wir mit den „Augen des Geistes“ diesen doch zu schauen. Von dieser Eigenart mathematischer Objekte und durch ethische Überlegungen (wie etwa durch die Wesensbestimmung der Tugend) inspiriert, kam Platon auch bei nicht-mathematischen abstrakten Begriffen, wie Gleichheit oder Gerechtigkeit, ja sogar bei empirischen Begriffen, wie Röte und Baum, auf die Annahme von geistig geschauten Formen, das heißt von „Ideen“ (idéa: Aussehen, Gestalt, Beschaffenheit, Urbild). In der Tat ist es schwierig, beispielsweise von „rot“ zu sprechen, wenn man mit diesem Wort nicht eine feste Bedeutung verbindet. So plausibel das „Alles fließt“ des Heraklit auch klingt, in diesem Zusammenhang scheinen wir doch etwas Unveränderliches denken zu müssen, um überhaupt sprechen zu können. Die Sprache zeigt uns, daß wir bestimmte Vorstellungen oder Allgemeinbegriffe (sogenannte Universalien) auf verschiedene Gegenstände anwenden, also in Verschiedenem unserer sinnlichen Welt etwas Identisches entdecken. Wer einen Gegenstand als roten erkennt, hat eine bestimmte feste Vorstellung oder Idee von dem, was rot ist. Zwar repräsentiert dieser Gegenstand nicht das Rote schlechthin, sondern er zeigt nur ein Rot einer bestimmten Intensität, Tönung und Schattierung. Man kann also wie beim Idealgebilde des Kreises auch von der Idee des Roten sprechen, welche die Einzelerkenntnis erst ermöglicht und sich in den roten Gegenständen unserer Welt abbild- und schattenhaft zeigt.

(3) Platon und die Ideenlehre. Nachdem Aristoteles die Behauptung aufgestellt hatte, daß Platon der erste Systematiker der Philosophie gewesen sei, versuchte man immer wieder, die Gedanken Platons über das wahrhaft Seiende, wie wir sie in den verschiedenen Dialogen finden, zu einer widerspruchsfreien Ideenlehre zusammenzufügen. So kam man etwa zu folgender Charakterisierung des platonischen Dualismus:

- Ideen sind als das eigentlich Seiende unkörperlich, unveränderlich, unräumlich und zeitlos. Sie können in einer Art Wiedererinnerung (anámnesis) erschaut werden (Wesensschau).

- Sie sind die Urbilder (paradeígmata) der Naturdinge; letztere haben demnach an den Ideen teil (méthexis), sind mit ihnen aber nicht identisch; umgekehrt sind die Ideen in den Naturdingen gegenwärtig (parusía).

- Die Naturdinge sind dadurch von geringerem Seinsgrad, sie sind nur Abbilder oder Nachahmungen (mímesis).

- Durch die Gegenwärtigkeit der Ideen in den Naturdingen streben diese in ihren Veränderungen und Bewegungen nach Vollkommenheit, das heißt nach einer Annäherung an die reinen Ideen (Drang nach Vollkommenheit: Eros).

- In Analogie zur Pyramide der Begriffe gibt es eine Ordnung der Ideen. Der höchsten Idee des Guten, Schönen und Wahren, die mit Gott zusammenfällt, kann man sich zwar annähern, aber die Annäherung ist eine unendliche Aufgabe (Dialektik der Wesensschau).

- Die Idee ist eine geistige Einheit des Mannigfaltigen, in welcher sich logischer Begriff, wesenhaftes Sein, aber auch sittliches Ideal und ästhetische Form anschaulich manifestieren.

(4) Die genetische Deutung. Die Überzeugung, daß Platon nie eine solche in sich geschlossene statische Lehre vertreten hat, führte zu Versuchen, die Ideenlehre in ihrer *Genesis* und in ihrem ständigen Wandel zu verstehen. Dabei lassen sich mehrere Stadien unterscheiden:

- In den *frühen Dialogen* bedeutete Idee nur das mehreren Einzelobjekten Gemeinsame, war also nur der bildhafte Ausdruck für einen Begriffsinhalt oder für das Wesen.

- In der *mittleren Phase* faßte Platon die Idee substanziell; die Begriffe wurden hypostasiert, das heißt, ihnen wurde eine selbständige Existenz zugebilligt. Damit erhöhte Platon die Idee metaphysisch zur Quelle der Wirklichkeit. Zugleich erhielt die Idee des Guten als höchste Idee und als Urquell allen Seins eine göttliche Sonderstellung. Parallel zu diesen metaphysischen Aussagen traf Platon auch erkenntnistheoretische Unterscheidungen: Vernunfterkenntnis (nóesis) bezieht sich auf Ideen, Verstandeserkenntnis (diánoia) auf das Mathematische, das Wahrnehmungsvermögen und bloße Meinen (dóxa) auf die unsichere und veränderliche Sinnenwelt.

- In der *Spätphase* des platonischen Denkens wurde das Mathematische immer bedeutsamer und gelegentlich sogar mit den Ideen gleichgesetzt (pythagoreischer Einfluß). Zugleich erfolgte eine stärkere Hinwendung zu den Problemen der wandelbaren Sinnenwelt. Der Gegensatz zwischen Heraklit und Parmenides wurde dialektisch gleichgewichtig vermittelt und nicht mehr allein von der transzendenten Ideenwelt geprägt.

Einige Bemerkungen im 7. Brief bestärken die Zweifel am Systemcharakter der platonischen Philosophie. Dort betont Platon im 11. Abschnitt, daß von ihm „keine Schrift über diese Gegenstände" erschienen ist, weil jenes eigentlich Gemeinte „sich doch in keiner Weise, wie andere Kenntnisse, in Worten fassen" lasse. Nur „vermöge der langen Beschäftigung mit den Gegenständen und dem Sichhineinleben" erzeuge sich die Erkenntnis in der Seele „wie ein durch einen abspringenden Feuerfunken plötzlich entzündetes Licht".
Man hat diese Überlegungen so ausgelegt, daß Philosophie nicht schriftlich fixiert werden könne, sondern sich stets nur im Akt des Philosophierens realisiere. Weil Platon aber im direkten Anschluß an diese Ausführungen die fünf wichtigsten Stadien des philosophischen Weges vom Namen über Begriff, Abbild und Erkenntnis hin zum ursprünglichen Eigentlichen skizzierte und veranschaulichte, soll damit wohl mehr und vor allem die Notwendigkeit des eigenen Nachvollzugs und des persönlichen Engagements betont werden. Ob dabei eine zusätzliche Einflußnahme durch den Lehrer der Akademie notwendig war oder die richtige Interpretation der Dialoge ausreichte, bleibt offen.

b) Der Staat und die Gerechtigkeit

(1) Der Staat als Spiegelbild der menschlichen Seele. Wer die platonische Lehre über den Staat dazu benützen will, um konkrete Auskünfte über Staatsrecht, Gesetzgebung, Organisation eines Staates und dessen Bedingungen zu erhalten, wird sich bald enttäuscht sehen; nicht nur, weil er stets auf Allgemeines stößt, sondern auch, weil er Gefahr läuft, die dichterische Ausgestaltung als eigentliche Antwort zu nehmen. Platon war kein „verhinderter Politiker", der seine in Syrakus gescheiterten Praxisanleitungen zu einer Theorie hochstilisiert hätte. Er war weder Gesetzgeber noch Prophet einer „konkreten Utopie". Ihm ging es um das *sokratische Problem,* die Sophistik durch philosophische Einsicht zu überwinden. Obwohl die Ideenlehre die Theorie aufgewertet hatte und die Entdeckung des Allgemeinen wirkungsgeschichtlich von entscheidender Bedeutung war, darf man in der historischen Deutung dieses eigentliche Ziel Platons nicht aus den Augen verlieren.

Die Situation um die Jahrhundertwende zum vierten vorchristlichen Jahrhundert war unerträglich, politisch wie moralisch. Lähmende Parteikämpfe, skrupellose Machtpolitik, Ungerechtigkeiten durch die Stärkeren, - dies alles war in der Sophistik „auf den Begriff gebracht" worden. Es bedurfte daher vor allem eines Wandels in der moralischen Einstellung. Deshalb lautete die Zentralfrage Platons: wie kann man die Menschen bilden und wie ihre Seelen zum Guten führen?
In der Praxis des „Akademie"-Betriebes konnte er seine Antworten realisieren und prüfen. So kam Platon schließlich in seiner Bemühung um Menschenbildung zur Frage nach der Bildungsanstalt im Großen, dem Staatswesen.
Begründet werden kann ein solches Gemeinwesen nur durch die richtige Einsicht in die seelische Verfassung der Menschen, welche den Staat bilden. Deshalb erscheint der Staat bei Platon als Organismus und so letztlich als vergrößertes Spiegelbild der Seele. Auch die verschiedenen Staatsformen (Monarchie, Aristokratie, Demokratie und deren Entartungsformen Tyrannis, Oligarchie und Ochlokratie) sind nur Ausdruck verschiedener Verhaltensweisen des Einzelmenschen, und der Idealstaat selbst kann nur aus der Idee der menschlichen Seele verstanden werden. Für Platon ist die Aristokratie die beste Staatsform. Timokratie (Herrschaft des Geldes), Oligarchie, Demokratie (im negativen Sinne) und Tyrannis sind für ihn Verfallsformen.

(2) Die Bestimmung der Gerechtigkeit. Für die Beurteilung praktischer Verhaltensweisen spielt die Tugend der Gerechtigkeit die ausschlaggebende Rolle. Sie ist das Thema des umfangreichsten Dialogs, des „Staates" (Politeia).
Aus einem Gespräch des Sokrates mit dem Greis Kephalos ergeben sich im 1. Buch, welches aus der früheren Zeit des platonischen Denkens stammt, die ersten Definitionsversuche zum Thema Gerechtigkeit:

- Gerecht ist, wer einem jeden erstattet, was er ihm schuldet (Kephalos).
- Gerecht ist, Freunden Gutes und Feinden Böses zu tun (Simonides).
- Gerecht ist, dem Freunde, sofern er gut ist, zu helfen, dem Feinde, sofern er böse ist, zu schaden.
- Gerecht ist der Vorteil des Stärkeren und der bestehenden Obrigkeit (Thrasymachos).
- Gerechtigkeit ist ohnmächtig; die Ungerechtigkeit ermöglicht ein glückliches Leben und ist somit nützlicher.

Nach der Verschiebung der Fragestellung auf die Nützlichkeit wird im Gegensatz zur letzten These nun von Sokrates gezeigt, daß nur der Gerechte glücklich sein kann. Denn die Seele kann nur in der Tugend der Gerechtigkeit ihre eigentliche Bestimmung erfüllen und wird dadurch glücklich.
Hier endet das 1. Buch. Es bleibt die große Frage nach dem Wesen der Gerechtigkeit und ihrem Verhältnis zur Glückseligkeit, welche in den anderen neun Büchern in einem größeren Zusammenhang untersucht wird. Die Gerechtigkeit führt auf Überlegungen zur Seelen- und Staatslehre: Gerechtigkeit ist eine geistige Gesundheit, welche nur innerhalb eines Staatswesens richtig verstanden werden kann. So läuft die Beschreibung der richtigen *Seelenverfassung* auf die Beschreibung eines *Idealstaates* hinaus, die umgekehrt wieder für das tiefere Verständnis der Struktur der Seele mit ihren verschiedenen *Seelenteilen* herangezogen wird. Platon versteht unter Gerechtigkeit das der Seelenverfassung und der staatlichen Ständeordnung gemäße harmonische Verhalten.
In diesen Büchern der ,,Politeia" findet man die berühmten Ausführungen über die Ideenlehre, die meist in der Form von Gleichnissen (als Sonnen-, Linien- und Höhlengleichnis) dargestellt wird. Hier liegt eine der Quellen des Dualismus zwischen Leib und Seele, wie er in den folgenden Jahrhunderten insbesondere die christliche Welt geprägt hat. Die starke Hinwendung zum Ideellen enthielt die Gefahr des ,,nachtschwarzen Pessimismus",[20] was das Verhältnis des Menschen zum Körperlichen und Diesseitigen betrifft.

(3) Die platonische Staatslehre. Auf die Frage nach der Gerechtigkeit im Staate gibt die Gliederung des Staatswesens als Organismus eine Antwort. Jeder Teil des Organismus muß seine ihm zukommende Aufgabe erfüllen:

- der Stand der Regierenden leitet das Staatswesen; die Tugend, von der sie sich leiten lassen sollten, ist die Weisheit (sóphia);
- der Stand der Soldaten sorgt für die äußere und innere Sicherheit; die zugehörige Standestugend ist die Tapferkeit (andreía);
- der Stand des einfachen Volkes, das sich mit Ackerbau, Viehzucht und Fischerei befaßt, Handel und Handwerk betreibt, sorgt für die materiellen Grundlagen des Gesamtstaates und sollte sich, wie auch die anderen Stände, durch Besonnenheit auszeichnen (sophrosýne).

Die beiden ersten Stände bezeichnet Platon auch als „Wächter". Sie müssen ein spartanisches Leben in Zucht und Selbstbeherrschung führen. Platon fordert für sie sogar Kinder- und Weibergemeinschaft. Auf diese Weise werden die Führung von Staatsgeschäften und das Gewinnstreben streng getrennt. Dem dritten Stand ist dagegen als einzigem Privateigentum zugedacht; er hat dafür aber keinerlei Einfluß auf die Politik.
Obwohl Platon eine Art natürliche Aristokratie als Idealverfassung konzipiert, sind dennoch bei begabten Kindern der Unterschicht Aufstiegschancen gegeben. Entscheidend sind die geistigen Qualifikationen und die moralische Integrität. Diese Konstruktion gipfelt in der Feststellung, daß kein gutes Staatswesen funktionieren kann, bevor nicht entweder die Philosophen Könige werden oder die Könige gründlich philosophieren. Nur so können die tiefen Einsichten der Philosophie für das staatliche Leben wirken und die Existenz des Staatsgebildes legitimieren.
Es kann nicht überraschen, daß sowohl Einzelheiten in der Beschreibung des „platonischen Idealstaates" als auch die Endgültigkeit, mit welcher diese Lehre vertreten wird, zu scharfer Kritik herausgefordert haben. So spricht beispielsweise K. Popper in seiner Platon-Kritik von einem „versteinerten Staat", in welchem jede Veränderung als Niedergang und jede individuelle Freiheitsregung als Böses erscheint. Platons „Staat" wird so zum Inbegriff des totalitären Systems, das alle humanitären Bestrebungen mit Füßen tritt und ein Musterbeispiel einer sogenannten „geschlossenen Gesellschaft" darstellt.[21] Popper leitet diese Vorwürfe aus der Grundannahme der Ideenlehre ab, wonach die Wahrheit und das Göttliche stets das Ewiggleiche und Ruhige bedeuten, während Bewegung und Veränderung von Übel sind.
Selbst wenn sich aus einzelnen Formulierungen solche Konsequenzen ziehen lassen, sollte man den historischen Zusammenhang nicht vergessen, aus dem hervorgeht, daß dies nicht Platons Absicht gewesen sein kann, weil er im Kampf gegen die Sophistik sich gerade für eine menschenwürdigere Welt eingesetzt und dazu seine Lehre entwickelt hatte. Im übrigen sei darauf hingewiesen, daß Platon seine Überlegungen in den „Gesetzen" zum Teil revidierte und die konkreten Gegebenheiten der Realpolitik stärker berücksichtigte.

(4) Die platonische Seelenlehre. Die menschliche Seele steht zwischen der Erscheinungs- und der Ideenwelt. Ihre Charakterisierung erfolgt in Analogie zur Staatslehre. Den drei Ständen im Staat entsprechen drei Seelenteile im Einzelindividuum; der Mensch besitzt

- im Kopf die Vernunft (noûs), das heißt das Organ zum Denken;
- in der Brust Mut und Willen (thymós);
- im Unterleib die Begierde (epithymía) und das natürliche Verlangen nach der Befriedigung natürlicher Bedürfnisse.

Schon in einem früheren Dialog (im ,,Gorgias") hatte sich Platon ausführlich mit der menschlichen Seele befaßt. Er vergleicht die Bildung der Seele mit der Formung von Stoffen. Wie der Handwerker dem Material eine bestimmte Form aufdrückt, wodurch dieses dann seinen Zweck erfüllen kann, so sorgt der Arzt für das richtige Verhältnis der Teile des menschlichen Körpers, das heißt, er bewirkt die richtige Ordnung (kósmos, táxis), in welcher die Menschen den ihnen zugedachten Zweck erfüllen können. Jedes Ding und jeder Mensch hat seine spezifische Wirklichkeit (érgon) und in dieser die ihm zukommende Tüchtigkeit (areté). Ein Mensch ist nur dann gut, wenn seine Seele sich in der richtigen Ordnung befindet und wenn er in Selbstbeherrschung die Gesetze befolgt. Daraus ergibt sich eine weitere Definition der Gerechtigkeit: gerecht ist die Seele, welche die ihr zukommende Arete hat.

In der ,,Politeia" wird dieser Gedanke durch die *Lehre von den drei Seelenteilen* weiter ausgebaut und vollendet. Wenn sich die drei Seelenteile im rechten Verhältnis zueinander befinden, dann ist der Mensch nicht nur gerecht, sondern damit zugleich auch glücklich. Wer die eigentliche Wirklichkeit (und damit das Gute) kennt, handelt nach den sittlichen Geboten und ist in diesem Handeln, das seinem innersten Wesen entspricht, glücklich.

So schließt sich der Kreis: Der durch die Sophistik verunsicherte Mensch, der das Vorbild des Sokrates vor Augen hat, kann durch die neue Sinndeutung und durch deren Ausformung in eine Staats- und Seelenlehre wieder zur Sicherheit zurückfinden, und zwar zu einer philosophisch reflektierten Sicherheit, die sich der Auseinandersetzung mit den nachfolgenden Generationen stellen muß.

10. Aristoteles: Philosophie als wissenschaftliches System

10.1 Einführung

a) Aristoteles und Platon

Aristoteles war 20 Jahre lang Schüler Platons. Für zwei solch gegensätzliche und zugleich originelle Denker ist dies eine erstaunlich lange Zeit der wechselseitigen Beeinflussung. Ausbildung und Reifung im Umkreis Platons haben sich in einer Phase der platonischen Akademie vollzogen, in welcher bereits die unmittelbare sokratische Lebensnähe am Verblassen war und die künstlerischen Mythenschöpfungen des Meisters ihren Höhepunkt überschritten hatten. Man pflegte vor allem Begriffsdiskussionen und dialektische Erörterungen, wie sie uns in den spätplatonischen Dialogen überliefert sind. Reine Forschung und wissenschaftliches abstraktes Denken traten an die Stelle hochfliegender Gedankengänge, was für die Weiterentwicklung des Aristoteles sicherlich von großer Bedeutung war.

Die enge Verbindung mit Platon hinterließ ihre Spuren. Die Philosophie des Aristoteles ist nur verständlich, wenn man die in seinen Analysen verborgenen platonischen Grundstrukturen erkennt. Denn trotz aller Unterschiede blieb Aristoteles zeit seines Lebens auch *Platoniker.* Sein Bestreben war es letztlich, die von Platon entdeckten Ideen für die Erkenntnis der *Sinnenwelt* fruchtbar zu machen. Aber diese innere Verwandtschaft wird in den meisten Darstellungen von einer *Gegenüberstellung* beider Denker verdeckt. Nicht nur Raffael und Goethe haben Platon als den sich dem Himmel zuwendenden Geist dargestellt, während sie Aristoteles als den Mann dieses Erdkreises sahen. Die Charakteristik Goethes trifft eine weit verbreitete Auffassung über Aristoteles: „Er ist nun einmal hier und soll hier wirken und schaffen. Er erkundigt sich nach dem Boden, aber nicht weiter, als bis er Grund findet. Von da bis zum Mittelpunkt der Erde ist ihm das Übrige gleichgültig. Er umzieht einen ungeheuren Grundkreis für sein Gebäude, schafft Materialien von allen Seiten her, ordnet sie, schichtet sie auf und steigt so in regelmäßiger Form pyramidenartig in die Höhe, wenn Platon einem Obelisken, ja einer spitzen Flamme gleich, den Himmel sucht.“ [22]

Wenn Aristoteles in solchen Gegenüberstellungen als der strenge Wissenschaftler erscheint, darf man dessen Wissenschaftsbegriff nicht mit dem der modernen empirischen Wissenschaften verwechseln. W. Jaeger bezeichnet den Ausspruch Goethes „geprägte Form, die lebend sich entwickelt" als Grundgedanke der aristotelischen Philosophie und stellt damit zwei Zentralbegriffe in den Blickpunkt, die in den modernen Wissenschaften keinen Platz finden, sondern ihre Wurzel bei Platon haben. Es sind dies der Begriff der *Form,* der bei Aristoteles als Substanz und Wesen gedeutet wird, und der *teleologische Gedanke* im Entwicklungsgeschehen.

b) Aristoteles-Interpretationen

(1) Das Aristoteles-Bild der Kommentatoren. Der Stil der uns von Aristoteles überlieferten Schriften steht in stärkstem Kontrast zu den kunstvollen dialogischen Dichtungen und kühnen Gedankenflügen Platons: eine trockene, wenig hinreißende Diktion, bildarme abstrakte Begriffsanalysen, oft unübersichtliche und daher insgesamt schwer lesbare Gedankengänge füllen die aristotelischen Lehrschriften. So wurde Aristoteles zum Inbegriff des realistischen Wissenschaftlers und gelehrten Professors, der ohne Umschweife und stilistische Schnörkel sofort zur Sache selbst kommt, zur sachkundigen und inhaltsreichen Behandlung der wissenschaftlichen Fragestellungen, wie wir sie in Physik und Astronomie, Biologie und Psychologie, Meteorologie und Physiologie, Logik, Metaphysik und Theologie, Ethik, Politik und Rhetorik kennen. Aristoteles gilt so nicht nur als der Begründer der wissenschaftlichen Philosophie, sondern auch als Schöpfer der Logik und vieler Einzelwissenschaften, ja des Gelehrtentums schlechthin. W. Jaeger faßt dieses weit verbreitete Aristoteles-Bild zusammen: „An dem Namen des Aristoteles heftet etwas von Unpersönlichkeit und Zeitlosigkeit, von geistiger Weltherrschaft des abstrakten Gedankens über weite geschichtliche Zeiträume und von scholastischem Götzentum. Um ihn ganz in die eigene Welt hineinzuziehen, hat das Mittelalter die individuellen Züge des Denkers ausgelöscht und ihn zum Repräsentanten der Philosophie schlechthin gemacht." [23]
Diese Interpretation beginnt bei den antiken Kommentatoren, insbesondere bei Andronikos von Rhodos (1. Jahrhundert v. Chr.), wird von den morgenländischen Kommentatoren des Islams fortgesetzt und sinkt schließlich in der Scholastik zum allgemeingültigen Klischee ab. Als unfehlbaren Fürst der mittelalterlichen Scholastik straften ihn die Gelehrten der Renaissance und Luther mit Verachtung. Auch in der Neuzeit galt er lange als Repräsentant einer überwundenen mitelalterli-

chen Denkweise. Naturwissenschaftliche Theorien wurden als Gegenthesen zur aristotelischen Lehre entwickelt. Nach der Kritik der Metaphysik als Lehre vom Nicht-Erfahrbaren durch Kant erscheint er in der neueren Geistesgeschichte als Antipode des Königsberger Philosophen und damit als Inbegriff des spekulativen Dogmatismus. Auch die Berufung der katholischen Kirche auf Thomas von Aquin, den scholastischen Aristoteles-Interpreten, führte eher zu einer kritischen Distanz in der Beurteilung des Aristoteles als zu einer Annäherung und Wiederentdeckung.

(2) Die genetische Deutung. W. Jaeger hat diesem statischen Aristoteles-Bild ein *genetisches* gegenübergestellt. Er spricht von dem großen Paradoxon, daß auf den „Schöpfer des geistesgeschichtlichen Entwicklungsdenkens" [24] eben diese Entdeckung nicht angewandt wurde. Deshalb versucht Jaeger zu zeigen, wie sich Aristoteles selbst entwikkelt hat: vom glühenden Verehrer Platons, den er in seiner metaphysisch-theologischen Frühperiode in Dialogen nachahmte, über den reifen Aristoteles, der die platonischen Ideen weiterbildete, hin zur platonfernen Spätphase, in welcher sich die Ablösung vom theoretisierenden Platon zum praxisorientierten Forscher vollendete. Da die Texte chronologisch und inhaltlich schwer zu deuten sind und sich Jaeger nur auf einen Teil der Schriften bezog, stieß sein Versuch, die philosophische Gedankenentwicklung so genau zu rekonstruieren, immer wieder auf Kritik. Trotzdem kann man Jaeger nicht das Verdienst absprechen, die Abhängigkeit von Platon und die Tatsache einer Weiterentwicklung der aristotelischen Philosophie entdeckt zu haben, die den Traum, jene Philosophie als abgeschlossenes System (E. Zeller) darstellen zu können, endgültig zerstört hat.

(3) Die gegenwärtige Aristoteles-Interpretation. In der Gegenwartsphilosophie vollzog sich ganz still eine Rehabilitierung der aristotelischen Philosophie, ohne daß man ausdrücklich von einer Aristoteles-Renaissance sprechen könnte. [24a] Die moderne Forschung befreite Aristoteles zunächst von den „Rauchschleiern der Scholastik" und den „Nebelschwaden des deutschen Idealismus", durch welche Aristoteles in Mißkredit geraten war. [25] Nachdem man den Systemgedanken aufgeben mußte, konzentrierten sich die zahlreichen Untersuchungen auf die Analyse seiner Grundbegriffe und Grundlehren sowie deren innere Konsistenz. Zugleich wurde der Blick frei für die Rolle der *praktischen* Philosophie. Denn für Aristoteles bedeutet ein theoretisches Wissen um das Gute noch nicht, daß man dieses auch tut. An die Stelle der

Philosophenkönige Platons treten daher die Menschen mit der «gesunden Vernunft». Nicht das Prinzipienwissen allein genügt, sondern erst die Verankerung des Sittlichen im gelebten Ethos gibt Auskunft über die Frage, was wir tun sollen.

Zu unserem speziellen Thema «Philosophie als Wissenschaft» sind folgende Kernpunkte hervorzuheben:

- Aristoteles löst die Philosophie aus der transzendenten Spekulation und interpretiert damit erstmals die Philosophie als Wissenschaft von den Erscheinungen unserer Welt; denn nur das Sinnliche ist Träger des Allgemeinen, um das sich die Wissenschaft bemüht.
- Dieser Wissenschaftsbegriff ist von einem neuen Wirklichkeitsverständnis geprägt: es geht um die begriffliche Erfassung der Natur und deren innere Zusammenhänge, ohne daß dabei auf Religion und Mythologie zurückgegriffen wird. Das Ideal exakter Wirklichkeitserforschung ist für Griechenland etwas völlig Neues und zugleich der eigentliche Ausgangspunkt der Wissenschaftsentwicklung des Abendlandes.
- Durch eine neue Wissenschaft, der „ersten Philosophie“ (später „Metaphysik“ genannt), soll auch das unsere menschlichen Erfahrungen Überschreitende dem kritischen Denken des Philosophen zugänglich gemacht werden. So ist Aristoteles kein Positivist, der in den Wissenschaften alles Transzendente ablehnt, obwohl seine Grundkonzeption die Loslösung der Einzelwissenschaften von der ursprünglich universellen philosophischen Wissenschaft beschleunigte.
- Die Organisation der Forschung unter Aristoteles hatte ein nie wieder erreichtes Niveau erlangt. Der Reichtum an Tatsachen, Beschreibungen, Sammlungen und systematischen Gliederungen steht in der Geschichte einmalig da. Wenn auch im Mittelalter die Autorität des Aristoteles eine Kritik an offensichtlichen Fehlern vereitelte, so stellten die Wissenschaftsinhalte der aristotelischen Schule doch das unverzichtbare Material bereit, auf welches die weitere philosophische Tradition aufbaute.

10.2 Lebensdaten und Werke

a) Daten zu Aristoteles

Aristoteles wurde 384 v. Chr. in Stagira auf der Chalkidike-Halbinsel im Grenzgebiet zwischen Thrakien und Makedonien, geboren. Seine Eltern stammten beide aus Arztfamilien; sein Vater Nikomachos war der Leibarzt des makedonischen Königs, des Großvaters Alexanders des Großen. Vater und Mutter verstarben früh. Ein Verwandter aus Atarneus in Kleinasien übernahm die Erziehung. Bis zum Eintritt des 17jährigen in die Akademie Platons weiß man über sein Leben so gut wie nichts. Auch das Verhältnis zwischen Platon und Aristoteles ist nicht genau bestimmbar. In den zwanzig Lebensjahren innerhalb der Akademie wird es sicherlich zu Spannungen gekommen sein, von denen einige Anekdoten berichten. Nach dem Tode Platons 347 verließ Aristoteles das makedonierfeindliche Athen, wo er als Fremder ohne politische Rechte (Metöke) durch seine Beziehungen zum makedonischen Königshaus um sein Leben bangen mußte.
Aristoteles folgte einer Einladung des Makedonierfreundes und ehemaligen Akademieschülers Hermias aus Atarneus nach Assos, einem idyllischen Ort am Meer. Dort versammelte er einen kleinen Kreis von Freunden und Schülern um sich. Nach der Hinrichtung des Hermias durch die Perser rief ihn der makedonische König Philipp an seinen Hof nach Pella, wo er seinen dreizehnjährigen Sohn Alexander erziehen sollte. Die eigentliche Erziehungstätigkeit dauerte etwa drei Jahre. Alexander hat Aristoteles bewundert und geliebt. Nach Plutarch soll Alexander gesagt haben: Von meinem Vater habe ich das Leben geschenkt bekommen, von Aristoteles habe ich gelernt, gut zu leben. Aristoteles versuchte, Alexander vom Vorrang des Geistes und der Menschlichkeit vor der politischen Macht und der rohen Gewalt zu überzeugen. So konnte er erreichen, daß seine Heimatstadt, welche die Makedonier im Jahre 350 dem Erdboden gleichgemacht hatten, wieder aufgebaut wurde. Am Hofe in Pella hatte der Stagirit die Chance, einen Herrscher zum Philosophen zu verwandeln. Daß dies nicht gelang, dürfte nicht nur auf die Jugend des Zöglings zurückzuführen gewesen sein.
Nach seiner Erziehertätigkeit kehrte Aristoteles 355 nach Athen zurück. Er hatte inzwischen die Schwester (oder Nichte) des Hermias geheiratet. In Athen lehrte er im Lykeion Philosophie und organisierte seine umfangreiche Forschungsunternehmung. Die eigentliche Gründung des Peripatos, der Schule der Aristoteliker („Peripatetiker"),

wurde vermutlich erst nach seinem Tode durch dessen treuesten Schüler Theophrast vollzogen. Nach dem Tode seiner Frau fand er eine neue Lebensgefährtin aus Stagira, die ihm einen Sohn, Nikomachos, schenkte, dem er die „Nikomachische Ethik" widmete.
Durch den frühen Tod Alexanders im Jahre 323 brach die Katastrophe herein. Die zahlreichen Feinde des Aristoteles warfen dem Makedonierfreund Vergötterung des Hermias und Religionsfrevel vor. Damit sich die Athener nicht nochmals an einem Philosophen vergehen könnten, floh er nach Chalkis, wo er ein Landhaus besaß. Dort starb er schon im nächsten Jahr an einem Magenleiden.

b) Die Werke des Aristoteles

Im Altertum waren mehr als hundert Werke von Aristoteles bekannt. Von den Frühwerken, die hauptsächlich Dialoge im Stile Platons und eine Schrift „Über die Philosophie" umfaßten, sind nur Bruchstücke erhalten. Der Dialog „Protreptikos" z. B. verherrlichte die platonische Lebenshaltung und warb für die Ideenlehre. Weil sich die überlieferten sogenannten „Lehrschriften" formal von den Frühschriften stark unterscheiden, konstruierte man einen Unterschied zwischen exoterischen und esoterischen Schriften. In den ersteren habe Aristoteles ein größeres Publikum, in den letzteren seinen engsten Schülerkreis ansprechen wollen. Es handelt sich aber eher um einen chronologischen Unterschied. Die uns als Ganzschriften überlieferten Werke setzen sich aus Vorlesungsnotizen, nicht redigierten Einzelbetrachtungen, aus Vorlesungsnachschriften und späteren Einschüben durch Schüler zusammen. Die erste Gesamtedition der uns erhaltenen Schriften stammt von Andronikos von Rhodos, der die Arbeiten in logische, physikalische und ethische einteilte. Die Teile, die nach den physikalischen (metá tá physiká) folgten, erhielten deshalb die Bezeichnung „Metaphysik". Wir unterteilen die Werke in fünf Gruppen:

(1) Logische Schriften. („Organon", Werkzeug) Sie handeln von den Kategorien (und Begriffen im allgemeinen), vom Satz (Perí hermeneías) und vom Schluß. Die Schlußlehre stellt das Zentralthema der Logik dar. Sie wird in der ersten und zweiten Analytik, in der Topik und in den sophistischen Widerlegungen behandelt.

(2) Schriften zur Naturphilosophie und Psychologie. Hier werden fast alle damals bekannten naturwissenschaftlichen und biologischen The-

men angeschnitten, von der Astronomie über Wetterkunde, Seelenlehre und Tierbeschreibungen bis hin zu botanischen Beobachtungen. Die Hauptschrift ist die „Physik" (8 Bücher).

(3) Die Metaphysik, bei Aristoteles „erste Philosophie" (próte philosophía), die Wissenschaft vom Seienden als solchem und von dessen Prinzipien, einschließlich der Lehre vom Absoluten (philosophische Theologie).

(4) Schriften zur Ethik, Politik (samt Rhetorik) und Ökonomik. Besonders zu erwähnen ist die „Nikomachische Ethik". In der Politik werden nicht nur Idealverfassungen betrachtet, sondern auch frühere Staatstheorien kritisiert, eine Sammlung von 158 Staatsverfassungen vorgelegt und zahlreiche Grundbegriffe der Politik und Staatslehre praxisnah abgehandelt.

(5) Schriften zur Geschichte und Kunsttheorie. Hier findet man z. B. Verzeichnisse aller Sieger der Olympischen und Pythischen Spiele. Über die Kunst liegen meistens nur vereinzelte Bemerkungen vor, nur die Poetik ist als Gesamtschrift erhalten.

10.3 Exemplarische Darstellung der aristotelischen Philosophie

a) Die aristotelische Wissenschaftslehre als Explikation der Metaphysik

Die vielfältigen Forschungen, die selbst noch in der platonischen Akademie ohne gegenseitigen inneren Bezug autonom betrieben wurden, finden bei Aristoteles in dessen Metaphysik eine einheitliche Fundierung.

(1) Die Einteilung der Wissenschaften erfolgt nach den zugrundeliegenden *Sachbereichen* und nicht - wie in der Neuzeit - durch spezifische Methoden. Da Wissen soviel heißt wie erkennen, wie etwas beschaffen ist, bedeutet Wissenschaft die systematische Entfaltung dieses Wissens.
Die *praktischen* Wissenschaften (z. B. die Musiktheorie), die den Zweck ihres Tuns in sich selbst tragen, und die *poietischen* (herstellenden) Wissenschaften (z. B. die Bildhauerei), die ihr Ziel außerhalb

ihrer selbst haben, handeln von Seiendem, das sich wegen der Abhängigkeit von menschlichen Handlungen auch anders verhalten könnte. Ihre Gegenstände sind daher nur möglich. Vom Wirklichen dagegen handeln die *theoretischen* Wissenschaften. Aus dieser Tatsache leitet sich der Primat der Theorie vor der Praxis her, wie ihn Aristoteles vertritt.
Die theoretischen Wissenschaften zerfallen in drei Einzelwissenschaften:

- in die *physikalischen;* ihre Gegenstände sind ungetrennt (achóriston) und nicht unbewegt (oûk akíneton);
- in die *mathematischen,* die zwar auch vom Ungetrennten, aber zugleich vom Unbewegten handeln;
- in die *theologischen,* deren Thema das Getrennte und Unbewegte ist.

(2) Die Metaphysik als Grundwissenschaft. Während die Physik vom Seienden handelt, das sich bewegt, die Mathematik vom Seienden, das als Unveränderliches („Unbewegtes“) in den Gegenständen unserer Welt zu finden ist, gibt es nach Aristoteles eine Wissenschaft, die das *Seiende als solches* betrachtet, eben die Metaphysik. Ihr Gegenstand ist der allgemeinste: er handelt von dem, was in *allem,* das ist, vorgefunden und ausgesagt werden kann. Diese allgemeinsten Aussageweisen und denknotwendigen Begriffe nennt Aristoteles *Kategorien.* Er zählt zehn Kategorien auf; die vier wichtigsten sind Substanz, Quantität, Qualität und Relation.
Eine absolute Vorrangstellung nimmt die Kategorie der Substanz ein. Der Substanzbegriff (ousía) enthält zwei Bestimmungen, deren gegenseitiges Verhältnis nicht ohne Schwierigkeiten zu denken ist:

- einmal Substanz als das einzelne selbständige und unabhängige Seiende; es ist das, was im Wechsel der Erscheinungen als Zugrundeliegendes beharrt (hypokeímenon; substantia, früher erste Substanz);
- zum anderen Substanz als Sachhaltigkeit eines Seienden (eîdos, morphé, tí ên eînai; essentia, früher zweite Substanz), als das, was durch Prädikate bestimmt wird, ohne selbst Prädikat zu sein.

Mit dieser Terminologie lassen sich die theoretischen Wissenschaften als Lehren charakterisieren, die von der Substanz handeln. Je nach deren Struktur (bezüglich Getrenntsein und Bewegung) ergeben sich die genannten drei theoretischen Wissenschaften. Damit werden die diffusen Formen von Wissenschaftlichkeit bei den Vorsokratikern (ionische Naturphilosophie, sophistische Aufklärung, orphische Seelenlehre) und bei Platon (Ideenlehre) auf einen einheitlichen Begriff gebracht.

(3) Zur Rolle der Substanzmetaphysik. Die Überlegungen des Aristoteles knüpfen direkt an Platon an. Dieser hatte die parmenideische Einheit des Seins in die Idee verlagert. Für Aristoteles war es unverständlich, wie in der Vielheit der Ideen diese Einheit des Seins bewahrt werden könne; denn die Ideenlehre erklärt weder Wachstum noch Werden in der Welt der Mannigfaltigkeiten. Genau dies gilt es aber zu verstehen. Der Grundgedanke des Aristoteles ist, daß Substanz nie nur Allgemeines sein kann, daß sich Sein also in vielfacher Weise im Konkreten zeigen muß. Dazu bedarf es des erwähnten Doppelcharakters der Substanz, die das Seiende als solches betrifft. Das Sein der Gegenstände der physikalischen Wissenschaften ist nicht von den Dingen losgetrennt, sondern es liegt in den Dingen selbst; denn sonst wären die Dinge nur Schatten oder Erscheinungen eines Eigentlichen. Die zweite Substanz, das platonische Wesen oder die aristotelische Form (morphé), ist nur in der ersten Substanz realisierbar. Die Verwirklichung der Form im Stofflichen (hýle, materia) ist zugleich die Bewegung. So wird das Geschehen aus der Natur der Substanz heraus gedeutet: Verwirklichung eines Möglichen, Formwerden eines Ungeformten oder Anstreben eines Zieles, nämlich das zu werden, was dem Wesen entspricht. Der Substanzbegriff entfaltet sich so in eine Vielzahl metaphysischer Einzelbegriffe, deren Klärung den Hauptinhalt der aristotelischen Forschung darstellt: Form, Materie; Ursache, Prinzip (arché), Ziel (télos), Potenz und Akt (dýnamis und enérgeia), Entelechie (Verwirklichung, Vollendung).

Die Grundlegung der Wissenschaften aus der Idee der Metaphysik, welche selbst als Wissenschaft gedacht wird und nichts mit Frömmigkeit oder Religion zu tun hat, unterscheidet sich wesentlich von den Grundlegungen moderner Wissenschaftlichkeit aus Selbstbewußtsein und Methode (Descartes). Man kann die moderne Entwicklung eher als einen Kampf gegen das Substanzdenken interpretieren. Die Folge ist das Auseinanderfallen der Einheitswissenschaft in viele unvermittelte Einzelwissenschaften. Aus ihnen resultiert in der Gegenwartsphilosophie geradezu eine Metaphysik-Feindlichkeit. Diese hat jedoch noch eine zweite Ursache. Nach M. Heidegger ist die Substanzmetaphysik zu einseitig und trifft nur einen Aspekt des Sinnes von Sein. Der unausgesprochene Sinn von Sein im Substanzbegriff sei die „Anwesenheit". Substanz müsse, wie alles Sein, aus dem Begegnungscharakter für ein Vernehmen verstanden werden und erscheine daher in dieser Begegnung als Gegenwart. Damit sei die volle Zeitlichkeit des Seins nicht ausgeschöpft. Die griechische Metaphysik (Ontologie) sei deshalb durch eine „Fundamentalontologie“ zu ersetzen, welche diese Einseitigkeiten aufdeckt und vor allem die Zukunft mit in den Seinsbegriff einbezieht.[26]

(4) Die aristotelische Logik. Die Entwicklung der Logik gilt als eine der großartigsten Leistungen des Aristoteles. Er schuf damit ein wissenschaftliches Gebäude, das zwei Jahrtausende unangefochten blieb und auch bis heute nicht widerlegt, sondern nur erweitert wurde. Die Logik handelt von Begriffen, von deren Zusammensetzungen zu Urteilen und von der Verknüpfung von Urteilen zu Schlüssen. Zwar wird die Logik als Werkzeug (Organon) nicht zur inhaltlichen Philosophie gezählt, in ihr läßt sich aber die Idee der Metaphysik als Lehre vom Seienden als solchem bestens demonstrieren. Die Metaphysik zählt zu den Bestimmungen des Seienden Kategorien wie Quantität (Allgemeinheit und Besonderheit) und Qualität (Bejahung und Verneinung). Wenn also über Seiendes geurteilt wird, müssen diese Kategorien in Erscheinung treten. Deshalb werden von Aristoteles die Urteile in vier Klassen eingeteilt:

- in allgemeine und bejahende Urteile, (spätere) Abkürzung a;
- in allgemeine und verneinende Urteile, (spätere) Abkürzung e;
- in besondere und bejahende Urteile, (spätere) Abkürzung i;
- in besondere und verneinende Urteile, (spätere) Abkürzung o.

Gleichgültig, welches Seiende gemeint ist, ob physikalisches, biologisches, astronomisches oder alltägliches, – Urteile können in jedem Falle unter diesen vier Gesichtspunkten betrachtet werden. Beispielsweise wird aus dem Urteil „Alle Athener sind Menschen“ in der Logik unter der Verwendung von Variablen „Allen S kommt P zu“ oder „Alle S sind P“ und schließlich in der Kurzform „SaP“. Dies handelt von Seiendem als solchem, sofern es als allgemeines und bejahendes gemeint ist.

Die Schlußlehre oder Syllogistik, die Krönung der aristotelischen Logik, behandelt alle denkbaren Möglichkeiten, aus ein oder zwei als wahr angenommenen Urteilen (Prämissen) ein weiteres Urteil (Konklusion) als gültig herzuleiten (logische Folgerung). Dabei wird nur auf die kategoriale Form, nicht auf den Inhalt geachtet. Der Beweis erfolgt ohne Rückgriff auf Bestimmungen eines besonderen Seienden.

1. Beispiel:

	Alle Menschen sind sterblich;	MaP
	Alle Athener sind Menschen;	SaM
also:	Alle Athener sind sterblich;	SaP (Modus B*a*rb*a*r*a*)

2. Beispiel:

	Kein Grieche ist unsterblich,	MeP
	Alle Athener sind Griechen;	SaM
also:	Kein Athener ist unsterblich;	SeP (Modus C*e*l*a*r*e*nt)

Diese hier verwendeten Formalisierungen wurden erst in der scholastischen Aristoteles-Tradition entwickelt. Bei Aristoteles findet man nur Variable; die formalen Zusammenhänge sind alle in umgangssprachlicher Terminologie formuliert und daher schwer verständlich.

b) Die Nikomachische Ethik

(1) Zur Stellung der Ethik im aristotelischen System. Von Aristoteles sind uns drei Bücher über Ethik überliefert: die ,,Eudemische Ethik“, die ,,Große Ethik“ und die ,,Nikomachische Ethik“, die den Namen des Philosophensohnes trägt. Die letztere stellt die bedeutendste Zusammenfassung und Weiterentwicklung der griechischen Ethik seit Sokrates dar. Aristoteles analysiert hier das sittliche Leben, wie er es in der Wirklichkeit vorfindet. Er beansprucht daher nicht, eine *wissenschaftliche* Ethik zu entwickeln; er will vielmehr *praktisches* Wissen (phrónesis) aufzeigen. Da man dieses eher beim Weisen als beim Philosophen findet (dieser verfügt nur über *theoretisches* Wissen, sophía), gehört ihr eigentliches Thema gar nicht zur Philosophie im strengen Sinn. Weil aber das praktische Wissen von Kenntnissen über die Natur des Menschen und seinen Lebensformen abhängt, muß der Philosoph diese vermitteln. Der Philosoph ist demnach kein persönlicher Führer in Entscheidungssituationen, sondern nur Interpret dessen, was sich über die menschliche Seele und – aufgrund der Angewiesenheit des Menschen auf Gemeinschaft (der Mensch als zôon polítikon) – über den Staat aussagen läßt. In diesem Zusammenhang kritisiert Aristoteles zunächst die platonische Lehre von den Seelen*teilen* und ersetzt diese durch Seelen*vermögen* oder -Kräfte (dýnameis). Die Seele ist für ihn die *Form des Körpers.* Daher kennt er keine persönliche Unsterblichkeit, wohl aber ein Fortbestehen des *Geistes,* der höchsten und vollkommensten Manifestation der Seele.

(2) Die Ethik als Lehre von der Glückseligkeit (eudaimonía). Nach Aristoteles streben alle Menschen nach Glück. Dieses kann die Seele nur dann erreichen, wenn sie sich so betätigt, wie es ihrem Wesen entspricht. Darüber hinaus bedarf sie eines Mindestmaßes von äußeren Gütern wie körperliches Wohlsein, Vermögen u. a. Wie die das Glück ermöglichende Tätigkeit (enérgeia) im einzelnen beschaffen ist, zeigt sich in den *Tugenden,* den Haltungen, aus denen der gefestigte Charakter handelt.
Aristoteles unterscheidet *ethische* (charakterliche) und *dianoetische* (geistige) Tugenden. Die ethischen Tugenden wurzeln in der Gewöhnung (éthos); sie betreffen die durch das Maß der Vernunft bestimmte *Mitte (mesótes) zwischen extremen praktischen Verhaltensweisen.* So ist die Tugend der

- Tapferkeit die Mitte zwischen Tollkühnheit und Feigheit;
- Besonnenheit die Mitte zwischen Zügellosigkeit und Empfindungslosigkeit;
- Freigebigkeit die Mitte zwischen Verschwendung und Geiz;
- Großzügigkeit die Mitte zwischen Angeberei und Kleinlichkeit;
- Wahrhaftigkeit die Mitte zwischen Übertreibung und Ironie;
- Gerechtigkeitssinn die Mitte zwischen Neid und Schadenfreude.

Die dianoetischen Tugenden, wie Weisheit, Verstand und Klugheit, dienen dazu, das Richtige im Handeln zu finden. Eine zentrale Rolle spielt die Gerechtigkeit. Darunter versteht Aristoteles einmal in einem weiteren Sinne alles, was sich auf Tugenden bezieht; in einem engeren Sinne ist sie selbst eine Tugend, nämlich die Mitte zwischen Zuviel und Zuwenig im Verhältnis von Vor- und Nachteilen. So wird sie eine der wichtigsten Voraussetzungen im vernünftigen Verhalten der Menschen untereinander (Politik, Staatslehre).
Die Nikomachische Ethik enthält zahlreiche Einzeluntersuchungen über die Natur von Lust und Unlust, über die verschiedenen sittlich richtigen Verhaltensweisen, über die Seelenkräfte des Menschen und deren Voraussetzungen für ein gerechtes politisches Verhalten. Alle Überlegungen aber dienen nur einem Ziel, nämlich Antworten auf die Frage nach der Verwirklichung von Glück im Einzel- und im Gemeinschaftsleben zu finden. Den Gipfel der Glückseligkeit findet Aristoteles im Studium der theoretischen Wissenschaften und der Philosophie, das heißt in der ungeschmälerten Betrachtung des erkennenden Logos um seiner selbst willen.

Die aristotelische Ethik stellt einen Höhepunkt in der Geschichte der Ethik dar. Im Realismus des Stagiriten liegt eine lebensbejahende und wirklichkeitsbezogene Konzeption vor, welche in ihrer Berufung auf Glück und Gerechtigkeit die positiven Seiten sowohl der Lustethik (Hedonismus) als auch der sophistischen Lehre vom Willen zur Macht für die Tradition fruchtbar macht.

11. Die griechisch-römische Philosophie vor der Zeitenwende

11.1 Der Hellenismus

In den folgenden Jahrhunderten trat an die Stelle großer Gedankenschöpfungen die Verbreitung der griechischen Kultur. Durch Alexanders Eroberungen wurden Ägypten und weite Teile Asiens bis Afghanistan und Ostindien hellenisiert, das heißt, von der griechischen Kultur beeinflußt. Griechische Städtegründungen, allen voran Alexandria, gaben den Regionen ein abendländisches Gepräge. Der Hellenismus wurde zur Weltzivilisation, die alle Bereiche umfaßte. Griechisch diente als Verständigungssprache; Welthandel, Weltverkehr und die Wissenschaften wurden gefördert und ausgebaut. Alexanders Ziel der Ausweitung der hellenistischen Ideale zur universellen Humanitätsidee bestimmte die folgenden Generationen. Im Laufe der Zeit erfaßte die Hellenisierung im Westen Karthago und Rom, im Osten breiteten sich hellenistische Kunstvorstellungen in ganz Indien, ja sogar in Teilen Chinas aus. Der kulturelle Schwerpunkt verlagerte sich nach Kleinasien und Ägypten. Alexandria wurde zum Zentrum der Wissenschaften. Nur für die *Philosophie* behielt Athen seine alte Bedeutung. Nachdem Aristoteles in seiner praktischen Philosophie noch einmal die wichtigsten Ideen des auf dem Boden der Polis gewachsenen Gedankenguts formuliert hatte, verlor der Polisgedanke durch Alexanders Weltherrschaftspolitik sein Gewicht. Der freie Geist Griechenlands und die Autonomie der Stadtsstaaten gingen in den Königreichen der Nachfolger Alexanders, der Diadochen, endgültig unter. Zwar überlebten die Schulen der Platoniker (Akademie) und der Aristoteliker (Peripatos) ihre Gründer, doch verlagerte sich das Interesse von den metaphysischen Spekulationen auf die reine Forschung in Naturwissenschaft, Geschichte und Literatur. An der Akademie bildete sich eine ausgesprochen skeptische Schule heraus.

Gleichzeitig mit der Ausbreitung kosmopolitischer Ideen finden wir eine Hinwendung zum *Individualismus.* Die Philosophen bemühten sich um eine Meisterung des Lebens und um das persönliche Glück; Themen der praktischen Moral bestimmten die Lehren *Epikurs* und der *Stoa.* Die Religion gewann wieder an Bedeutung.
In dieser von Epikur, der Stoa und der platonischen Akademie geprägten Form wirkte die griechische Philosophie auf die geistige Welt des römischen Imperiums ein, wo sich in der Auseinandersetzung mit dem Christentum die Grundlagen der abendländischen Kultur herausbildeten.

11.2 Epikur von Samos

Wie die meisten griechischen Philosophen nach Aristoteles suchte Epikur den letzten Sinn der Philosophie nicht in der Betrachtung des Weltengrundes, sondern in der Bewältigung des konkreten menschlichen Lebens. Überlegungen theoretischer Art, wie beispielsweise der Rückgriff auf die Atomlehre Demokrits, dienten allein praktischen Zwecken.
Das eigentliche Ziel des Menschen und insbesondere des Philosophen war nach Epikur die Vermeidung von Schmerz und der Gewinn von Lust. Unter Lust verstand der Philosoph aber keineswegs nur primitive sinnliche Gelüste; solche Vorwürfe konnte man zwar von seinen Feinden immer wieder hören, doch dachte Epikur vor allem auch an geistige Gespräche mit Freunden, an Kunstbetrachtung, an Musik und vor allem an Philosophie. Denn die höchste Lust bedarf auch der Betätigung der Vernunft. Die Aufgabe der Philosophie besteht nach Epikur in der Entwicklung einer allgemeinen Kunst der Lebensführung. Im Luststreben soll sich ein ruhiges Gleichmaß der Seele einstellen, das durch nichts aus dem Gleichgewicht gebracht werden kann (ataraxía). Durch aufklärerische Entmythologisierung wird der Mensch von der Furcht vor den Göttern befreit. Selbst dem Tod wird der Stachel genommen, weil dieser nach Epikur gar nicht in den Erlebnisbereich des Menschen fällt: „Solange wir da sind, ist er nicht da; und wenn er da ist, sind wir nicht mehr.“ [27]

11.3 Die Stoa

Auch die Stoa verstand Philosophie als Kunst der Lebensführung. Diese hoch angesehene Schule in Athen, die sogar der König von Makedonien besuchte, wurde von *Zenon von Kition* um 300 v. Chr. begründet und eine Generation lang geführt. Im Gegensatz zu Epikur betonte der asketische Zenon die *ethische Verpflichtung* des Menschen, das heißt die Übereinstimmung der menschlichen Handlungen mit den Gesetzen der Natur. Weil die Natur von der alles befruchtenden göttlichen Vernunft (lógos spermatikós) durchwaltet wird, muß auch der Mensch vernünftig handeln. Dies wiederum bedeutet den Kampf gegen die sinnlichen Triebe und Begierden, die der Vernunft entgegenstehen. Das Vernunftgesetz, das zugleich das Sittengesetz ist, verlangt eine distanzierte Einstellung zu den Gütern dieser Welt: sie müssen als „Gleichgültigkeiten" (adiáphora) betrachtet werden. Das Ideal des Stoikers ist die Leidenschaftslosigkeit und Unerschütterlichkeit (apathía), kurz die „stoische Haltung", die sich durch keinen Schicksalsschlag aus der inneren Ruhe bringen läßt. Sogar Krankheit und Tod sind in den Augen der Stoiker vernünftig.

Das oberste sittliche Gebot, ein naturgemäßes und damit vernünftiges Leben zu führen, wurde im Laufe der Geschichte der stoischen Schule inhaltlich ganz verschieden gedeutet. Im Vordergrund stand das Ideal des Weisen, der sich souverän allen Trieb- und Willensregelungen entzieht. Der Gedanke der Ausbildung der Persönlichkeit artete gelegentlich geradezu in einen Personenkult aus. Andere betonten die Verpflichtungen gegenüber der Öffentlichkeit; denn die persönliche Freiheit sei zugleich Einfügung in eine große Weltordnung. In späteren Formen der stoischen Lehre wurde die Askese in der Güterlehre gemildert; der Weise zog die Gesundheit der Krankheit, den Reichtum der Armut und die Freiheit der Knechtschaft vor. In der Stoa wurden die Ideen des Weltbürgertums (Kosmopolitanismus), des Naturrechts, der Toleranz und vor allem der Humanität, der Lehre von der allgemeinen Menschenwürde, geboren, die den Hellenismus auszeichneten. Die Philosophie wurde zum allgemeinen Bildungsgut. Bei Cicero, der wie viele seiner Zeitgenossen aus den verschiedenen philosophischen Lehren jeweils die überzeugendste auswählte („Eklektizismus"), beginnt zugleich die Umsetzung der griechischen philosophischen Terminologie in die römische Sprache.

Der letzte Höhepunkt der Stoa (Seneca, Epiktet, Marc Aurel) im ersten und zweiten Jahrhundert nach Christus hängt offensichtlich mit den unglaublichen sittlichen und politisch verworrenen Zuständen jener Epoche zusammen. Ihre Vertreter kämpften unter Berufung auf die alten römischen Tugenden gegen Maßlosigkeit und andere menschliche Begierden an und versuchten, selbst unter den widrigsten Umständen ihr Leben sinnvoll zu gestalten. Im Vertrauen auf die Vernunft sollte der Mensch seine Furcht vor der Welt verlieren. Er könne den inneren Frieden finden, indem er sich charakterlich festigt, von Widersprüchen frei lebt und sich allen Vernunftwesen freundschaftlich verbunden fühlt. Der alte stoische Pantheismus wurde bei Seneca und Epiktet durch Vorstellungen von einem persönlichen Gott ergänzt, der aktiv in die Welt eingreift. Auch der Fatalismus der Stoa wurde zurückgedrängt; die praktische Vernunft wirke durch den Menschen in die Welt hinein und gestalte unsere Wirklichkeit. Marc Aurel, der Philosoph auf dem Kaiserthron, deutete die Philosophie sogar politisch. Die Welt erweist sich bei ihm als großer Staat, in welchem die Vernunft herrscht. Die Aufgabe des Philosophen ist es, diesen Vernunftstaat auf Erden zu vollenden.

12. Texte B

12.1 Protagoras-Fragmente

a) In Platons „Theaetet“ sagt Protagoras:
Aller Dinge Maß ist der Mensch, der seienden, daß (wie) sie sind, der nicht seienden, daß (wie) sie nicht sind.

b) Über die Götter allerdings habe ich keine Möglichkeit zu wissen (festzustellen?), weder daß sie sind, noch daß sie nicht sind, noch, wie sie etwa in Gestalt sind; denn vieles gibt es, was das Wissen (Feststellen?) hindert: die Nichtwahrnehmbarkeit und daß das Leben des Menschen kurz ist.

12.2 Die Grundthesen des Gorgias

... in der Schrift, die den Titel ,,Vom Nichtseienden" oder ,,Von der Natur" trägt, entwickelt er drei aufeinanderfolgende Grundthesen:

erstens:
es gibt nichts;

zweitens:
wenn es auch etwas gäbe, wäre es doch für den Menschen unerkennbar;

drittens:
wenn es auch erkennbar wäre, wäre es doch unserem Mitmenschen nicht mitteilbar und nicht verständlich zu machen.

12.3 W. Jaeger über die Sophisten

Sie sind die Schöpfer des Kulturbewußtseins, in dem der griechische Geist sein ,Telos' erreicht und zur inneren Selbstgewißheit seiner eigentümlichen Form und Richtung gelangt. Daß sie diesem Begriff und Bewußtsein zum Durchbruch verholfen haben, ist dabei zunächst wichtiger, als daß sie ihm noch nicht seine endgültige Ausprägung gegeben haben. Indem sie in einer Zeit der Auflösung der überlieferten Formen des Daseins die Bildung der Menschen als die große Aufgabe, die ihr Volk durch die Geschichte überkommen hatte, sich und der Mitwelt zum Bewußtsein brachten, haben sie den Punkt entdeckt, auf den die ganze Entwicklung ständig hinzielte und von dem jeder bewußte Aufbau des Lebens ausgehen mußte.

12.4 R. Guardini über Sokrates

Das Schicksal des Sokrates ist eines der wesentlichen Themen der abendländischen Geistesgeschichte. Welche Wege die philosophische Selbstbestimmung seit dem Jahre 399 v. Chr. auch gehen mag, irgendwann führen sie zu der rätselhaften Gestalt, die den Begegnenden so tief anrührt. Sokrates ist kein systematischer Philosoph und sagt doch über das, was Philosophie bedeutet, mehr als viele methodisch geordnete Schriften. Er ist unnachahmbar und hat doch auf die geistigmenschliche Haltung der folgenden Zeiten tiefer gewirkt als die meisten Lehrer geistiger Lebensführung sonst. Seinem Schicksal aber, das so ganz aus einer bestimmten Situation herauswächst und so eng an seine persönliche Eigenart gebunden ist, wohnt eine Kraft der Vorbildlichkeit inne wie nur wenigen anderen geschichtlichen Gestalten.

12.5 F. Nietzsche über Sokrates

Darum hat Lessing, der ehrlichste theoretische Mensch, es auszusprechen gewagt, daß ihm mehr am Suchen der Wahrheit als an ihr selbst gelegen sei: womit das Grundgeheimnis der Wissenschaft, zum Erstaunen, ja Ärger der Wissenschaftlichen, aufgedeckt worden ist. Nun steht freilich neben dieser vereinzelten Erkenntnis, als einem Exzeß der Ehrlichkeit, wenn nicht des Übermutes, eine tiefsinnige *Wahnvorstellung,* welche zuerst in der Person des Sokrates zur Welt kam –, jener unerschütterliche Glaube, daß das Denken, an dem Leitfaden der Kausalität, bis in die tiefsten Abgründe des Seins reiche, und daß das Denken das Sein nicht nur zu erkennen, sondern sogar zu *korrigieren* imstande sei. Dieser erhabene metaphysische Wahn ist als Instinkt der Wissenschaft beigegeben und führt sie immer und immer wieder zu ihren Grenzen, an denen sie in *Kunst* umschlagen muß: *auf welche es eigentlich, bei diesem Mechanismus, abgesehen ist.*

Schauen wir jetzt, mit der Fackel dieses Gedankens, auf Sokrates hin: so erscheint er uns als der erste, der an der Hand jenes Instinktes der Wissenschaft nicht nur leben, sondern – was bei weitem mehr ist – auch sterben konnte; und deshalb ist das Bild des *sterbenden Sokrates* als des durch Wissen und Gründe der Todesfurcht enthobenen Menschen das Wappenschild, das über dem Eingangstor der Wissenschaft einen jeden an deren Bestimmung erinnert, nämlich das Dasein als begreiflich und damit als gerechtfertigt erscheinen zu machen: wozu freilich, wenn die Gründe nicht reichen, schließlich auch der *Mythus* dienen muß, den ich sogar als notwendige Konsequenz, ja als Absicht der Wissenschaft soeben bezeichnete.

Wer sich einmal anschaulich macht, wie nach Sokrates, dem Mystagogen der Wissenschaft, eine Philosophenschule nach der anderen wie Welle auf Welle sich ablöst, wie eine nie geahnte Universalität der Wissensgier in dem weitesten Bereich der gebildeten Welt und als eigentliche Aufgabe für jeden höher Befähigten die Wissenschaft auf die hohe See führte, von der sie niemals seitdem wieder völlig vertrieben werden konnte, wie durch diese Universalität erst ein gemeinsames Netz des Gedankens über den gesamten Erdball, ja mit Ausblicken über die Gesetzlichkeit eines ganzen Sonnensystems, gespannt wurde; wer dies alles, samt der erstaunlich hohen Wissenspyramide der Gegenwart, sich vergegenwärtigt, der kann sich nicht entbrechen, in Sokrates den einen Wendepunkt und Wirbel der sogenannten Weltgeschichte zu sehen. Denn dächte man sich einmal diese ganze unbezifferbare Summe von Kraft, die für jene Welttendenz verbraucht worden ist, *nicht* im Dienste des Erkennens, sondern auf die praktischen, d. h. egoistischen Ziele der Individuen und Völker verwendet, so wäre wahrscheinlich in allgemeinen Vernichtungskämpfen und fortdauernden Völkerwanderungen die instinktive Lust zum Leben so abgeschwächt, daß, bei der Gewohnheit des Selbstmordes, der einzelne vielleicht den letzten Rest von Pflichtgefühl empfinden müßte, wenn er, wie der Bewohner der Fidschi-Inseln, als Sohn seine Eltern, als Freund seinen Freund erdrosselt: ein praktischer Pessimismus, der selbst eine grausenhafte Ethik des Völkermordes aus Mitleid erzeugen könnte - der übrigens überall in der Welt vorhanden ist und vorhanden war, wo nicht die Kunst in irgendwelchen Formen, besonders als Religion und Wissenschaft, zum Heilmittel und zur Abwehr jenes Pesthauchs erschienen ist.

Angesichts dieses praktischen Pessimismus ist Sokrates das Urbild des theoretischen Optimisten, der in dem bezeichneten Glauben an die Ergründlichkeit der Natur der Dinge dem Wissen und der Erkenntnis die Kraft einer Universalmedizin beilegt und im Irrtum das Übel an sich begreift. In jene Gründe einzudringen und die wahre Erkenntnis vom Schein und vom Irrtum zu sondern, dünkte dem sokratischen Menschen der edelste, selbst der einzige wahrhaft menschliche Beruf zu sein: so wie jener Mechanismus der Begriffe, Urteile und Schlüsse von Sokrates ab als höchste Betätigung und bewunderungswürdigste Gabe der Natur über alle anderen Fähigkeiten geschätzt wurde. Selbst die erhabensten sittlichen Taten, die Regungen des Mitleids, der Aufopferung, des Heroismus und jene schwer zu erringende Meeresstille der Seele, die der apollonische Grieche Sophrosyne nannte, wurden von Sokrates und seinen gleichgesinnten Nachfolgern bis auf die Gegenwart hin aus der Dialektik des Wissens abgeleitet und demgemäß als lehrbar bezeichnet. Wer die Lust einer sokratischen Erkenntnis an sich erfahren hat und spürt, wie diese, in immer weiteren Ringen, die ganze Welt der Erscheinungen zu umfassen sucht, der wird von da an keinen Stachel, der zum Dasein drängen könnte, heftiger empfinden als die Begierde, jene Eroberung zu vollenden und das Netz undurchdringbar fest zu spinnen. Einem so Gestimmten erscheint dann der platonische Sokrates als der Lehrer einer ganz neuen Form der „griechischen Heiterkeit“ und Daseinsseligkeit, welche sich in Handlungen zu entladen sucht und diese Entladungen zumeist in mäeutischen und erziehenden Einwirkungen auf edle Jünglinge, zum Zweck der endlichen Erzeugung des Genius, finden wird.

12.6 Platon: Der Tod des Sokrates

[65. Beisammensein mit den Verwandten und Ankündigung des Sonnenuntergangs] Dieses gesagt, stand er auf und ging in ein Gemach, um zu baden, und Kriton begleitete ihn, uns aber hieß er dableiben. Wir blieben also und redeten untereinander über das Gesagte und überdachten es noch einmal; dann aber auch klagten wir wieder über das Unglück, welches uns getroffen hätte, ganz darüber einig, daß wir nun gleichsam des Vaters beraubt als Waisen das übrige Leben hinbringen würden. Nachdem er nun gebadet und man seine Kinder zu ihm gebracht hatte - er hatte nämlich zwei kleine Söhne und einen größeren - und die ihm angehörigen Frauen gekommen waren, sprach er mit ihnen in Kritons Beisein, und nachdem er ihnen aufgetragen, was er wollte, hieß er die Weiber und Kinder wieder gehen, er aber kam zu uns. Und es war schon nahe am Untergange der Sonne, denn er war lange drinnen geblieben. - Als er nun gekommen war, setzte er sich nieder nach dem Bade und hatte noch nicht viel seitdem gesprochen, so kam der Diener der Elfmänner, stellte sich zu ihm und sagte: O Sokrates, über dich werde ich mich nicht zu beklagen haben, wie über andere, daß sie mir böse werden und mir fluchen, wenn ich ihnen ansage, das Gift zu trinken auf Befehl der Oberen. Dich aber habe ich auch schon sonst in dieser Zeit erkannt als den edelsten, sanftmütigsten und trefflichsten von allen, die sich jemals hier befunden haben, und auch jetzt weiß ich sicher, daß du nicht mir böse sein wirst, denn du weißt wohl, wer schuld daran ist, sondern jenen. Nun also, denn du weißt wohl, was ich dir zu sagen gekommen bin, lebe wohl, und suche so leicht als möglich zu tragen, was nicht zu ändern ist. Da weinte er, wendete sich um und ging. - Sokrates aber sah ihm nach und sprach: Auch du lebe wohl, und wir wollen so tun. Und zu uns sagte er: Wie fein der Mensch ist. So ist er die ganze Zeit mit mir umgegangen, hat sich bisweilen mit mir unterredet und war der beste Mensch; und nun, wie aufrichtig beweint er mich! Aber wohlan denn, o Kriton, laßt uns ihm gehorchen, und bringe einer den Trank, wenn er schon ausgepreßt ist, wo nicht, so soll ihn der Mensch bereiten. - Da sagte Kriton: Aber mich dünkt, o Sokrates, die Sonne scheint noch an die Berge und ist noch nicht untergegangen. Und ich weiß, daß auch andere erst ganz

spät getrunken haben, nachdem es ihnen angesagt worden ist, und haben noch gut gegessen und getrunken, ja einige haben gar noch Schöne zu sich kommen lassen, nach denen sie Verlangen hatten. Also übereile dich nicht; denn es hat noch Zeit. – Da sagte Sokrates: Gar recht, o Kriton, hatten jene, so zu tun, wie du sagst – denn sie meinten etwas zu gewinnen, wenn sie so täten –, und gar recht habe auch ich, nicht so zu tun. Denn ich meine nichts zu gewinnen, wenn ich um ein weniges später trinke, als nur, daß ich mir selbst lächerlich vorkommen würde, wenn ich am Leben klebte und sparen wollte, wo nichts mehr ist. Also geh, sprach er, folge mir und tue nicht anders. –

[66. Das Trinken des Gifts, letzte Worte und Tod des S.] Darauf winkte denn Kriton dem Knaben, der ihm zunächst stand, und der Knabe ging heraus, und nachdem er eine Weile weggeblieben, kam er und führte den herein, der ihm den Trank reichen sollte, welchen er schon zubereitet im Becher brachte. – Als nun Sokrates den Menschen sah, sprach er: Wohl, Bester, denn du verstehst es ja, wie muß man es machen? – Nichts weiter, sagte er, als wenn du getrunken hast, herumgehen, bis dir die Schenkel schwer werden, und dann dich niederlegen, so wird es schon wirken. Damit reichte er dem Sokrates den Becher, und dieser nahm ihn, und ganz getrost, o Echekrates, ohne im mindesten zu zittern oder Farbe oder Gesichtszüge zu verändern, sondern, wie er pflegte, ganz gerade den Menschen ansehend, fragte er ihn: Was meinst du von dem Trank wegen einer Spendung? Darf man eine machen oder nicht? – Wir bereiten nur soviel, o Sokrates, antwortete er, als wir glauben, daß hinreichend sein wird. – Ich verstehe, sagte Sokrates. Beten aber darf man doch zu den Göttern und muß es, daß die Wanderung von hier dorthin glücklich sein möge, worum denn auch ich hiermit bete, und so möge es geschehen. Und wie er dies gesagt, setzte er an, und ganz frisch und unverdrossen trank er aus. Und von uns waren die meisten bis dahin ziemlich imstande gewesen sich zu halten, daß sie nicht weinten; als wir aber sahen, daß er trank und getrunken hatte, nicht mehr. Sondern auch mir selbst flossen Tränen mit Gewalt, und nicht tropfenweise, so daß ich mich verhüllen mußte und mich ausweinen, nicht über ihn jedoch, sondern über mein eigenes Schicksal, was für eines Freundes ich nun sollte beraubt werden. Kriton war noch eher als ich, weil er nicht vermochte die Tränen zurückzuhalten, aufgestanden. Apollodoros aber hatte schon früher nicht aufgehört zu weinen, und nun brach er völlig aus, weinend und unwillig sich gebärdend, und es war keiner, den er nicht durch sein Weinen erschüttert hätte, von allen Anwesenden als nur Sokrates

selbst. Der aber sagte: Was macht ihr doch, ihr wunderbaren Leute! Ich habe vorzüglich deswegen die Weiber weggeschickt, daß sie dergleichen nicht begehen möchten; denn ich habe immer gehört, man müsse stille sein, wenn einer stirbt. Also haltet euch ruhig und wacker. Als wir das hörten, schämten wir uns und hielten inne mit Weinen. Er aber ging umher, und als er merkte, daß ihm die Schenkel schwer wurden, legte er sich gerade hin auf den Rücken, denn so hatte es ihm der Mensch geheißen. Darauf berührte ihn eben dieser, der ihm das Gift gegeben hatte, von Zeit zu Zeit und untersuchte seine Füße und Schenkel. Dann drückte er ihm den Fuß stark und fragte, ob er es fühle; er sagte nein. Und darauf die Knie, und so ging er immer höher hinauf und zeigte uns, wie er erkaltete und erstarrte. Darauf berührte er ihn noch einmal und sagte, wenn ihm das bis ans Herz käme, dann würde er hin sein. Als ihm nun schon der Unterleib fast ganz kalt war, da enthüllte er sich, denn er lag verhüllt, und sagte, und das waren seine letzten Worte: O Kriton, wir sind dem Asklepios einen Hahn schuldig, entrichtet ihm den, und versäumt es ja nicht. - Das soll geschehen, sagte Kriton, sieh aber zu, ob du noch sonst etwas zu sagen hast. Als Kriton dies fragte, antwortete er aber nichts mehr, sondern bald darauf zuckte er, und der Mensch deckte ihn auf; da waren seine Augen gebrochen. Als Kriton das sah, schloß er ihm Mund und Augen.

[67. Schlusswort über Sokrates] Dies, o Echekrates, war das Ende unseres Freundes, des Mannes, der unserm Urteil nach von den damaligen, mit denen wir es versucht haben, der trefflichste war, und auch sonst der vernünftigste und gerechteste.

12.7 Platon: Der Leib als Hindernis beim Erkennen des Wahren

Ist es nun nicht natürlich, daß durch dieses alles eine solche Meinung bei den wahrhaft Philosophierenden aufkommt, so daß sie auch dergleichen unter sich reden wie: „Es wird uns ja wohl gleichsam ein Fußsteig heraustragen, weil, solange wir noch den Leib haben neben der Vernunft bei dem Erforschen und unsere Seele mit diesem Übel im Gemenge ist, wir nie befriedigend erreichen können, wonach uns verlangt; und dieses, sagen wir doch, sei das Wahre. Denn der Leib macht uns tausenderlei zu schaffen wegen der notwendigen Nahrung, dann auch, wenn uns Krankheiten zustoßen, verhindern uns diese, das

Wahre zu erjagen, und auch mit Gelüsten und Begierden, Furcht und mancherlei Schattenbildern und vielen Kindereien erfüllt er uns; so daß recht in Wahrheit, wie man auch zu sagen pflegt, wir um seinetwillen nicht einmal dazu kommen, auch nur irgend etwas richtig einzusehen. Denn auch Kriege und Unruhen und Schlachten erregt uns nichts anderes als der Leib und seine Begierden. Denn über den Besitz von Geld und Gut entstehen alle Kriege, und dieses müssen wir haben des Leibes wegen, weil wir seiner Pflege dienstbar sind, und daher fehlt es uns an Muße, der Weisheit nachzutrachten, um aller dieser Dinge willen. Und endlich noch, wenn er uns auch einmal Muße läßt und wir uns anschicken, etwas zu untersuchen: so fällt er uns wieder bei den Untersuchungen selbst beschwerlich, macht uns Unruhe und Störung und verwirrt uns, so daß wir seinetwegen nicht das Wahre sehen können. Sondern es ist uns wirklich ganz klar, daß, wenn wir je etwas rein erkennen wollen, wir uns von ihm losmachen und mit der Seele selbst die Dinge selbst schauen müssen. Und offenbar dann erst werden wir haben, was wir begehren und wessen Liebhaber wir zu sein behaupten, die Weisheit, wenn wir tot sein werden, wie die Rede uns andeutet, solange wir leben aber nicht. Denn wenn es nicht möglich ist, mit dem Leibe irgend etwas rein zu erkennen: so können wir nur eines von beiden, entweder niemals zum Wissen gelangen oder nach dem Tode. Denn alsdann wird die Seele für sich allein sein, abgesondert vom Leibe, vorher aber nicht. Und solange wir leben, werden wir, wie sich zeigt, nur dann dem Erkennen am nächsten sein, wenn wir, soviel möglich, nichts mit dem Leibe zu schaffen noch gemein haben, was nicht höchst nötig ist, und wenn wir mit seiner Natur uns nicht anfüllen, sondern uns von ihm rein halten, bis der Gott selbst uns befreit. Und so rein der Torheit des Leibes entledigt, werden wir wahrscheinlich mit ebensolchen zusammen sein und durch uns selbst alles Ungetrübte erkennen, und dies ist eben wohl das Wahre. Dem Nichtreinen aber mag Reines zu berühren wohl nicht vergönnt sein.“ Dergleichen, meine ich, o Simmias, werden notwendig alle wahrhaft Wißbegierigen denken und untereinander reden. Oder dünkt dich nicht so? – Auf alle Weise, o Sokrates. –

12.8 Platons Bestimmung der Gerechtigkeit

Also, sprach ich, höre, ob etwas daran ist. Nämlich was wir von Anfang an festgesetzt haben, was jeder durchgängig tun müßte, als wir die Stadt gründeten, eben dieses, oder doch eine Art davon, ist, wie

mich dünkt, die Gerechtigkeit. Denn wir haben ja festgesetzt und oftmals gesagt, wenn du dich dessen erinnerst, daß jeder nur eines betreiben müsse von dem, was zum Staate gehört, wozu nämlich seine Natur sich am geschicktesten eignet. - Das haben wir freilich gesagt. - Und gewiß, daß das Seinige tun und sich nicht in vielerlei mischen Gerechtigkeit ist, auch das haben wir von vielen andern gehört und gewiß auch öfter selbst gesagt. - Gewiß haben wir es gesagt. - Dieses also, o Lieber, sprach ich, wenn es auf gewisse Weise geschieht, scheint die Gerechtigkeit zu sein, daß jeder das Seinige verrichtet. Weißt du, woher ich das schließe? - Nein, sondern sage es! antwortete er. - Mich dünkt nämlich, sprach ich, das noch Übrige in der Stadt, außer dem, was wir schon betrachtet haben, der Besonnenheit, Tapferkeit und Vernünftigkeit, müsse dasjenige sein, was jenen allen die Kraft gibt dazusein, und müsse auch jenes, nachdem es nun da ist, erhalten, solange es selbst vorhanden ist. Nun aber sagten wir doch, die Gerechtigkeit müsse dasjenige sein, was noch fehle, wenn wir die drei andern würden gefunden haben. - Und das ist auch notwendig so, sagte er. - Aber doch, sprach ich, wenn man nun entscheiden sollte, welche von diesen wohl vorzüglich unsere Stadt gut mache durch ihre Anwesenheit: so möchte schwer zu entscheiden sein, ob die Übereinstimmung der Herrschenden und Beherrschten, oder die Aufrechterhaltung der gesetzmäßigen Vorstellung von dem, was furchtbar ist oder nicht, unter den Kriegsmännern, oder die den Herrschenden einwohnende Einsicht und Obhut, oder ob das sie vorzüglich gut macht, wenn sich bei Kindern und Weibern, Knechten und Freien, gemeinen Arbeitern und Herrschenden und Beherrschten dieses findet, daß jeder, wie er einer ist, auch nur das Seinige tut und sich nicht in vielerlei mischt!
Schwer zu entscheiden, sagte er, allerdings. - Es wetteifert also in bezug auf die Tugend der Stadt mit der Weisheit und Besonnenheit und Tapferkeit diese Eigenschaft, daß jeder in ihr das Seinige tut. - Gar sehr, sagte er. - Und du würdest doch wohl nur der Gerechtigkeit einen Wettstreit mit jenen in bezug auf die Tugend der Stadt zugestehen? - Allerdings. - Erwäge aber auch von dieser Seite, ob es dir so scheint. Wirst du wohl den Herrschenden in der Stadt auftragen, die Rechtssachen zu schlichten? - Wem anders? - Werden sie nun wohl nach irgend etwas anderem mehr streben bei ihren Entscheidungen als danach, daß einem jeden weder Fremdes zugeteilt noch ihm das Seinige genommen werde? - Nein, sondern danach. - Als nach dem Gerechten? - Ja. - Auch so demnach würde, daß jeder das Seinige und Gehörige hat und tut, als Gerechtigkeit anerkannt werden. - So ist es. - Sieh nun zu, ob du noch weiter meiner Meinung bist. Wenn der Zimmer-

mann sich einfallen läßt, des Schuhmachers Werke zu verrichten, oder der Schuhmacher die des Zimmermanns, mögen sie nun ihre Werkzeuge und ihren Lohn wechseln, oder mag auch einer und derselbe beides zu verrichten unternehmen, alles andere hiernach umgestellt, meinst du, daß das in der Stadt großen Schaden anrichten wird? - Nicht eben, antwortete er. - Allein, wenn ein Handwerker oder einer, der sonst ein Gewerbsmann ist seiner Natur nach, hernach, aufgebläht durch Reichtum oder Verbindungen oder Stärke oder etwas dergleichen, in die Klasse der Krieger überzugehen sucht, oder einer von den Kriegern in die der Berater und Hüter, ohne daß er es wert ist, und diese dann ihre Werkzeuge und ihre Ehrenstellen gegeneinander vertauschen, oder einer und derselbe dies alles zu verrichten unternimmt: dann, denke ich, wirst auch du der Meinung sein, daß solcher Tausch und Vieltuerei hierin der Stadt zum Verderben gereicht. - Auf alle Weise freilich. - Also dieser drei Klassen Einmischerei in ihr Geschäft und gegenseitiger Tausch ist der größte Schaden für die Stadt und kann mit vollem Recht Frevel genannt werden? - Offenbar. - Und den größten Frevel gegen die eigene Stadt, wirst du den nicht Ungerechtigkeit nennen? - Wie sollte ich nicht! - Dies ist also die Ungerechtigkeit.

12.9 Platons Erklärung der Ungerechtigkeit

So sei es denn! sprach ich. Nächst diesem aber, denke ich, müssen wir die Ungerechtigkeit in Betrachtung ziehen. - Offenbar. - Muß sie nun nicht ihrerseits ein Zwiespalt eben dieser drei sein und eine Vieltuerei und Fremdtuerei und ein Aufstand irgendeines Teiles gegen das Ganze der Seele, um in ihr zu herrschen, obwohl es ihm nicht zukommt, sondern er ein solcher ist von Natur, daß es ihm gebührt, dem, welches von dem herrschaftlichen Geschlecht ist, zu dienen? Dergleichen, denke ich, werden wir sagen, und eben dieser Kräfte Verwirrung und Verirrung sei nun die Ungerechtigkeit und Ungebundenheit und Feigheit und Unvernunft und insgesamt alle Schlechtigkeit. - Eben dieses gewiß, sagte er. - Also ist nun auch, sprach ich, das Ungerechthandeln und Unrechttun und ebenso das Rechttun, alles dieses wohl schon ganz deutlich bestimmt, wenn ja auch Gerechtigkeit und Ungerechtigkeit es sind. - Woher das? - Weil sie, sprach ich, gar nicht unterschieden von dem Gesunden und Ungesunden, was dieses für den Leib ist, für die Seele sind. - Wieso? fragte er. - Das Gesunde bewirkt doch Gesundheit und das Ungesunde Krankheit? - Ja. - Bewirkt nicht auch das Rechttun Gerechtigkeit und das Unrechttun Ungerechtigkeit? -

Notwendig. – Gesundheit bewirken heißt aber das Leibliche in ein naturgemäßes Verhältnis des Beherrschens und Von-einander-Beherrschtwerdens bringen, und Krankheit, in ein naturwidriges Herrschen und Beherrschtwerden eines vom andern. – Das heißt es. – Nicht auch wiederum, sprach ich, Gerechtigkeit bewirken, die Regungen in der Seele in ein naturgemäßes Verhältnis bringen des Herrschens und Von-einander-Beherrschtwerdens? Ungerechtigkeit aber in ein naturwidriges Herrschen und Beherrschtwerden einer von der andern? – Offenbar, sagte er. – So wäre denn die Tugend, wie es scheint, eine Gesundheit und Schönheit und ein Wohlbefinden der Seele, die Schlechtigkeit aber Krankheit und Häßlichkeit und Schwäche. – So ist es. – Führen nun nicht auch schöne Beschäftigungen zum Besitz der Tugend, häßliche aber zur Schlechtigkeit? – Notwendig. –

12.10 Aristoteles über den Substanzbegriff (Metaphysik)

Die Bezeichnung ‚sein' wird in vielfachem Sinn gebraucht, wie wir in der Untersuchung über die Vielheit der Bedeutungen dargelegt haben. Man bezeichnet nämlich damit das, was etwas ist und das Einzelding, ferner die Qualität und die Quantität und andere derartige Prädikate. Unter diesen mancherlei Bedeutungen der Bezeichnung ‚sein' ist offenbar diejenige des Existierens die erste, welche sich auf die Substanz bezieht. Denn, wenn wir die Qualität eines Einzeldings bestimmen wollen, so nennen wir es gut oder schlecht, aber nicht drei Ellen lang oder einen Menschen; wollen wir aber angeben, was etwas ist, so nennen wir es nicht weiß oder heiß oder drei Ellen lang, sondern einen Menschen oder einen Gott. Was man dagegen sonst mit ‚sein' bezeichnet, das drückt eine Quantität oder Qualität, ein Erleiden oder sonst ein Geschehen an dem in diesem Sinn existierenden Ding aus. Deshalb kann man auch darüber im Zweifel sein, ob Gehen, Gesundsein, Sitzen, auf ein Einzelwesen bezogen, zum Sein oder zum Nichtsein zu rechnen sei, und ebenso andere derartige Prädikate. Denn nichts Derartiges kann für sich bestehen oder läßt sich von der Substanz trennen; vielmehr gehört, wenn irgend etwas, das, was geht, das, was sitzt, und das, was gesund ist, zu dem, was ist. Diesen Dingen scheint ein Sein in höherem Grade zuzukommen, weil sie ein bestimmtes Substrat haben. Dieses aber ist die Substanz und das Einzelwesen, das bei einer solchen Prädizierung sichtbar wird; denn ‚gut' oder ‚sitzend' sagt man nur von einer solchen Substanz aus. Es ist daher klar, daß jenen Prädikaten nur vermöge dieser Substanz ein Sein zukommt. Also was zuerst ist, und zwar nicht als Eigenschaft von etwas, sondern schlechthin, das ist die Substanz. Nun hat ja freilich ‚das Erste' auch vielerlei Bedeutungen; dennoch ist die Substanz in jeder Hinsicht das Erste: dem Begriffe nach, der Erkenntnis nach und der Zeit nach. Denn nichts von allem, was man sonst aussagen kann, hat eine Existenz für sich, sondern nur sie allein. Sie ist dem Begriffe nach das Erste; denn in dem Begriff jedes Dings muß der der Substanz mit enthalten sein. Wir glauben ferner dann am meisten ein Wissen von einem Ding zu haben, wenn wir erkennen, was es ist, z. B. der Mensch oder das Feuer; viel mehr, als wenn wir von ihm nur die Qualität oder die Quantität oder die Ortsbestimmung kennen; denn auch jedes dieser Prädikate können wir erst verstehen, wenn wir wissen, was Quantität und Qualität ist. Und endlich, was man in alter Zeit und jetzt und immer wieder sucht und erörtert, was denn das Seiende sei, auch das ist nichts anderes als die Frage nach der Substanz. Davon behaupten nun die einen Philosophen, es sei eine Einheit, die andern, es sei eine Vielheit, die einen, es sei begrenzt, die andern, es sei unbegrenzt. Und so haben denn auch wir hauptsächlich und in erster Linie, fast möchte man sagen ausschließlich, zu betrachten, was das Wesen des Seienden in diesem Sinn ausmacht.

Am deutlichsten scheint nun die Substanz den körperlichen Dingen zuzukommen; deshalb sagen wir, Tiere und Pflanzen und ihre Teile seien Substanzen, und ebenso die physikalischen Körper, wie Feuer, Wasser, Erde und alles Derartige, sowie alles, was einen Teil von ihnen bildet oder aus ihnen besteht, aus einigen von ihnen oder aus allen zusammen: wie der Himmel und seine Teile, Sonne, Mond und Sterne. Ob nun diese Dinge allein Substanzen sind oder ob es auch noch andere gibt, oder ob keines von ihnen, dafür aber manche andere Substanzen seien, das ist zu untersuchen . . .

Das Wort Substanz wird, wenn nicht in noch mehr, so doch jedenfalls in vier verschiedenen Bedeutungen gebraucht. Man versteht unter Substanz den Begriff, das Allgemeine und die Gattung, zu der ein Einzelding gehört, und dazu kommt noch als viertes das Substrat. Substrat ist das Subjekt, von dem das übrige Prädikat ausgesagt wird, während es selbst nicht das Prädikat von einem andern Subjekt bilden kann. Zuerst ist also das Substrat zu bestimmen; denn das Substrat scheint als das Ursprünglichste in erster Linie Substanz zu sein. Als solches Substrat bezeichnet man in gewissem Sinne die Materie, in einem andern die Form, in einem dritten die Verbindung beider. Unter Materie verstehe ich z. B. das Erz, unter Form den Umriß der Gestalt, unter der Verbindung beider die Bildsäule als Ganzes. Wenn nun also die

Form früher ist als die Materie und ihr in höherem Grade ein Sein zukommt, so wird sie aus demselben Grund auch früher sein als das aus beiden bestehende Ganze. Damit ist an einem Beispiel gezeigt, was das Wesen der Substanz ausmacht: nämlich daß sie das ist, was nicht an das Substrat gebunden ist, sondern vielmehr das, woran das andere gebunden ist.

12.11 Aristoteles über die Glückseligkeit (Nikomachische Ethik)

a) Da also jede Erkenntnis und jeder Entschluß nach irgendeinem Gute strebt, wonach wird nach unserer Meinung die politische Wissenschaft streben, und welches ist das oberste aller praktischen Güter? Im Namen stimmen wohl die meisten überein. Glückseligkeit nennen es die Leute und die Gebildeten, und sie setzen das Gutleben und das Sich-gut-Verhalten gleich mit dem Glückseligsein.
Was aber die Glückseligkeit sei, darüber streiten sie, und die Leute sind nicht derselben Meinung wie die Weisen. Jene nämlich verstehen darunter etwas Sichtbares und Greifbares, wie Lust, Reichtum oder Ehre, der eine dies, der andere jenes, oftmals auch einer und derselbe Verschiedenes: wenn er krank ist, meint er die Gesundheit, wenn er arm ist, den Reichtum. Da sie aber ihrer eigenen Unwissenheit bewußt sind, bewundern sie jene, die etwas Großes und ihr Verständnis Übersteigendes sagen. Einige meinten, es gäbe neben diesen vielen Gütern ein Gutes an und für sich, das auch die Ursache des Gutseins all der andern Güter wäre. Alle Ansichten nun zu prüfen ist wohl eher sinnlos; wir dürfen uns wohl auf jene beschränken, die am verbreitetsten sind und einigermaßen begründet zu sein scheinen.
Wir dürfen nicht übersehen, daß ein Unterschied besteht zwischen den Untersuchungen, die von den Prinzipien ausgehen, und denen, die zu den Prinzipien hinführen. Mit Recht hat auch Platon die Frage gestellt und untersucht, ob der Weg von den Prinzipien kommt oder zu ihnen geht, so wie wenn man im Stadion von den Preisrichtern zum Ziele läuft oder umgekehrt. Man muß nämlich vom Bekannten beginnen. Dies ist aber ein Doppeltes: ein Bekanntes für uns und ein Bekanntes an sich. Wir werden wohl mit dem für uns Bekannten anfangen müssen. Darum muß der, der über das Schöne und Gerechte und überhaupt über die politische Wissenschaft hören will, eine gute Lebensführung aufweisen; denn der Ausgangspunkt ist das Daß, und wenn

dieses hinreichend sichtbar geworden ist, dann bedarf es nicht mehr des Warum. Wer nun diese Lebensführung besitzt, der kennt entweder die Prinzipien schon oder wird sie leicht begreifen.

b) Ist aber die Glückseligkeit eine der Tugend gemäße Tätigkeit, so muß sie natürlich der vorzüglichsten Tugend gemäß sein, und diese ist wieder die Tugend des Besten in uns. Mag das die Vernunft oder etwas anderes sein, was seiner Natur nach als das Herrschende und Leitende auftritt und das Gute und Göttliche zu erkennen vermag, sei es selbst auch göttlich oder das Göttlichste in uns: immer wird die seiner eigentümlichen Tugend gemäße Tätigkeit die vollendete Glückseligkeit sein. Daß diese Tätigkeit eine betrachtende ist, haben wir bereits gesagt. Man sieht aber auch, daß dies mit unsern früheren Ausführungen wie mit der Wahrheit übereinstimmt.

Denn zunächst ist diese Tätigkeit die vornehmste. Die Vernunft nämlich ist das Vornehmste in uns, und die Objekte der Vernunft sind wieder die vornehmsten im ganzen Bereich der Erkenntnis. Sodann ist sie die anhaltendste. Anhaltend denken können wir leichter als irgend etwas anderes anhaltend tun.

Ferner glauben wir, daß die Glückseligkeit mit Lust verbunden sein muß. Nun ist aber unter allen tugendgemäßen Tätigkeiten die der Weisheit zugewandte eingestandenermaßen die genußreichste. Und in der Tat bietet die Philosophie Genüsse von wunderbarer Reinheit und Beständigkeit; natürlich ist aber der Genuß noch größer, wenn man schon weiß, als wenn man erst sucht.

12.12 Epikur: Brief an Menoikeus

Wenn wir nun also sagen, daß Freude unser Lebensziel ist, so meinen wir nicht die Freuden der Prasser, denen es ums Genießen schlechthin zu tun ist. Das meinen die Unwissenden oder Leute, die unsere Lehre nicht verstehen oder sie böswillig mißverstehen. Für uns bedeutet Freude: keine Schmerzen haben im körperlichen Bereich und im seelischen Bereich keine Unruhe verspüren. Denn nicht eine endlose Reihe von Trinkgelagen und Festschmäusen, nicht das Genießen schöner Knaben und Frauen, auch nicht der Genuß von leckeren Fischen und was ein reichbesetzter Tisch sonst zu bieten vermag, schafft ein freudvolles Leben, vielmehr allein das klare Denken, das allem Verlangen und allem Meiden auf den Grund geht und den Wahn vertreibt, der wie ein Wirbelsturm die Seelen erschüttert.

An allem Anfang aber steht die Vernunft, unser größtes Gut. Aus ihr ergeben sich alle übrigen Tugenden von selbst, ja sie ist sogar wertvoller als das Philosophieren, weil sie uns lehrt, daß in Freude zu leben unmöglich ist, ohne daß man ein vernünftiges, sittlich hochstehendes und gerechtes Leben führt, daß es umgekehrt aber auch unmöglich ist, ein vernünftiges, sittlich hochstehendes und gerechtes Leben zu führen, ohne in Freude zu leben. Denn die Tugenden sind mit dem freudevollen Leben eng verwachsen, und dieses ist von jenen nicht zu trennen.

12.13 Der Stoiker Epiktet: Sprüche

Der erste und wichtigste Teil der Philosophie ist ihre Anwendung im Leben, z. B. keine Lüge in Worten und Werken. Das zweite sind die Beweise, z. B. warum man nicht lügen soll. Das dritte ist die Begründung und scharfe Untersuchung der Beweise selber, z. B.: woraus ergibt sich, daß dies ein Beweis ist; was ist überhaupt ein Beweis, was eine Folge, was ein Widerspruch; was ist wahr und was ist falsch. Das dritte ist wegen des zweiten nötig, das zweite wegen des ersten. Das Notwendigste aber bleibt das erste und bei ihm soll man verweilen. Wir aber machen es gewöhnlich umgekehrt. Wir verweilen bei dem dritten Teil und all unser Eifer gilt diesem, während wir den ersten Teil ganz außer acht lassen. So kommt es, daß wir lügen, trotzdem wir geläufig beweisen, daß man nicht lügen darf.

Bei allem Tun sei uns dieser Spruch zur Hand:
Allmächt'ger Zeus und du Verhängnis, führet mich
dahin, wo ich nach eurem Willen stehen soll.
Ich will nicht zögern, euch zu folgen. Wollt' ich nicht,
Ich wär ein Frevler, und ich müßte doch!

Und weiter:
Wer dem Geschick sich wohl zu fügen weiß,
Der kennt, ein weiser Mann, das göttliche Gebot.

Und endlich das dritte:
Gefällt es den Göttern, Kriton, so mag es geschehen.
Anytos und Meletos können mich töten, aber schaden
können sie mir nicht.

12.14 Mark Aurel: Selbstbetrachtungen

a) Sei wie ein Fels, an dem sich beständig die Wellen brechen: Er steht fest und dämpft die Wut der ihn umbrausenden Wogen. Ich Unglückseliger, sagt jemand, daß mir dieses oder jenes widerfahren mußte! Nicht doch! sondern sprich: Wie glücklich bin ich, daß ich trotz diesem Schicksal kummerlos bleibe, weder von der Gegenwart gebeugt noch von der Zukunft geängstigt! Dasselbe hätte ja jedem andern so gut wie mir begegnen können, aber nicht jeder hätte es ohne Kummer ertragen können. Warum wäre nun jenes eher ein Unglück als dieses ein Glück? Kann man das überhaupt ein Unglück nennen, was den Endzweck der Natur des Menschen nicht unerfüllt läßt, oder scheint dir etwas der Natur des Menschen zu widersprechen, was nicht gegen den Willen seiner Natur ist? Was ist aber dieser Wille? Du kennst ihn. Hindert dich denn das, was dir zustößt, gerecht, hochherzig, besonnen, verständig, vorsichtig im Urteil, truglos, bescheiden, freimütig zu sein, alle Eigenschaften zu haben, in deren Besitz die Eigentümlichkeit der Menschennatur besteht? Denke also daran, bei allem, was dir Traurigkeit verursachen könnte, bei dieser Wahrheit Zuflucht zu suchen: Dies ist kein Unglück, [1] vielmehr ein Glück, es mit edlem Mute zu ertragen.

b) Es ist ein gewöhnliches, aber wirksames Hilfsmittel zur Todesverachtung, sich diejenigen zu vergegenwärtigen, die mit Zähigkeit am Leben hingen. Was haben sie vor denen, die früher verstorben sind, voraus? Sie sind auch unterlegen: Cadicianus, Fabius, Julianus, Lepidus, [2] und alle, die viele zur Bestattung hinausgetragen haben und dann selbst hinausgetragen worden sind. Ja, da ist wenig Unterschied, und unter wie vielen Mühseligkeiten und in welcher Gesellschaft und in was für einem Körper mußten sie diese Zeit zubringen! Mache also nicht soviel Wesens davon! Schau auf das Unermeßliche der Zeit hinter dir und auf eine andere Unendlichkeit vor dir! Was ist denn da noch für ein Unterschied zwischen einem, der drei Tage, und einem anderen, der drei Menschenalter [3] gelebt hat?

1 Nicht der Tod ist ein Unglück, sondern die Furcht vor dem Tode.

2 Männer, die ein hohes Alter erreichten.

3 Wie Homer von Nestor erzählt.

13. Referat- und Diskussionsthemen B

13.1 Die verschiedenartige Bewertung der Rolle der Sophisten. (Platons Dialog „Protagoras"; W. Wieland: Die Sophisten, in: Geschichte der Philosophie, Antike, hrsg. von R. Bubner; Stuttgart 1978)

13.2 Die Relativismus-Problematik bei Protagoras und in der Gegenwart. (Siehe 13.1)

13.3 Der sophistische Gegensatz von Physis und Nomos. (Siehe 13.1)

13.4 Die sokratische Methode. (E. Martens: Dialogisch-pragmatische Philosophiedidaktik, Hannover 1979, 3.1.1)

13.5 Sokrates und Christus. (R. Guardini: Der Tod des Sokrates, Hamburg 1956)

13.6 Philosophie und Philosophieren – zwei Grundauffassungen, dargestellt an Aristoteles und Sokrates. (E. Martens: Einführung in die Didaktik der Philosophie, Darmstadt 1983)

13.7 Die Idee – eine Phantasie Platons oder eine bedeutungsvolle Entdeckung? (K. Bormann: Platon – Die Idee, in: Speck J. (Hrsg.): Grundprobleme der großen Philosophen, Philosophie des Altertums und des Mittelalters, Göttingen 1972)

13.8 Der platonische Idealstaat und die politische Wirklichkeit. (K. Popper: Die offene Gesellschaft und ihre Feinde I, Der Zauber Platons, München 1980, 6. Aufl.)

13.9 Die Grundlegung des Leib-Seele-Dualismus bei Platon. (Siehe 13.7)

13.10 Der aristotelische und der moderne Wissenschaftsbegriff. (H. Stachowiak: Rationalismus im Ursprung. Wien / New York 1971, Abschnitt 5)

13.11 Das Verhältnis von Physik und Metaphysik. (W. Detel: Wissenschaft, in „Philosophie", hrsg. von Martens / Schnädelbach, Reinbeck 1985)

13.12 Der Substanzgedanke bei Aristoteles und in den modernen Wissenschaften. (E. Vollrath: Aristoteles – Das Problem der Substanz, siehe 13.7; und C. F. v. Weizsäcker: Die Atomlehre der modernen Physik, in: Zum Weltbild der Physik, Stuttgart 1943)

13.13 Das Verhältnis der aristotelischen zur modernen Logik (das Formalismusproblem). (H. Scholz: Abriß der Geschichte der Logik, Freiburg / München 1967, 3. Aufl.)

13.14 Die vier Figuren der aristotelischen Syllogistik. (A. Menne: Einführung in die Logik, München 1973, 2. Aufl.)

13.15 Unmittelbare Schlüsse bei Aristoteles und die Darstellung im logischen Quadrat. (Siehe 13.14)

13.16 Der Seelenbegriff bei Platon und Aristoteles. (K. Wuchterl: Lehrbuch der Philosophie, Bern 1984, 1.5a)

13.17 Tugend - ein antiquierter Begriff? (M. Scheler: Zur Rehabilitierung der Tugend, in: Vom Umsturz der Werte, Bern 1955)

13.18 Unterschiede in der platonischen und aristotelischen Ethik. (F. Ueberweg / K. Praechter: Grundriß der Geschichte der Philosophie I, Darmstadt 1957, 14. Aufl., § 41 und § 49)

13.19 Das Universalienproblem bei Platon, Aristoteles und den sogenannten Nominalisten. (W. Stegmüller: Das Universalienproblem einst und jetzt, Darmstadt 1965, 2. Aufl.)

13.20 Die aristotelische und die christliche Gottesvorstellung. (W. Weischedel: Der Gott der Philosophen, I, München 1971, § 12 und § 15)

13.21 Vergleichen Sie das Weisheitsideal der älteren Stoa a) mit der Ethik des Aristoteles, b) mit Epikurs Ideal des Weisen. (Siehe 13.18, § 49, § 57, § 62)

13.22 Die Begründung der Humanität aus der Weltordnung nach Mark Aurel. (Selbstbetrachtungen VII. 9,13; XI. 1,8)

13.23 Ursprünge der „Dialektik" im griechischen Denken. (A. Sarlemijn: Hegelsche Dialektik, Berlin / New York 1971, bes. § 2.1)

14. Zeittafel B

um 485	*Protagoras* geboren
477–404	Erster Attischer Seebund
um 470	*Sokrates* geboren
431–404	Peloponnesischer Krieg
429	Tod des Perikles (Ende des Perikleischen Zeitalters)
427	*Gorgias* in Athen
428/27	*Platon* geboren
399	Tod des Sokrates
399–ca. 388	Erste sizilische Reise Platons
388–385	Gründung der Platonischen Akademie
384	*Aristoteles* geboren
377–338	Zweiter Attischer Seebund
367	Zweite sizilische Reise Platons
367	Aristoteles in Athen
361	Dritte sizilische Reise Platons
349/48	Tod Platons, Speusipp übernimmt die Leitung der Akademie
343–335	Aristoteles als Erzieher Alexanders in Makedonien
340	Kriegserklärung Athens an Philipp II von Makedonien
336	Regierungsantritt Alexanders des Großen
331	Gründung Alexandriens
327–325	Indienfeldzug Alexanders
323	Tod Alexanders. Flucht des Aristoteles nach Chalkis; Theophrast leitet den Peripatos (die Schulgründung des Aristoteles)
322	Tod des Aristoteles
323–281	Die Zeit der Diadochen
342/1–271/0	*Epikur*
300	Gründung der *Stoa*. Das Zeitalter des Hellenismus
44	Die Ermordung Caesars
31	Seesieg Octavians bei Actium. Beginn der römischen Klassik
Christi Geburt	
55–ca. 135	Der Stoiker *Epiktet*
117	Tod des Kaisers Trajan; größte Ausdehnung des römischen Imperiums
121–180	*Mark Aurel,* der stoische Philosoph auf dem Kaiserthron

C. Die Weiterentwicklung der Philosophie: Die christliche Synthese aus Glauben und Wissen

Das historische Weltereignis der Ausbreitung des Christentums bedeutete in der Kulturgeschichte einen neuen Anfang. Die geistigen Auseinandersetzungen der Christen mit der antiken Kultur durchzogen die nächsten Jahrhunderte. Die einschneidenden Veränderungen im Gefolge der Völkerwanderung markierten das Ende der Antike und den Beginn des Mittelalters. Nicht mehr Griechenland und Rom, sondern die germanischen und romanischen Völker des Nordens trugen die Kultur der neuen Epoche. Aber es war dies keine völlig neue, sondern eine übernommene Kultur: antike Denk- und Lebenshaltungen wurden mit den Ansprüchen der neuen Religion versöhnt und prägten die geistige Struktur der Jahrhunderte bis in die Gegenwart hinein. Goethe hielt Platon, Aristoteles und die Bibel für die unzerstörbaren Fundamente des abendländischen Menschentums. Und selbst die Ideen der Aufklärung und des modernen Atheismus sind ohne den Hintergrund der antiken und christlichen Tradition unverständlich.

Die entscheidenden Annäherungen zwischen beiden Welten vollzogen sich bei den Kirchenvätern *(Patristik);* die eigentliche Synthese zwischen Religion und antiker Vernunft- und Lebenslehre erfolgte erst in der *Scholastik.* Hier begegnen wir den beiden großen christlichen Denkern: in der Patristik *Augustinus,* dem Philosophen der Innerlichkeit, und in der Scholastik *Thomas von Aquin,* dem universellen Systematiker. Bei beiden verschmelzen Philosophie und Theologie, Wissen und Glauben zur untrennbaren Einheit. Sie verkörpern zugleich die beiden christlichen Grundformen des Verhältnisses der Menschen zu Gott: für den Platoniker Augustinus ist die Gotteserkenntnis das Unmittelbarste, an dem der Mensch schon immer teilhat, er muß nur die Augen von den Sinnen weg nach Innen kehren, wo er Gott begegnet; der Aristoteliker Thomas dagegen schlägt den wissenschaftlichen Weg über die äußere Erfahrungswelt ein und versucht, von dort aus zur Transzendenz Gottes vorzustoßen.

15. Die Anfänge der christlichen Philosophie

In den ersten nachchristlichen Jahrhunderten standen sich christliche und antike Gedanken unvermittelt gegenüber. Wegen der Ablehnung der römischen Staatsreligion durch die Christen mußten diese Verdächtigungen und Anfeindungen hinnehmen. Aus dieser neuen Situation heraus versuchten die „Apologeten" (wörtlich: Verteidiger), die christliche Lehre in Schutz zu nehmen. Daran schlossen sich die ersten Systematisierungsversuche an, aus welchen sich schließlich die „christliche Philosophie" herausbildete.

15.1 Die neue Situation

Mit dem Auftreten der ersten Christen wurde eine Religion verbreitet, die ihr Offenbarungswissen der heidnischen Welt entgegenstellte und bedingungslosen Glauben forderte. Schon die Offenbarungsidee als solche drückte eine Herausforderung aus; bedeutete sie doch, daß die Glaubensinhalte weltliches Wissen und damit jede Philosophie transzendieren. Dahinter steht eine völlig neue Gottesvorstellung: ein *persönlicher Schöpfergott* wendet sich in seiner unendlichen Liebe den Menschen zu und zeigt ihnen den Heilsweg. Die uns so geläufige Vorstellung Gottes als eines Schöpfers der Welt aus dem Nichts widersprach allen Gottesvorstellungen der Antike. Für viele Griechen war Gott eine Art Architekt, der sich zur Gestaltung der Welt eines zwar wesenlosen Chaos bediente, aber eben doch eines wesenhaft „Möglichen", das mit Gott unter die gleiche Seinskategorie fiel. Besonders deutlich erkennt man die naturhafte Verwandtschaft von Gottheit und Mensch am Beispiel der homerischen Götter. An dieser Verwandtschaft wurde auch in späteren Zeiten festgehalten. Die neuplatonischen Emanationslehren verdrängten zwar die Idee eines Baumeister-Gottes durch die Vorstellung eines sich in die natürliche Wirklichkeit hinein entfaltenden Gottes, betonten damit aber die Verwandtschaft zwischen Gott und Mensch noch stärker. Natur und Gott waren letztlich wesensgleich; die Natur hatte am göttlichen Sein selbst teil.
Ein weiteres „Skandalon" für den antiken Menschen war die christliche *Lehre von der Inkarnation*. Nicht so sehr, *daß* ein Gott auf der Erde in Erscheinung trat – dies kannte man ja aus verschiedenen orientalischen Mythologien – sondern *wie* diese Inkarnation erfolgt war, erregte Anstoß. Daß sich ein allmächtiger Gott so erniedrigte und sein Sohn in der Gestalt eines schwachen und am Kreuz elend schei-

ternden Wesens erschien, widersprach allen Gottesvorstellungen früherer Zeiten.

Beides, die Kreatürlichkeit von Natur und Mensch, die der schöpferischen Allmacht Gottes gegenübersteht, und die Menschwerdung Gottes in Jesus von Nazareth waren nicht nur interessante theologische Alternativen zu früheren Religionen, sondern hatten auch für die Lebenspraxis schwerwiegende Folgen, welche die gesamte damalige Lebenswelt umformten und die *Verchristlichung der Antike* einleiteten. Den antiken Tugenden, die sich aus der Selbstsicherheit des vollkommenen Menschseins heraus verstehen lassen, trat die christliche Tugend der Demut entgegen. Die naturverbundene Selbstsicherheit der Heiden wurde als sündhafter Hochmut verworfen. Die paulinische Theologie interpretierte diese Sündhaftigkeit als allgemeinen menschlichen Wesenszug. Danach ist der Einzelmensch nicht wegen seines moralischen Versagens in bestimmten Situationen schuldig geworden, sondern das Menschengeschlecht als solches ist in seiner Natur verworfen und zum Tode verdammt („Erbsünde"). Nur durch die Gnade Gottes, der seinen eigenen Sohn Mensch werden ließ und aufopferte, konnte der Mensch wiedergeboren und gerettet werden. Die Inkarnation erfolgte in der „Fülle der Zeit", das heißt zu einem ausgezeichneten, von Gott bestimmten Zeitpunkt der Geschichte. Damit war ein neues Geschichtsverständnis begründet, das die Lehre von der Ewigen Wiederkehr des Gleichen ad absurdum führte; zugleich war die Voraussetzung für die Entstehung der Kirche als historische religiöse Gemeinschaft geschaffen, welche die Heilsmittel durch die Zeiten verwaltete.

Die Ausgangssituation war demnach durch die folgenden Gegensätze zwischen christlichem und antikem Denken geprägt, die dringend einer philosophischen Vermittlung bedurften:

- Gott als transzendenter Schöpfer und Gott als in dieser Welt erfahrbares Gegenüber;
- der Mensch als unsterbliches Ebenbild Gottes und der Mensch als vergängliches Naturwesen, als Sünder und als freies Individuum;
- die Geschichte als Heilsgeschehen und die geschichtslose Wiederkehr des Gleichen;
- die Funktion einer göttlichen Kirche und die weltlichen Aufgaben des Staates innerhalb einer allgemeinen Naturordnung;
- der Glaube an Offenbarungsinhalte und das selbstverantwortete Wissen der Weltweisen und Philosophen („Jerusalem und Athen").

15.2 Die Apologeten

Die ersten herausragenden griechischen und römischen Christen, die sich um eine Versöhnung der Glaubensinhalte mit den bestehenden Denkformen bemühten, waren die Kirchenväter. Ihre Lehre nennt man *Patristik*. Weil die Christen die römischen Staatsgötter ablehnten, wurden ihre Lehren als Herausforderung empfunden. Man betrachtete sie als Staatsfeinde und gefährliche Fremdkörper und setzte sie zahllosen Verleumdungen und Verfolgungen aus. Aus diesen Angriffen entwickelte sich die sogenannte Apologetik, die Verteidigung des Christentums als die eigentliche Wahrheitslehre, als die ,,wahre Philosophie". In diesem Sinne gab der zur griechischen Patristik zählende *Justinian* im 2. Jahrhundert der Philosophie einen neuen Inhalt: jede Philosophie muß ein religiöses Ziel verfolgen, nämlich den Weg über die Wahrheit zu Gott; da dieses Ziel von der menschlichen Vernunft allein nicht erreicht werden kann, muß der Weg der christlichen Religion eingeschlagen werden. Die Propheten, die Jünger Jesu und die gesamte christliche Lehre stellen allein die ,,sichere und heilsame Philosophie" dar. [28]
Das andere Extrem in der Reihe der Apologeten finden wir in dem in Rom wirkenden Karthager *Tertullian* (um 200). Er lehnte die Philosophie im Gegensatz zu Justinian radikal ab. Heidnische Bildung und weltliche Wissenschaft seien die Ursprünge aller Häresien und vor Gott nichts als Torheit. Er sah zwischen Vernunft und Glauben eine unüberschreitbare Grenze: ,,Was hat Athen mit Jerusalem zu schaffen? Was die Akademie mit der Kirche? Was die Häretiker mit den Christen? Unsere Lehre stammt aus der Säulenhalle Salomons, der selbst gelehrt hatte, man müsse den Herrn in der Einfalt seines Herzens suchen." [29] Der ihm fälschlicherweise oft in den Mund gelegte Satz ,,credo quia absurdum" (,,ich glaube, weil es absurd ist") drückt in lapidarer Form die Grundhaltung Tertullians aus.
Seine Verteidigung des Christentums richtete sich vor allem gegen den bedrohlichen Einfluß der häretischen *Gnosis*. Unter ,,Gnosis", wörtlich ,,Erkenntnis", versteht man die Bemühungen, über den religiösen Glauben hinaus auch religiöse Einsicht zu erlangen, genauer: durch eine Schau Gottes die Welt des Übersinnlichen erleben zu können. Diese erste Form der Religionsphilosophie war aber so stark von Spekulationen und Mythologien durchsetzt, daß sie für die christliche Lehre eine gefährliche Konkurrenz bedeutete. Die Gnostiker griffen zwar auf christliche Quellen zurück, gestalteten daraus aber durch Vermischung mit Elementen aus orientalischen Religionen und heidni-

schen Mysterienkulten eine verwirrende Mythologie mit zahlreichen Göttern und Halbgöttern, durch die bestimmte Begriffe personifiziert wurden. Wesentlich war der Dualismus zwischen zwei gleichwertigen Prinzipien, zwischen Gott und Materie, bei Mani zwischen dem Reich des Lichts und dem Reich der Finsternis („Manichäismus"). Beide Prinzipien waren durch eine Reihe von Mittelwesen verbunden. Aus dem heidnischen Neuplatonismus (insbesondere Plotin, 3. Jh.) wurde die Vorstellung der Emanation übernommen, das heißt die Idee der Entfaltung des Einen (also Gottes) in die Vielheit der Welt; die Erlösung bedeutete dann die Rückkehr in das Eine.

Gegen diese und ähnliche Spekulationen kämpfte Tertullian an. Er wies dabei auch jede philosophische Hilfe ab, welche eine innere Entwicklung des Glaubens erklären könnte. Kein Philosoph findet Gnade, auch kein Aristoteles: „Du armer Aristoteles! Du hast die Dialektik gelehrt, die Meisterin im Aufbauen und Zerstören, die so verschmitzt ist in ihren Sätzen, so gezwungen in ihren angeblichen Schlüssen, so hart in ihren Beweisen, so geschäftig im Wortstreit, die, sogar sich selbst zur Last fallend, alles zurücknimmt, um schließlich gar nichts behandelt zu haben."[30]

15.3 Die Systematiker

Zu Beginn des dritten Jahrhunderts wurde in der Gelehrtenstadt Alexandrien die erste christliche Katechetenschule gegründet, die dann unter *Origines* (185–255) ihren Höhepunkt erreichte. Dieser errichtete das erste Denksystem, in welchem Philosophie und Theologie eine Einheit bildeten. Seine „Grundlehren" umfassen vier Bücher, die von Gott, vom Weltall, von der Freiheit und von der Offenbarung handeln. Hier wurde das Fundament zur *Idee einer christlichen Philosophie* gelegt. Eine solche baute stets auf der heiligen Schrift auf. Das Kriterium der richtigen Bibelinterpretation stellte die apostolische Überlieferung dar. Dabei setzte sich Origines für die allegorische Schriftdeutung ein, die ihre Inhalte nicht wörtlich nahm, sondern spekulativ aus dem Gewand der verschiedenen literarischen Formen herauslösen mußte.

Der Begriff einer christlichen Philosophie, der sich allmählich herausbildete und dem Theologie-Begriff an die Seite trat, wird von Gilson durch folgende Eigenschaften charakterisiert:

- Sie enthält nur Sätze, die mit natürlichen Mitteln bewiesen werden können.

- Sie steht nie in offenem Widerspruch zum formulierten Glauben der Kirche.
- Sie baut bewußt auf die christliche Botschaft auf; das bedeutet genauer: der Glaube gibt der Vernunft ihre Erkenntnisziele und bewahrt den Menschen vor Irrtum; der Glaube bestimmt den Sinn des Philosophierens. [31]

16. Augustinus (354–430)

16.1 Leben und Bedeutung des Augustinus

In Augustinus erreichte die christliche Philosophie ihren ersten Höhepunkt. Seinen beschwerlichen Weg zur Philosophie und zum Glauben kennen wir aus den autobiographischen „Bekenntnissen" (Confessiones), seinem ersten Hauptwerk. Dort entwickelte er die religiösen und philosophischen Einsichten in engster Beziehung zu seinem äußeren und inneren Werdegang. Die Philosophie des Augustinus ist nichts anderes als eine Deutung seines eigenen Lebens.
Der hochbegabte lebenslustige Augustinus verbrachte eine bewegte Jugend voller Vergnügungen. Er lebte mit einer Konkubine zusammen, die ihm einen Sohn schenkte. Aber sowohl der Leichtsinn des Studenten als auch die Ausschweifungen des Rhetorik-Professors in Rom und Mailand waren von Skrupel begleitet; er befand sich immer auf der Suche nach der letzten Wahrheit. Damals war er Anhänger des Manichäismus, von dem er sich durch den Einfluß der Skeptiker und der Neuplatoniker allmählich löste. Seine christliche Mutter, die heilige Monika, versuchte immer wieder vergeblich, durch Ermahnung und Gebet den Sohn auf den rechten Weg zu bringen. Erst durch die Predigten des Bischofs Ambrosius in Mailand erfolgte schließlich die Bekehrung zum christlichen Glauben. Er ließ sich mit 33 Jahren taufen und kehrte in seine nordafrikanische Heimat zurück.
Nach kurzem Aufenthalt in einer von ihm gegründeten Klostergemeinschaft von Laien wurde er in die Gemeindearbeit gerufen, zum Priester und bald zum Bischof von Hippo regius geweiht. Damit begann sein geistiges Wirken, das nicht nur die philosophische und theologische Gelehrsamkeit betraf.
Er griff vielmehr durch die Bekämpfung von zahlreichen Irrlehren und durch aktive Kirchenpolitik entscheidend in die Entfaltung und Ausge-

staltung des christlichen Glaubensgutes ein. Er vollzog durch die Vermittlung von platonischen und christlichen Gedanken die erste bemerkenswerte Synthese aus Glauben und Wissen. Beim Studium der platonischen Philosophie und der heiligen Schrift war Augustinus überrascht, wie hier heidnische Denker christliche Glaubensinhalte vorweggenommen hatten. In der höchsten Idee, die nach Platon seit Ewigkeit existiert und der unvergängliche Ursprung des Seins ist, erkannte er den christlichen Schöpfergott; die platonischen Ideen, nach denen das Sinnliche gestaltet werde, waren für Augustinus nichts anderes, als die Gedanken Gottes, und das Schattenreich Platons war die Welt der geschaffenen Vergänglichkeit. Sein Platonismus und insbesondere die Ideen seines zweiten Hauptwerkes, des „Gottesstaates", prägten nicht nur die Auseinandersetzungen seiner Zeit, sondern breiteten sich im ganzen christlichen Westen aus und bestimmten die geistige Weiterentwicklung des gesamten Mittelalters. Mit seinem theologischen Werk war die Zeit der Dogmenbildung im wesentlichen abgeschlossen. Was darauf folgte, waren nur noch Bemühungen um die Bewahrung, Kommentierung und Ausbreitung dieses platonischen Augustinismus.

16.2 Augustinus, der Philosoph der Innerlichkeit

Wie schon der Name „Philosoph" sagt, strebt dieser nach Weisheit. Für Augustinus ist Weisheit nicht mit spekulativer und interessefreier Naturforschung zu verwechseln, sondern sie ist ein Zustand, in welchem die existenzielle Angst vor der Vernichtung einer unerschütterlichen Gewißheit der Errettung und des absoluten Friedens gewichen ist. Sie ist letztlich Seligkeit und betrifft das persönliche Schicksal eines jeden Einzelnen. Daher muß sich Philosophie bei der Suche nach Weisheit zunächst auf das eigene Selbst konzentrieren. Das erste Ziel ist die Selbsterkenntnis, der Blick nach Innen. Ganz im Sinne des Sokrates stellt die Selbsterkenntnis die erste notwendige Bedingung für das richtige Tun dar.

Das Streben nach Glück ist die Haupttriebfeder aller Philosophie. Dieses Glücksstreben ist kein beliebiges individuelles Wollen. Denn wer das erlangt, was er will, ist nicht in jedem Falle der Glücklichste. Er muß das Richtige, ihm Gemäße wollen und anstreben, das nach Augustinus auf jeden Fall dem Zufall und der Vergänglichkeit entzogen sein muß. Für den Platoniker und christlichen Bischof ist so das eigentliche Ziel Gott, zu dem er im ersten Abschnitt der „Bekenntnisse" betet: „Du machst es, daß dein Lob Erquickung ist; denn zu dir hin hast du uns erschaffen, und ruhelos ist unser Herz, bis es Ruhe findet in dir." Die Weisheit der Philosophen führt zur Weisheit Gottes, die einerseits durch die offenbarte Wahrheit und andererseits durch das gute Leben sichtbar und erreichbar wird.

In der Einbeziehung der christlichen Offenbarung wird deutlich, wie in der christlichen Philosophie stets die Religion autonomes Element des Gedachten ist und nicht etwa aus philosophischen Prämissen abgeleitet werden kann. Gott hat über alle Philosophie hinweg gesprochen. Auch das gute Leben ist religiös fundiert: es ist ein Ringen um den Besitz Gottes, das sich im rechten Maß äußert; der Mensch muß sich gegen Wollust, Ehrgeiz und Stolz entscheiden. So sind alle philosophischen Reflexionen in ihrer Bedeutung eingeschränkt. Denn das eigentliche Ziel ist nicht die *Erkenntnis* der Wahrheit, sondern die Seligkeit, der *Besitz* der Wahrheit. „Gut" nennen wir nicht das Ziel unseres Handelns, sofern es *erkannt,* sondern nur insofern es *besessen* werden kann. Vor allem Erkennen steht die Gewißheit vom Besitz der Wahrheit, das heißt von der Gewißheit des ewigen Seins Gottes, das uns trägt. Trotzdem darf Philosophie nicht gering geachtet werden. Sie ist eine notwendige Bedingung des Glaubens. Jede falsche Philosophie verstellt den Glauben. Besonders gefährlich ist der philosophische Zweifel, der seit Jahrhunderten in der platonischen Akademie gelehrt wurde und die eigentlichen Ziele Platons völlig mißverstand. Deshalb richtet Augustinus in fast allen Schriften seine Überlegungen gegen diesen weitverbreiteten Skeptizismus der Philosophen.

Der erste Einwand der Skeptiker beruft sich auf den Irrtum durch die Sinneswahrnehmungen. Aber Augustinus weist darauf hin, daß es trotz aller Täuschungsmöglichkeiten sicher ist, daß wir im Akt der Täuschung durch die Sinne *etwas* wahrnehmen; der Wahrnehmungsakt als solcher kann also nicht geleugnet werden. Wir empfinden zwar möglicherweise den süßen Honig als bitter, aber wir *empfinden* etwas, das ist absolut sicher. Dieser Gedanke wird von Augustinus noch weiter vertieft: Wer, wie der Skeptiker, zweifelt, der *lebt* sicherlich; wer zweifelt, ist sich des Zweifels *bewußt,* er *erinnert* sich an etwas und *sieht* dabei etwas *ein;* wenn er sich täuscht, *denkt* er zugleich etwas. So entdeckt Augustinus eine Gewißheit nach der anderen: die Gewißheit des Lebens, des Bewußtseins, der Erinnerung, des Einsehens und des Denkens. Später erweitert er diese Reihe noch um die Evidenzen des logisch Wahren.

Die entscheidende Formulierung dieses Gedankens, auf welche Descartes, der Begründer der neuzeitlichen Philosophie, wieder zurückgreifen wird, lautet: „Si enim fallor, sum" („Wenn ich mich nämlich

täusche, so bin ich"). Die Existenz des irrenden Skeptikers und des sich täuschenden Menschen ist absolut gewiß. Es gibt eine Grundevidenz, die wir in unserem Selbstbewußtsein erfahren. So wurde ein Fundament geschaffen, auf welches die Glaubensgewißheit aufbauen kann und an welchem alle Skepsis scheitert. Diese ursprünglichste innere Erfahrung sagt uns: ,,Wir sind, und wir wissen, daß wir sind, und wir lieben dieses unser Sein und Wissen." In der untrennbaren Einheit von Sein - Erkennen - Lieben, die Augustinus als Manifestation der Dreieinigkeit im Menschen deutet, erfolgt die existenzielle Verankerung unseres Wissens mit den Akten des Zustimmens und Jasagens, welche zum Wesen der Liebe gehören. Liebe und rechtes Wollen sind ihm eins. Ein anderer Ausdruck für ,,zustimmendes Denken" (cum assensione cogitare) ist ,,Glauben". Augustinus bringt diese Einheit von Glauben und Wissen auf die Formel ,,credo, ut intelligam" (,,ich glaube, damit ich einsehe").[32]
So entdeckt der Philosoph der Innerlichkeit im Selbstbewußtsein das Fundament des Glaubensaktes. Wissen und Glauben sind keine Gegensätze, sondern ergänzen sich. Bei der richtigen Betrachtung des eigenen Selbst sind alle Voraussetzungen gegeben, um zum Glauben an Gott zu gelangen, der dann durch die geoffenbarten Wahrheiten noch seine inhaltliche Fülle erlangt.

16.3 Der Gottesstaat (Civitas Dei)

(1) Als die Goten Alarichs im Jahre 410 Rom plünderten, war der Mythos von der Unbesiegbarkeit des römischen Imperiums zerstört. Aber zugleich war eine jahrhundertealte politische Ordnung und Lebensform zerbrochen. Nachdem sich erst seit rund 100 Jahren der christliche Glaube als Staatsreligion etabliert hatte, häuften sich in dieser Krisenzeit die Stimmen, welche den Niedergang Roms als Quittung für den Verrat der Römer an ihren alten Göttern deuteten. Zu der Erbitterung der Heiden gegen die Christen kam noch die eigene Unsicherheit der Anhänger der neuen Religion, die sich fragten, wo in der Not des untergehenden Imperiums der christliche Gott geblieben sei. In dieser Situation schrieb Augustinus sein großes geschichtsphilosophisches Werk, den ,,Gottesstaat", das auf diese Fragen eine Antwort geben sollte. Es war dies nicht nur die letzte große Apologie des Christentums gegen die Heiden, sondern zugleich ein erster Versuch einer Rechtfertigung des Handelns Gottes in der Geschichte, das heißt eine erste Behandlung des Theodizee-Problems.

Die Antwort des Augustinus ist einfach: Auf das *äußere* irdische Glück und materielle Wohlergehen, um das sich Rom seit Jahrhunderten bemüht hatte, kommt es gar nicht an, wohl aber auf die jeweilige individuelle Entscheidung für die Gemeinschaft mit Gott, das heißt auf eine *innere* Sinnbestimmung der Geschichte.

(2) Augustinus geht von der folgenden grundsätzlichen Unterscheidung aus: Den *Gottesstaat* oder die civitas Dei bilden alle Menschen, die untereinander durch die göttliche Liebe verbunden sind und die Gemeinschaft mit Gott gefunden haben; der Antipode zum Gottesstaat ist der *Weltstaat* oder die civitas terrena, die Gesamtheit der Menschen, die das alte „irdische" Leben fortführen und Christus ignorieren. Aus der Sicht der civitas terrena, dem Leben ohne Glauben, ist die Geschichte eine Folge von undurchsichtigen Ereignissen, eine sinnlose Aufeinanderfolge von Werden und Vergehen zahlloser Generationen und Völker. Es gibt da kein Ziel, keine Verbesserung der Zustände, keinen Fortschritt. Auch die römische Geschichte war einstmals nichts als eine Folge von Untaten, Gewalttätigkeiten und Morden. Der Bürger der civitas Dei dagegen sieht die Geschichte ganz anders. In ihr vollzieht sich im Laufe der Zeiten die Trennung der beiden geistigen Reiche. Ihr Ziel ist die Errichtung einer christlichen Gemeinschaft als Abbild der civitas Dei. So hat die Geschichte durchaus ihren Sinn: sie bedeutet den einmaligen heilsgeschichtlich-eschatologischen Prozeß von der Weltschöpfung bis zum Weltgericht, in welchem sich das sittlich-religiöse Reich Gottes vollendet. Die Stationen auf dem richtigen Weg sind durch die Offenbarung vorgezeichnet: aus der Sünde zur Bekehrung und zur Hoffnung auf ein Weltenende, in der die gläubigen Menschen erlöst werden.

(3) Augustinus verzichtete auf jede innerweltliche Prophetie, wie sie in späteren Geschichtsphilosphien (wie z. B. bei den Aufklärern oder bei Marx) paraktiziert wurde. Zugleich distanzierte er sich auch von politischen Deutungen. Die civitas Dei ist nicht etwa die vorgefundene Institution Kirche, so wenig wie die civitas terrena die Institution Staat ist. Nicht jeder weltliche Staat darf als Einrichtung des Teufels aufgefaßt werden; im Gegenteil, der Staat kann Heilmittel gegen die Sünde zur Verfügung stellen. Augustinus sprach also nicht von zwei *Körper*schaften, sondern von zwei *Gesinnungs*gemeinschaften; die Geschichte vollzieht sich im Innern des Menschen.
Diese ursprüngliche Trennung des Geistigen vom Institutionellen blieb in späteren Interpretationen unbeachtet. Aus der Idee des Gottesstaa-

tes wurde im Mittelalter die Idee des Sacrum Imperium Romanum. Die mittelalterliche Kirche verstand sich als Stellvertreterin Gottes. Die damit verbundene Verwaltung des göttlichen Wortes und die Verfügung über die Gnadengaben führten zu machtpolitischen Konsequenzen und beeinflußten die weltliche Geschichte entscheidend. Der Papst fühlte sich auch für die weltlichen Zustände mitverantwortlich und erhob dadurch Ansprüche gegen Kaiser und Könige. Diese wiederum wehrten sich gegen eine Bevormundung durch kirchliche Autoritäten. So verdrängten Politisierung und Klerikalisierung den geistigen Innenaspekt der augustinischen Konzeption und ersetzten diese durch den äußeren Kampf zwischen weltlicher und geistlicher Macht.

17. Die christliche Philosophie des Mittelalters

17.1 Die scholastische Philosophie im allgemeinen

a) Das Mittelalter

Unter Scholastik versteht man ganz *allgemein* die ,,mittelalterliche Gestalt von Wissenschaft schlechthin'';[33] in einem *engeren Sinne* bezeichnet man die damaligen philosophischen und theologischen Bemühungen um die Darstellung und Vermittlung der Einheit von Glauben und Wissen als Scholastik. Obwohl sich diese erst im 12. Jahrhundert voll entfaltete, datiert man den Beginn des Mittelalters meist schon auf das Jahr 375, in welchem die Hunnen durch die Niederwerfung des Ostgotenreiches in Rußland eine Lawine von Völkerbewegungen ausgelöst hatten, die schließlich das römische Imperium hinwegspülte. Hat man mehr die kulturelle Entwicklung im Auge, so bietet sich das Jahr 529 an, in welchem zwei wirkungsgeschichtlich bedeutungsvolle Ereignisse zusammenfallen:[34] Kaiser Justinian schloß die fast 1000 Jahre alte platonische Akademie, die bis dahin als Hochburg des heidnischen Denkens galt, und im gleichen Jahr gründete der italienische Mönch Benedikt von Nursia auf dem Monte Cassino bei Neapel das erste Benediktinerkloster, das zusammen mit den zahlreichen folgenden Gründungen für ein weiteres Jahrtausend der Ort der Weitergabe des Überlieferten und der Erforschung des Neuen wurde. Mit der Transformation des griechisch-römischen Gedankenguts in die mönchische Welt war die Antike endgültig zu Ende. Zugleich verlagerte sich der Schauplatz der geistigen Auseinandersetzungen von der Mittelmeerküste nach dem Westen und Norden Europas.

Die Bezeichnung „Mittelalter" war ursprünglich ein neuzeitliches Schimpfwort. Es bedeutete Zwischenzeit, Wartezeit und sollte das angeblich unbedeutende Intermezzo zwischen den eigentlichen Zeiten - der Antike und der Neuzeit - bezeichnen. Das „finstere Mittelalter" galt lange als sterile, einfallsarme und allein von kirchlichen Dogmen geprägte Zeit, ihre Schullehre oder „Scholastik" als trockene, künstlich konstruierte Begriffsakrobatik, die nur das eine Ziel hatte, die kirchliche Autorität zu festigen. Erst in der Romantik und in unserer Zeit wurde der Eigenwert dieser Epoche wiederentdeckt. In der Scholastik vollzog sich demnach ein beispielloser Lernvorgang, in welchem die Gedanken der Antike nicht nur aufbewahrt, sondern zugleich weitergegeben und in das neue christliche Umfeld eingeordnet wurden. Es ging darum, die Glaubenswahrheiten für das Denken durchsichtig zu machen und dabei zugleich die philosophische Tradition ernst zu nehmen. Dieser Assimilation des bereits Gedachten fehlte anfangs oft die Originalität und die persönliche Unmittelbarkeit. Doch später erlangte die Philosophie in den großen Gestalten des Mittelalters - in Anselm von Canterbury, Albertus Magnus, Thomas von Aquin, Duns Scotus und Wilhelm von Ockham - einen neuen Höhepunkt. Ihr Zentralthema ist durch das historische Faktum der Geburt Jesu und durch das sich ausbreitende Christentum bestimmt.

b) Scholastik und Mystik

Die bedeutsamsten scholastischen Synthesen aus Glauben und Wissen vermeiden extreme Positionen, nämlich

- einen *radikalen Rationalismus,* der jeden Glaubensinhalt verstehen, das Mysterium in der Glaubenswelt beseitigen und keinerlei übernatürliche Wahrheiten gelten lassen will;
- einen *grenzenlosen Mystizismus,* der alle Glaubensinhalte dem Intellekt entzieht und sich ganz auf persönliche Erleuchtungen verläßt, welche die rechte Einsicht und den wahren Weg zeigen.

Beide Standpunkte sind in gemäßigten Ausprägungen Elemente der theologischen und philosophischen Auseinandersetzungen jener Zeit. In der sogenannten *scholastischen Methode* dominiert der Rationalismus. Als formale Technik betrifft diese die z. B. bei Thomas in der „Theologischen Summe" streng durchgehaltene Darstellung des Gedankens in der Form von quaestiones (Fragen), die in Artikeln zerfal-

len; diese sind wiederum gegliedert in Fragestellungen („utrum") – Einwände („videtur quod non") – Gegenargument mit Ankündigung der Lösung („sed contra") – Lösung („respondeo dicendum") – Beantwortung der Einwände.
Auch in den mündlichen Auseinandersetzungen, den Disputationen, wurden strenge Regeln eingehalten. Beispielsweise mußte der Standpunkt des Gegners und der zuständigen Autorität zuerst wiederholt werden, ehe man das Gegenargument oder die Synthese formulieren durfte („sic et non").
Die scholastische Methode kann auch in einem nicht-formalen Sinne als ein Verfahren angesehen werden, mit welchem die Grundfrage der Scholastik angegangen wurde. So definiert M. Grabmann: „Die scholastische Methode will durch Anwendung der Vernunft, der Philosophie auf die Offenbarungswahrheiten möglichste Einsichten in den Glaubensinhalt gewinnen, um so die übernatürliche Wahrheit dem denkenden Menschengeiste inhaltlich näher zu bringen, eine systematische, organisch zusammenfassende Gesamtdarstellung der Heilswelt zu ermöglichen und die gegen den Offenbarungsinhalt vom Vernunftstandpunkt aus erhobenen Einwände lösen zu können." [35]
Die Gefahr der Entartung dieser Begründungen und Widerlegungen, die ja auf jede Originalität verzichteten, wurde durch das Korrektiv des *mystischen Denkens* verringert. Mystik, vom griechischen mystikos (geheimnisvoll) abgeleitet, bezeichnet das Bestreben, sich durch die von der Sinnenwelt abgekehrte Meditation mit dem Göttlichen zu vereinen, wobei das unmittelbare Erleben und nicht die begriffliche Vermittlung vorherrscht. Der Einfluß des mystischen Elements erfolgte vor allem durch *Dionysius Pseudo-Areopagita.* J. Pieper spricht in diesem Zusammenhang von einem „der unwahrscheinlichsten Vorgänge der Geistesgeschichte überhaupt". [36] Wer diese rätselhafte Figur mit jenem Pseudonym eigentlich war, weiß man bis heute nicht. Über ein Jahrtausend lang hat man sich täuschen lassen und geglaubt, es handle sich um das in der Apostelgeschichte 17,34 erwähnte Ratsmitglied Dionysius, das nach einer Ansprache des Apostels Paulus auf dem Areopag (Ratshügel) gläubig wurde. Dionysius galt als Verfasser einer Reihe von Büchern, darunter „Über die mystische Theologie", die einen ungeheuren, fast kanonischen Einfluß erlangten, weil man sie auf einen Apostelschüler zurückführte. Man schrieb Kommentare, zitierte ihn fast wie die Bibel – bei Thomas findet man an die 1700 Zitate! – und nannte ihn im Paris des 13. Jahrhunderts einen der größten Lehrer des Christentums. Heute vermutet man, daß der Autor ein syrischer Mönch aus der Zeit um 500 war, also zur Patristik gehörte.

Dionysius lehrte eine sogenannte „negative Theologie und Philosophie", nach welcher Gott jenseits des menschlichen Fassungsvermögens steht. Deshalb muß jede bejahende Aussage über Gott durch eine zugeordnete Verneinung korrigiert werden. Die Behauptung „Gott ist gerecht" beispielsweise wird durch die Aussage „Gott ist die Liebe", die sich über gerecht - ungerecht hinwegsetzt, eingeschränkt. Gott ist ganz anders als es Menschen ausdrücken können. Diese mystische Theologie kann Gott nicht einmal „seiend" nennen. Unser Wissen von Gott ist keine rationale Einsicht, sondern durch Erleuchtung, Einswerdung und ähnliche individuelle Erfahrungen vermittelt.

c) Die klassischen Vorbilder

Scholastiker waren ursprünglich alle Lehrer der sieben freien Künste (artes liberales) und alle Theologen. Die artes liberales entstanden aus den Überlieferungen des antiken Schulbetriebs und umfaßten das Trivium (Grammatik, Dialektik, Rhetorik) und das Quadrivium (Arithmetik, Geometrie, Musik und Astronomie).
Bis ins Hochmittelalter berief man sich in Philosophie und Theologie vor allem auf die platonische *Lehre des Augustinus.* Die Rationalisten verwiesen auf dessen Lehre von der Evidenz rationaler Einsichten und auf die zahlreichen scharfsinnigen Überlegungen des Kirchenvaters; die Mystiker fanden genügend Stellen, die ihnen recht gaben; so sagt Augustinus z. B. „Was immer du begreifst, kann - eben deswegen - nicht Gott sein".[37] Erst durch Albertus Magnus und Thomas von Aquin wurden die *Schriften des Aristoteles* im Abendland bekannt und für die christliche Theologie fruchtbar. Von dem Stagiriten kannte man bis dahin nur die logischen Schriften. Seine Hauptwerke wurden durch die Vermittlung syrischer, persischer, arabischer und jüdischer Gelehrter, vor allem durch Avicenna und Averroes, in den lateinisch sprechenden Ländern bekannt.

17.2 Thomas von Aquin (1225–1274)

a) Lebensdaten

Thomas stammte aus einem neapolitanischen Grafengeschlecht, wurde im Kloster von Monte Cassino und in Neapel erzogen, trat trotz erbitterten Widerstandes der Familie in den Dominikanerorden ein und studierte in Paris, der damaligen geistigen Hochburg. und später in

Köln bei dem hochangesehenen Albertus Magnus Theologie und Philosophie. In Paris und in der Umgebung der Päpste wirkte er dann als einflußreicher Gelehrter. Seine hohe Einschätzung des theologischen Lehramts, seine Originalität und vor allem seine wissenschaftliche Tätigkeit machten ihn zum bedeutendsten Theologen des Mittelalters. Er hat seine Untersuchungen in zahlreichen Schriften niedergelegt. Den Höhepunkt stellt seine unvollendete „Summa de theologia" dar, in welcher er das gesamte theologische Wissen seiner Zeit zusammenfaßte und didaktisch verarbeitete. Auf der Reise zum Konzil von Lyon wurde der nicht ganz Fünfzigjährige auf dem Gipfel seiner Schaffenskraft durch den Tod aus der philosophischen Arbeit gerissen.

Obwohl einige seiner Lehren in den heftigen Auseinandersetzungen zwischen den konservativen augustinischen Franziskanern und den progressiven aristotelischen Dominikanern drei Jahre nach seinem Tode von Bischof Tempier als ketzerisch verurteilt wurden, setzte sich vor allem durch die Unterstützung der Päpste die thomistische Lehre im Laufe der Zeit voll und ganz durch. Thomas galt zu Lebzeiten in Paris als doctor communis (allgemein anerkannter Lehrer) und wurde bereis fünfzig Jahre nach seinem Tod völlig rehabilitiert und heilig gesprochen. Die katholische Kirche beruft sich in entscheidenden Streitpunkten bis heute oft auf die Lehren des Aquinaten („Neothomismus"), weil seine Philosophie eine überzeugende Synthese aus antikem und christlichem Denken enthält.

b) Der christliche Aristotelismus

Mit dem Bekanntwerden der aristotelischen Schriften setzte eine heftige Auseinandersetzung mit dem damals weitverbreiteten Augustinismus ein. Aristoteles wurde durch die Interpretation des Averroes bekannt. Dieser sogenannte *averroistische Aristoteles* stieß vor allem aus drei Gründen auf den Widerstand der Christen:

- er lehrte die Ewigkeit der Welt und verstieß damit gegen den christlichen Schöpfergedanken;
- er leugnete die Vorsehung und widersprach so einem Kerngedanken der augustinischen Prädestinationslehre;
- er behauptete, daß alle Menschen an einer einzigen Weltseele teilhätten, was die christliche Überzeugung von der Existenz individueller Seelen und deren Unsterblichkeit ausschloß.

Das Hauptverdienst des Thomas war es, durch eine Neuinterpretation der aristotelischen Schriften diese averroistischen Einseitigkeiten entkräftet und damit einen *christlichen Aristotelismus* entwickelt zu haben. Wie sich schon Aristoteles von Platon vor allem dadurch unterschied, daß der Stagirit die sinnlich erfahrene Welt aufwertete, so finden wir auch bei Thomas eine *Zuwendung zur Welt,* eine aus dem Glauben begründete Weltlichkeit, der die asketische Fixierung auf das Selbst bei Augustinus genau so fremd ist wie die weltferne Idealisierungstendenz dessen Lehrers Platon. Thomas beschrieb die Wirklichkeit in den Begriffen der aristotelischen Metaphysik, wobei er dort Aristoteles revidierte, wo christliche Dogmen eindeutig anderes lehrten. Zwischen dem natürlichen und übernatürlichen Bereich kann es nach Thomas keinen Widerspruch geben; denn die christliche Wahrheit ist nicht *wider*vernünftig, sondern *über*vernünftig. Das Reich des Übernatürlichen ist durch das christliche Mysterium geprägt und kann nur durch die geoffenbarte Religion in allen seinen Tiefen erfahren werden.

Die wichtigsten Lehren dieses sogenannten *Thomismus* betreffen im einzelnen:

- die Betonung der durch unsere Sinne bestimmten Erfahrung;
- die Möglichkeit, ohne göttlichen Beistand Gewißheit über gewisse Glaubensgrundsätze erlangen zu können;
- den Optimismus, daß das Wissen des Menschen vom Geschöpflichen zum Göttlichen emporsteigen kann; allerdings wird Gott nur durch Analogie erkannt, das heißt durch Vergleich mit Bekanntem, das sich aber zugleich von dem Betrachteten unterscheidet;
- die Vorstellung, daß die Wesensform des menschlichen Leibes (forma corporis) eine unsterbliche Geistseele ist;
- das Vertrauen auf ein natürliches Sittengesetz, in welchem sich die göttliche Vernunftordnung ausdrückt.

c) Die fünf Wege zu Gott

Weil Erkenntnis stets metaphysische Welterkenntnis und darüber hinaus geoffenbarte Glaubenserkenntnis ist, kann man Gott durch natürliche und übernatürliche Mittel begegnen. Die Dreieinigkeit ist beispielsweise nur auf übernatürlichem Wege zu erfahren. Es gibt aber Wahrheiten über Gott, zu denen der Mensch auch aus eigener Vernunft gelangen kann. Dazu gehört vor allem die Einsicht in die Existenz des einen Gottes. Thomas gibt „fünf Wege" an, welche die natürliche Gotteserkenntnis gehen kann; daraus ergeben sich fünf Gottesbeweise:

- der kosmologische Beweis: Es muß einen ersten Beweger geben;
- der Kausalbeweis: Die Reihe der wirkenden Ursachen kann nicht ins Unendliche reichen;
- der Kontingenzbeweis: Es muß ein schlechthin notwendiges Wesen geben;
- der Stufenbeweis: Es muß ein vollkommstes Wesen als letzte Ursache der Vollkommenheit der Dinge geben;
- der teleologische Beweis: Wegen der Zweckmäßigkeit der Naturdinge muß es einen einsichtigen Lenker geben.

17.3 Das Ende des Mittelalters

Die Einheit aus Glauben und Wissen, wie sie im System des Thomas ihre großartigste Ausprägung fand, hatte nur kurzen Bestand. Was schon in der oben erwähnten Verurteilung der 219 Sätze durch Bischof Tempier im Jahre 1277 kirchenpolitisch zum Ausdruck kam, wurde auch in der philosophischen und theologischen Diskussion offenkundig: das Unbehagen an bestimmten Tendenzen des neuen Aristotelismus.

Umstritten war vor allem der *griechische Notwendigkeitsgedanke.* Schon bei Anselm von Canterbury, der vor allem durch seinen ontologischen Gottesbeweis berühmt wurde, findet man unausgesprochen die später oft wiederholte Prämisse, daß alles, was Gott tut, vernünftig sein muß und der gläubige Mensch diese Vernünftigkeit zu durchschauen vermag. Damit steht aber Gott unter dem Diktat der Vernunft: Gott *kann* nur das Vernünftige tun; also ist auch alles Wirkliche als Schöpfung Gottes vernünftig. Dann muß alles so sein, wie es ist. Genau gegen diese Folgerung zielte die Verurteilung Tempiers. Die Abwehr solcher Gedanken war es denn auch, welche zugleich die scholastische Synthese aus Glauben und Wissen sprengte und damit das Ende des Mittelalters einleitete.

Wir beschränken uns auf drei zentrale Argumente:

- *Duns Scotus* betonte die *Freiheit Gottes:* Gott kann auch Nicht-Notwendiges, also Kontingentes vollbringen; daher braucht nicht für alles Wirkliche ein vernünftiger Grund vorzuliegen. So wurde das Grundanliegen der Scholastik, den Glauben so gut wie möglich zu verstehen, aufgegeben. Obwohl Duns Scotus nur den griechischen Notwendigkeitsgedanken zerstören wollte, traf er damit zugleich die Scholastik als solche.

- Noch radikaler argumentierte *Wilhelm von Ockham,* der die Freiheit Gottes als unbeschränkte Fähigkeit zur Machtausübung deutete. Gott kann tun, was er will; auch Ungerechtes und Absurdes. Weder die Menschwerdung Gottes noch andere von Gott bewirkten Ereignisse sind in sich sicher *sinnvoll,* sondern sie sind einfach *wirklich.* Deshalb muß sich der Mensch an das rein Faktische halten, dem Sinn und Zusammenhang fehlt. Erkenntnis ist nichts anderes als die unmittelbare Begegnung mit dem konkret-Einzelnen („Nominalismus").

- Solche Tendenzen vereinigten sich mit der schon durch Thomas eingeleiteten Hinwendung zum natürlichen Weltwissen. Philosophische und theologische Spekulationen verloren angesichts der vielen Entdeckungen an Interesse. Die menschliche Ratio wurde selbstsicherer und wandte sich mehr und mehr von religiösen Inhalten ab. Die Neuzeit kündigte sich an.

Trotzdem wirkte zunächst das Mittelalter weiter: im negativen Sinn, insofern sich einzelne Völker erst Jahrhunderte später aus den mittelalterlichen Schranken lösen konnten und auch heute noch beispielsweise in Fanatismus und Grausamkeit die mittelalterliche Mentalität weiterlebt; in positivem Sinne, weil zahlreiche Ideen der Neuzeit im Mittelalter vorbereitet wurden. So leitete beispielsweise die Entdekkung der griechisch-arabischen Literatur, insbesondere der aristotelischen Schriften, zu Beginn des Hochmittelalters eine Bewegung ein, die sich später zur humanistischen Forschung ausweitete und die Neuzeit prägte.
Die Verdienste des Mittelalters betreffen vor allem die Herausbildung einer religiös-sittlichen Gesellschaftsordnung, die zumindest als Idealbild die Kirchentrennungen und politischen Auseinandersetzungen zwischen Papst und Kaiser überdauerten. Vorbildliches wurde auf karitativem Gebiet und in der Verinnerlichung der christlichen Sittlichkeit geleistet. Das Mittelalter schuf ferner große Rechtssysteme (bür-

gerliches, kirchliches Recht, Handelsrecht), stabile Berufsstände und gut funktionierende Verwaltungseinrichtungen, ein weit verzweigtes Bank- und Finanzsystem, ja sogar einige Elemente moderner Wissenschaftlichkeit (vor allem in der Medizin, ferner den Begriff der experimentellen Wissenschaft, das Dezimalsystem). Erfindungen der Brille, der Pendeluhr, des Kompasses und des Schießpulvers wurden zu selbstverständlichen Voraussetzungen der technischen Weiterentwicklungen.

Die Wende setzte im Grundsätzlichen ein: in der Neubesinnung auf den Eigenwert des Menschen in seiner Diesseitigkeit und damit in der Loslösung aus den Ordnungsmächten des Mittelalters.

18. Texte C

18.1 Christliche Philosophie (J. Pieper)

Hegel hat, indem er vom Untergang der „*heidnischen*" Philosophie spricht, das eigentlich Entscheidende ausgesprochen: im Mittelalter setzt sich die christliche Philosophie der heidnischen entgegen. Eine radikalere Abgrenzung und Unterscheidung ist nicht leicht zu denken. Dieser Einschnitt ist unvergleichlich tiefer als etwa der Einschnitt, der die jonische Naturphilosophie von der des Sokrates und Platon trennt. Der Schritt von Thales zu Sokrates oder von Platon zur Stoa kann deswegen nicht verglichen werden mit dem Schritt von Thales, Sokrates, Platon, der Stoa einerseits zu Origenes, Augustin, Anselm, Thomas anderseits, weil sich im letzteren Fall zwischen den beiden Zeiträumen ein bestimmtes Ereignis zugetragen hat - nicht auf dem Felde der Begriffe und Ideen, sondern auf dem Felde des im striktesten Sinn Geschichtlichen; nicht im Bereich des Denkens über die Realität, sondern im Bereich der Realität selbst. Natürlich gibt es auch in der Zeit zwischen Platon und der Stoa geschichtliche Ereignisse von umstürzender Bedeutung; und natürlich haben die Wirrnis und die Unsicherheit, die der Niederbruch des Alexanderreiches zur Folge hat, das Philosophieren über die menschliche Existenz aufs tiefste beeinflußt. Das geschichtliche Ereignis aber zwischen Antike und Mittelalter, das hier zur Rede steht, ist von solcher Art, daß es durch sich selbst und notwendigerweise das Denken über die Wirklichkeit im Ganzen und über den Sinn des menschlichen Daseins, und das heißt: die Philosophie, von Grund auf betreffen und verändern muß - so daß die mittelalterliche Philosophie nicht begriffen werden kann rein als eine [mangelhafte oder auch entfaltende] Fortsetzung der antiken Philosophie oder als eine bloße „neue Epoche" in der Geschichte des menschlichen Denkens. Es dürfte niemandem verborgen geblieben sein, daß ich hier von dem Ereignis spreche, welches die Fachsprache der Theologen mit dem Wort „Inkarnation" bezeichnet. Wie man sieht, kommen damit unvermeidlich sehr prinzipielle Stellungnahmen ins Spiel. Sie selber brauchen hier nicht des näheren diskutiert zu werden. Freilich muß klar sein, daß es für das Verständnis der mittelalterlichen Philosophie nicht gleichgültig ist, ob einer sagt: „Alle Geschichte geht zu Christus hin und kommt von ihm her" [dies sind die Worte, mit denen Karl Jaspers die Hegelsche Grundauffaßung umschreibt] - oder ob er, wie Jaspers selber, der Meinung ist, der „tiefste Einschnitt" und „die Achse der Weltgeschichte" liege „in dem zwischen 800 und 200 stattfindenden geistigen Prozeß" des fast gleichzeitigen Erscheinens von Lao-tse, Konfuzius, Buddha, Zarathustra, Isaias, Parmenides, Heraklit, Platon. Wie gesagt, diese Frage kann und soll hier nicht erörtert werden. Nur muß man sehen, wie unmöglich es ist, irgendeinen mittelalterlichen Autor zu verstehen, wenn nicht bedacht wird, daß zu den Fundamenten seines Denkens über die Welt und den Menschen die völlig unangezweifelte Überzeugung gehört, es sei in eben jenem Ereignis der Inkarnation eine Wahrheit zugänglich geworden, die an wirklichkeitsaufschließender Kraft mit keiner menschlichen Einsicht vergleichbar ist und die sehr genau den Gegenstand betrifft, mit welchem der Philosophierende es zu tun hat.

18.2 Augustinus: Die Widerlegung des Skeptizismus

a) Die Ratio fragt Augustinus: „Du, der du dich erkennen willst, weißt du, daß du bist? - Ich weiß es. - Woher weißt du es? - Ich weiß es nicht. - Weißt du, daß du bewegt wirst? - Ich weiß es nicht. - Weißt du, daß du denkst? - Ich weiß es. - Also ist es wahr, daß du denkst? - Ja!"

b) „Wer könnte zweifeln, daß er lebt, daß er sich erinnert, daß er einsieht, daß er will, daß er denkt, daß er weiß und daß er urteilt? Denn wenn er zweifelt, lebt er; wenn er zweifelt, woran er zweifelt, entsinnt er sich; wenn er zweifelt, sieht er ein, daß er zweifelt; wenn er zweifelt, will er gewiß sein; wenn er zweifelt, denkt er; wenn er zweifelt, weiß er, daß er nicht weiß; wenn er zweifelt, urteilt er, daß man nicht unbesonnen zustimmen darf."

c) „Si enim fallor, sum." (Wenn ich nämlich getäuscht werde, bin ich). „Denn wer nicht ist, kann sich auch nicht täuschen. Darum bin ich, wenn ich mich täusche. Da ich also bin, wenn ich mich täusche, wie kann ich mich also täuschen darüber, daß ich bin, da es ja sicher ist, daß ich bin, wenn ich mich täusche? Da also ich, der sich täuschte, wäre, wenn ich mich täuschte, so täusche ich mich ohne Zweifel nicht darin, daß ich weiß, daß ich bin. Daraus folgt aber, daß ich mich auch darin, daß ich weiß, daß ich weiß, nicht täusche. Denn wie ich weiß, daß ich bin, so weiß ich auch dieses, daß ich weiß . . ."

18.3 Augustinus: „Vom Gottesstaat"

a) 1. „Nichts können die sündigen Engel und Menschen tun, wodurch ‚die großen Werke des Herrn, auserwählt nach seinem ganzen Willen', verhindert würden. Denn er, der in seiner Vorsehung und Weisheit jedem das Seine erteilt, weiß nicht nur der Guten, sondern auch der Bösen sich zum Guten zu bedienen."

b) Warum also hätte Gott, ob er auch den künftigen Fall des Menschen wußte, der Bosheit des neidischen Engels nicht erlauben sollen, ihn zu versuchen? Denn war er auch nicht ungewiß darüber, daß der Mensch besiegt wurde, so wußte er doch ebenso voraus, daß von dem Samen des Menschen mit Hilfe der göttlichen Gnade derselbe Teufel in den Heiligen um so rühmlicher besiegt werden sollte. Auf diese Weise also war Gott nichts verborgen von dem, was da geschehen würde; noch zwang auch sein Vorherwissen irgend jemand zu sündigen; und er zeigte seiner vernunftbegabten Schöpfung in Engel- und Menschenwelt durch ihre eigene Erfahrung den gewaltigen Unterschied zwischen der Vermessenheit des Geschöpfes und göttlichem Schutz. Denn wer würde je wagen zu behaupten, es sei nicht in Gottes Macht gestanden, den Fall des Engels oder des Menschen zu verhüten? Aber er zog es vor, das ihrer Freiheit anheim zu stellen und solcherart zu zeigen, wieviel Böses die Hoffart und wieviel Gutes seine Gnade zu wirken vermag.

c) Zweierlei Liebe also hat die beiden Staaten gegründet: den irdischen die Selbstliebe, die bis zur Verachtung Gottes geht, den himmlischen die Liebe Gottes, die bis zur Selbstverachtung führt. Jener rühmt sich in sich selbst, dieser im Herrn. Der eine sucht Ruhm bei den Menschen, dem andern ist der höchste Ruhm Gott, der Zeuge des Gewissens. Voll Stolzes erhebt der eine in seinem Ruhm das Haupt, der andere spricht zu seinem Gott: ,,Du bist mein Ruhm und hebst mein Haupt empor." Jenen beherrscht in seinen Fürsten die Herrschsucht, über unterjochte Völker zu herrschen; in diesem dienen beide einander in Liebe, die Fürsten in der Sorge für die Völker, die Völker aber durch Gehorsam. Jener liebt in seinen Mächtigen seine eigene Stärke; dieser spricht zu seinem Gott: ,,Lieben will ich dich, Herr, meine Stärke." Darum auch suchten in jenem die Weisen, die nach dem Menschen leben, das Wohl des Leibes oder der Seele oder auch beider als das höchste Gut; und vermochten es auch einige aus ihnen, ,,Gott zu erkennen, so erwiesen sie ihm dennoch keine göttliche Ehre, noch dankten sie ihm auch; sondern sie vergingen in ihren eitlen Gedanken, und verfinstert ward ihr unverständiges Herz; Weise nannten sie sich" (das heißt: von Hoffart beherrscht, erhoben sie sich in ihrer Weisheit) ,,und wurden Toren, da sie die unverwesliche Glorie Gottes in die Ähnlichkeit des verweslichen Bildes des Menschen und der Vögel und vierfüßigen Tiere und Schlangen umwandelten" (indem sie entweder selbst derlei Götzen anbeteten oder die Völker dazu verleiteten oder ihnen darin nachfolgten), ,,und beteten vielmehr das Geschöpf an und dienten ihm als dem Schöpfer, der gepriesen ist in Ewigkeit". Im Gottesstaate dagegen gibt es keine andere Weisheit des Menschen als die Frömmigkeit, die in der rechten Weise den wahren Gott verehrt und dabei in der Gemeine nicht nur der heiligen Menschen, sondern auch der heiligen Engel als ihren Lohn erhofft, ,,daß Gott alles in allem sei".

18.4 Der Augustinismus (S. Gilson)

Versuchen wir jetzt die Wesenszüge von Augustinus Lehre zu bestimmen, ihren Geist herauszustellen. Zunächst zeigt sie sich ganz verschieden von allem, was wir gewöhnlich Philosophie nennen. Soweit Philosophie als ein rein rationeller und theoretischer Versuch der Lösung der allgemeinsten Probleme des Menschen und der Umwelt gilt, verkündet Augustin auf jeder Seite ihr Ungenügen. Er weiß – er hat es selbst erfahren – daß der Mensch, sich selbst überlassen, niemals jene Gewißheit erreichen kann, ohne die es keine Ruhe und kein Glück gibt. Und er sucht überhaupt mehr nach einer Lebensnorm als nach Lösung von Problemen. Eine solche Norm wird aber nur dann wirksam sein, wenn sie auf dem Gebiete des Willens durch die Herrschaft des Geistes über die Sinne Frieden stiftet und innerhalb des Denkens die Ordnung begründet, ein System von Wahrheiten, das endgültig jedem Rückfall in den Zweifel entzogen ist. Der Augustinismus findet beide Forderungen nur in einer übermenschlichen Ordnung erfüllt. Ohne Christus, den Mittler, der Fleisch geworden ist, um uns vom Fleische zu befreien, ohne die Offenbarung der Schrift, die mit transzendenter Autorität die Gesamtheit der Heilswahrheiten festsetzt, kann der Mensch nur nach den Launen seiner Begierden irren, zwischen gegensätzlichen Systemen hin und her schwanken. Einen Augustinismus gibt es nur unter der folgenden Grundvoraussetzung: Die wahre Philosophie hebt an mit einem Akt der Zustimmung zur übernatürlichen Ordnung, welche durch die Gnade den Willen vom Fleische, durch die Offenbarung das Denken vom Zweifel erlöst.

Freilich beweist die Geschichte der Philosophie, daß die Lehren vorwiegend augustinischen Geistes sich nur schwer in ein System bringen lassen: Pascal und Malebranche wollen sich nicht in ein vollendetes System von der Art des Aquinaten fügen. Auch hat kein Augustinist so sehr wie Augustin selbst unter diesem Mangel gelitten. Der Augustinist kämpft gegen den Mißstand, seine Erklärungen regelmäßig mit dem zu beginnen, was gerade so gut den Schluß seiner Darlegungen bilden könnte; um irgendeinen Punkt seiner Lehre zu umgrenzen, muß er einfach die ganze Lehre darlegen. Darum weiß man denn auch niemals recht, ob der heilige Augustin als Theologe oder als Philosoph redet, ob er das Dasein Gottes beweist oder eine Erkenntnistheorie entwikkelt, ob die ewigen Wahrheiten, von denen er spricht, der Wissenschaft oder der Sittlichkeit angehören, ob er eine Lehre von der Wahrnehmung oder ob er die Folgen der Erbsünde darlegt. Alles hängt und greift so ineinander, daß Augustin kein Glied dieser Kette fassen kann, ohne die ganze Kette mitzuziehen. Und der Historiker, der diese Kette nun wieder Glied für Glied prüft, muß ihr immer wieder Gewalt antun, sie zerbrechen, um irgendwo einen vorläufigen Einschnitt zu machen.

Vielleicht ist aber dieser Mangel an Ordnung, an dem der Augustinismus krankt, nur eine ganz besonders geartete Ordnung. An Stelle der zusammenfassenden, gradlinigen Ordnung, etwa jener Lehren, die der Richtschnur des Verstandes folgen, finden wir hier eine notwendig andersgeartete Darstellung, deren Mittelpunkt die Gnade und die Liebe sind. Wenn es mehr um das Lieben geht als um das Wissen, dann ist des Denkers eigentliche Aufgabe weniger das Erkennenlassen als das Ersehnenlassen. Die Liebe aber weckt man nicht durch Beweise, sondern durch Hinweise, und das tut Sankt Augustin ohne Unterlaß.

18.5 Thomas von Aquin: Von der philosophischen und der theologischen Wissenschaft

Abhandlung. 1. Scheinbar ist außer der Philosophie eine theologische Wissenschaft nicht nötig. Denn was die Vernunft übersteigt, daran soll der Mensch sich nicht versuchen. ,,Forsche nicht über dich hinaus'', sagt die Schrift (Eccli. 3, 22). Was im Bereiche der Vernunft liegt, wird in den philosophischen Disziplinen genugsam dargetan. Also erscheint eine andere Wissenschaft überflüssig.

2. Ferner, Wissenschaft kann es nur geben von dem, was ist: denn gewußt [als notwendig wahr erkannt] wird nur das Wahre, das mit dem Seienden zusammenfällt. Von allem Seienden aber handelt die Philosophie, und auch von Gott: darum heißt ein Zweig der Philosophie Theologie oder Wissenschaft von Gott, wie aus Aristoteles im 6. Buche seiner Metaphysik (Did. 5, 1 n 7) zu ersehen ist. Also war es nicht notwendig, daß außer der Philosophie noch eine andere Wissenschaft entstand und betrieben wird.

Aber dagegen spricht das Wort des hl. Paulus (2. Tim. 3, 16): ,,Jede göttlich eingegebene Schrift dient zur Lehre, zur Überzeugung, zur Zurechtweisung, zur Erziehung in der Gerechtigkeit.'' Nun erstreckt sich aber die göttlich eingegebene Schrift nicht auf die Fächer der Philosophie, die sich die menschliche Vernunft nach ihrem Bedürfnis geschaffen hat. Also ist es zweckdienlich, daß außer der Philosophie noch eine andere, göttlich eingegebene Wissenschaft bestehe.

Ich antworte: Es war notwendig zum menschlichen Heile, daß außer den philosophischen Fächern, in welchen die Vernunft des Menschen forscht, noch eine Wissenschaft besteht, die auf der göttlichen Offenbarung gründet. Denn fürs erste: der Mensch hat von Gott seine Ordnung auf einen Endzweck hin, der die Fassenskraft der Vernunft übersteigt, wie es bei Jesajas heißt: ,,Das Auge, o Gott, hat es ohne dich nicht gesehen, was du denen bereitet hast, die dich lieben'' (64, 4). Nun aber müssen die Menschen diesen Endzweck doch vorher erkannt haben, wenn sie ihr Denken und Tun auf ihn richten sollen. Deshalb war es dem Menschen zum Heile notwendig, daß ihm gewisse Dinge, welche die menschliche Vernunft übersteigen, durch göttliche Offenbarung bekannt wurden.

Ferner war es zu allem hin, was menschliche Vernunft bezüglich Gottes erkunden kann, doch notwendig, daß der Mensch auch durch göttliche Offenbarung unterrichtet wurde: denn die von der Vernunft erspürte Wahrheit über Gott, die doch nur die Sache weniger ist, ergäbe sich für den Menschen nur in langer Zeit und überdies vermengt mit manchem Irrtum; und es hängt doch an der Erkenntnis dieser Wahrheit des Menschen ganzes Heil, das ja eben Gott ist. Damit also das Heil den Menschen allgemeiner und unbezweifelbarer sich erbiete, war es notwendig, daß sie über die göttlichen Dinge durch göttliche Offenbarung unterwiesen wurden.
Mithin war es auch notwendig, daß außer den philosophischen Fächern, die aus der Vernunft hervorgehen, eine heilige Wissenschaft auf Grund der Offenbarung bestehe.
Also zu 1. Zwar soll der Mensch die Dinge, die der Erkenntniskraft seiner Vernunft entrückt sind, nicht mit seiner Vernunft ergründen wollen; aber was von Gott geoffenbart ist, soll durch den Glauben aufgenommen werden. Darum ist an derselben Stelle der Schrift hinzugefügt: ,,Vieles, was dem Sinn des Menschen entrückt ist, ist dir gezeigt worden" (Eccli. 3, 25). Und Dinge dieser Art sind es, in denen die heilige Wissenschaft besteht.
Zu 2. Die Verschiedenheit der Beziehungen des Verstandes zur Welt der Erkenntnisgegenstände [und nicht so sehr die Verschiedenheit dieser Gegenstände] ist es, was die Verschiedenheit der Wissenschaften begründet. Denn einen und denselben Satz beweisen der Astronom und der Physiker: etwa daß die Erde rund ist; aber der Astronom mit Hilfe der Mathematik, d. h. absehend von den Bestimmungen des Stoffes, der Physiker hingegen durch Erwägungen, die sich auf das Stoffliche beziehen. Also hindert nichts daran, daß von denselben Dingen, von denen, soweit sie durch das Licht der natürlichen Vernunft erkennbar sind, die philosophischen Fächer handeln, auch eine andere Wissenschaft noch handle, sofern nämlich jene Dinge im Lichte der göttlichen Offenbarung gesehen werden. Darum unterscheidet sich die Gotteslehre, die in den Bereich der Theologie fällt, der Gattung nach von jener Gotteslehre, die als ein Teil der Philosophie besteht.

18.6 Thomas von Aquin: Die Heilsordnung (H. Meyer)

So sieht also die thomistische Weltanschauung aus. Ein Weltbild größten Stils steht vor uns, das von der Erde bis zum Himmel reicht, ein reichgegliederter Wissensorganismus, der die Seinsstrukturen des Universums und aller seiner Teile in einem einheitlichen Durchblick zu erfassen sucht. Es wurde aufgebaut in einer jener seltenen Menschheitsepochen, in denen Philosophie allgemeine Hochschätzung fand. Mit Aristoteles teilte Thomas die Überzeugung von der Hinordnung des menschlichen Geistes und den Erkenntnisgehalt der Dinge, von der Sehnsucht des Menschen nach Wahrheit und von der Möglichkeit der Verwirklichung dieses Wahrheitsstrebens. Mit Aristoteles erblickte er die höchste Vollkommenheit der Seele darin, „daß ihr die gesamte Ordnung des Weltalls und seiner Ursachen eingezeichnet werde". Dem objektiven Ordo des real Seienden entspricht der Ordo des erkannten Seins im subjektiven Geiste. Nicht bloß eine realistische Wissenschafts- und Erkenntnislehre ist dadurch grundgelegt, für die alles Wissen und Erkennen von der Existenz und Beschaffenheit der Dinge abhängig gemacht wird, zugleich ist dem Erkenntnisstreben die umfassendste Aufgabe gesteckt, die überhaupt einem endlichen Geiste gesteckt werden kann. Durch diesen Aufweis der Totalordnung des bestehenden Kosmos und ihrer Erkenntnis in einem universalistischen Denken ist das Mittelalter, speziell Thomas, innerhalb der abendländischen Geistesentwicklung dem Ideal einer Totalwissenschaft am nächsten gekommen, hat im Unterschied zur Neuzeit von einem einheitlichen Philosophiebegriffe aus keine vom Ganzen losgelöste Arbeitsteilung, keine mit der philosophischen Grundidee unvereinbaren Einzelbauten, keine Entfremdung, nicht eimal in den Grenzbezirken, gekannt und so die Gefahr einer diversitas litterarum vom Ursprung her unterbunden. Nur ein Zeitalter mit einem ausgeprägten Gefühl für das Unendliche konnte solche gotische Dome errichten, nur Menschen, die die volle und ganze Wahrheit nicht für einen Traum, sondern in fortwährend sich entwickelnder Wissenschaft für erreichbare Wirklichkeit hielten, konnten zu solch geistigem Tempelbau ansetzen und Summen in Angriff nehmen, die in ihrer Universalität und Einheitlichkeit die ganze Weltanschauung, die religiöse einbegriffen, umspannten. Geht doch das thomistische Endstreben auf die Harmonie von Wissen und Glauben, von Natur und Übernatur. Von der christlichen Offenbarung her erhält das Leben des Menschen, überhaupt der ganze Kosmos seinen letzten Sinn und seine eigentliche Bewertung. Für Thomas ist die Weisheit dieser Welt, d. h. die wahre Erkenntnis ihres Aufbaues und ihrer Herkunft weder überflüssig noch töricht. Die natürlichen Erkenntnisse stehen nicht im Gegensatz zum Glauben, stützen ihn vielmehr als praeambula fidei, nur werden sie durch die Heilswahrheiten überhöht. Der Heilsordo vollendet unser Daseins- und Geschichtsverständnis.

19. Referat- und Diskussionsthemen C

19.1 Der Wandel des Philosophiebegriffs durch den Einfluß des Christentums. (P. Boehner / E. Gilson: Christliche Philosophie von ihren Anfängen bis Nikolaus von Kues, Paderborn 1954/3, S. 1 ff.)

19.2 Die extremen Positionen in der Diskussion um Glauben und Wissen, die in den Formulierungen ,,credo quia absurdum" und ,,intellige ut credas" zum Ausdruck kommen. (S. Gilson: Der heilige Augustinus. Eine Einführung in seine Lehre. Hellerau 1930, Teil 1, 1. Kapitel)

19.3 Das augustinische ,,credo ut intelligam" und die sokratische Vorstellung von der Reichweite der Vernunft. (Vgl. 19.2 und G. Martin: Das Allgemeine. Seine Entdeckung im sokratischen Gespräch. In: J. Speck: Grundprobleme der großen Philosophen, Philosophie des Altertums und Mittelalters, Göttingen 1978/2, S. 5 ff.)

19.4 Stationen der inneren Entwicklung des Augustinus. (A. Schöpf: Augustinus, Freiburg / München, 1970, Teil II)

19.5 Analysen zum subjektiven und objektiven Zeitbegriff bei Augustinus (Bekenntnisse XI) und Aristoteles (Physik 218/219). Ausblick auf moderne Zeittheorien / (Leibniz, Kant, Husserl, Minkowski). (W. Gent: Das Problem der Zeit. Eine historische und systematische Untersuchung. Frankfurt 1934. Ferner: Das Zeitproblem im 20. Jh., Sammlung Dalp Bd. 96, Bern 1964)

19.6 Die antike Lehre von der ewigen Wiederkehr des Gleichen und die augustinische Geschichtsauffassung. (R. G. Collingwood: Philosophie der Geschichte, Stuttgart 1955, Teil 1, 3.–5. Ferner: Schöpf, siehe 19.4, III. 6)

19.7 Das augustinische Zweistaaten-Konzept und die moderne Theologie der Befreiung. (Augustinus: Gottesstaat; N. Greinacher: Die Kirche der Armen: Zur Theologie der Befreiung, München 1980)

19.8 Positive und negative Beurteilungen des Mittelalters und der Scholastik. (J. Pieper: Scholastik, München 1960, I)

19.9 Das Schicksal der platonischen und aristotelischen Schriften bis zur Hochscholastik. (Siehe 19.8, II und VII)

19.10 Die Ordnung des Seienden nach Thomas von Aquin. (Theologische Summe, 9.47–102. Auswahl in: Thomas von Aquin, von J. Pieper, Frankfurt 1956, 1. Teil)

19.11 Atheistische Kritik

a) der augustinischen Cogito-Erfahrung

b) der thomistischen Gottesbeweise. (S. Freud: Der illusionäre Charakter religiösen Glaubens; in: N. Hoerster: Glaube und Vernunft, Texte zur Religionsphilosophie, München 1979; S. 145; ferner Hoerster 1. und 2. Kapitel)

20. Zeittafel C

Christi Geburt	Das römische Imperium
um 50	Das Apostelkonzil
160–220	Tertullian, lateinischer Kirchenvater
185–254	Origines von Alexandria, griechischer Kirchenvater
205–270	Plotin; Neuplatonismus
324	Konstantin wird Alleinherrscher; das Christentum wird Staatsreligion
354–430	*Augustinus*
375	Auslösung der Völkerwanderung durch den Hunneneinbruch
410	Alarich plündert Rom
476	Ende des weströmischen Reiches; Absetzung des Romulus durch Odoaker
529	Schließung der platonischen Akademie durch Justinian. Blüte des oströmischen Reiches
529	Benedikt von Nursia gründet auf dem Monte Cassino das erste Benediktinerkloster
800	Kaiserkrönung Karls des Großen in Rom; Karolingische Renaissance
Ab 900	Aufstieg des deutschen Reiches zur Vormacht des Abendlandes Aufstieg des Papsttums
1033–1109	Anselm von Canterbury
Ab 1096	Kreuzzüge
1126–1198	Averroes von Cordoba übersetzt Aristoteles
1193–1280	Albertus Magnus, das Universalgenie des Mittelalters
1225–1274	*Thomas von Aquin,* der Höhepunkt der Scholastik
1270–1308	*Johannes Duns Scotus*, Kritiker des Thomismus
1300–1349	*Wilhelm von Ockham*, Nominalismus
1453	Eroberung Konstantinopels; Ende des oströmischen Reiches

D. Die Philosophie im Umbruch der Neuzeit: Philosophische Neuansätze als Grundlage der modernen Welt

Der Verlust der Glaubwürdigkeit der spätscholastischen Lehren und Institutionen im ausgehenden Mittelalter, die gleichzeitig einsetzende Rückbesinnung auf die Antike, die Herausbildung der Nationalstaaten, ferner der durch wirtschaftliche und politische Entwicklungen ermöglichte Aufschwung Italiens, die Entdeckung fremder Kontinente und schließlich die Entstehung der neuzeitlichen Naturwissenschaften leiteten im gesamten Abendland einen geistigen Wandel ein.
Der Übergang vom Mittelalter zur Neuzeit vollzog sich besonders eindrucksvoll in der Entwicklung Italiens im 15. und 16. Jahrhundert. Dieses Zeitalter des *Humanismus* und der *Renaissance* stellt das Verbindungsglied zum Jahrhundert des *philosophischen* Aufschwungs, zum 17. Jahrhundert, dar. In *Descartes* (1596–1650) tritt uns der erste Philosoph entgegen, der diese neuen Tendenzen in universeller Weise zu einem philosophischen System integrierte und so als „Vater der neuzeitlichen Philosophie" den Gang der Geschichte entscheidend bestimmte. Die Überwindung des cartesischen Zweifels wird zum Grundproblem der neuzeitlichen Philosophie schlechthin. Die nachfolgenden großen Systeme, z. B. bei Spinoza und Leibniz, sowie die Konzeptionen der Aufklärung müssen aus der Auseinandersetzung mit Descartes verstanden werden und stellen eindrucksvolle Alternativen zur strengen cartesischen Methodik dar. Erst bei *Kant* erfolgte eine prinzipielle Selbstbesinnung und Selbstbegrenzung der neuzeitlichen reinen Vernunft, deren grenzenloser Optimismus bereits durch die Skepsis empirisch geschulter Naturwissenschaftler in ihre Schranken gewiesen worden war (Hume). *Hegel* und die deutschen Idealisten setzten sich später in Berufung auf die eigentliche Aufgabe philosophischer Weltbewältigung über diese Grenzziehungen hinweg und führten die Philosophie zu ihrer absoluten spekulativen Höhe (deutscher Idealismus).

21. Die Wende zum autonomen Subjekt

21.1 Renaissance und Humanismus

Schon im 14. Jahrhundert wandten sich italienische Dichter und Humanisten wie Petrarca und Boccaccio der Antike zu und entdeckten die Schriften des Altertums für die italienische Literatur. Diese Bewegung verstärkte sich nach der Vertreibung von griechischen Gelehrten und Künstlern aus dem von Türken eroberten Konstantinopel. Besonders mit dem Aufstieg des Hauses Medici in Florenz entfalteten sich diese Ansätze eines neuen Kunstinteresses zu einer allgemeinen kulturellen Bewegung, die später Renaissance (Wiedergeburt) genannt wurde. Die Vertreter der Renaissance feierten ihre Idee als Wiedergeburt des klassischen Gutes der Antike, als eine Wiederentdeckung der einzigen wahren Kultur, die durch die Barbaren des Nordens jahrhundertelang entstellt und unterdrückt worden war. Während einst Albertus Magnus und Thomas von Aquin die griechischen Texte als Mittel zur Vertiefung und Festigung des mittelalterlichen Gedankengebäudes verwendeten, dienten den Übersetzern der „Platonischen Akademie" von Florenz die griechischen Schriften dazu, ein neues Menschenbild zu verkünden. Sie fühlten sich als Vertreter einer neuen Zeit, in der nicht nur die barbarische Kunst der Gotik überwunden werden sollte, sondern zugleich auch der mittelalterliche Geist: „Die Sonne des italienischen Geistes würde den nordischen Nebel durchdringen. Männer und Frauen würden dem Gefängnis der mittelalterlichen Ängste entfliehen, die Schönheit in allen Formen anbeten und die Luft mit Auferstehungsjubel erfüllen. Italien würde wieder jung sein." [38]

Der Renaissance-Geist erfaßte allmählich alle Bereiche. In Italien erlangte die Kunst durch Leonardo da Vinci, Raffael und Michelangelo einen absoluten Höhepunkt; im Norden wirkten humanistische Wissenschaftler wie Erasmus von Rotterdam und Philipp Melanchthon. Der Mensch sah sich nicht mehr den mittelalterlichen Autoritäten verpflichtet, sondern allein seiner eigenen schöpferischen Persönlichkeit, die in absoluter Autonomie ihre Bindungen selbst setzt. Naturverbundenheit, Diesseitigkeit, Gegenwart, Schönheit, lebenstrotzende Tüchtigkeit und vor allem Selbstverwirklichung waren die Leitideen des Renaissance-Menschen. Von besonderer Bedeutung war seine harmonische Einordnung in das Naturganze. Der Mensch spiegelte als „Mikrokosmos" die große Welt, den „Makrokosmos", wider und eignete sich deshalb gut als Studienobjekt für die Lösung der Rätsel der Natur (Paracelsus). In diesem Studium der Welt entdeckten die Forscher die Unendlichkeit des Universums. Nikolaus von Kues versuchte, die Gedanken der Unendlichkeit von Gott und Welt theologisch zu vermitteln; zweihundert Jahre später, im Jahre 1600, mußte der italienische Dichterphilosoph Giordano Bruno auf dem Scheiterhaufen sein Leben lassen, weil er nach der kopernikanischen Revolution des Weltbildes die Unendlichkeit des Universums verkündet hatte.

Der in der Renaissance entfachte Kampf gegen kirchliche Autoritäten und die damit verbundene Emanzipation des Menschen zur persönlichen Freiheit erhielten von der *Reformation* Unterstützung. Die Reformatoren Zwingli, Calvin und Luther strebten die Befreiung aus der kirchlichen Bevormundung jedoch aus ganz anderen Motiven an, die nicht gegen Gott, sondern nur gegen eine falsche Vermittlungsfunktion gerichtet waren. Der Mensch sei vor Gott in der Freiheit Christi selbstverantwortlich und bedürfe keiner päpstlichen und klerikalen Hilfe. Der Calvinismus betonte zudem die Prädestination, das heißt die Lehre von der Gnadenwahl. Dies führte dazu, daß sich die Menschen auf wirtschaftlichem und politischem Gebiet erfolgreich und damit als auserwählt erweisen wollten. Der starke Einfluß des Puritanismus Calvins begünstigte so die Entstehung des Frühkapitalismus.[39]

Renaissance und Reformation sind typische Erscheinungen des neuen Bürgertums, das sich aus den strengen wirtschaftlichen Bindungen und festen ständischen Ordnungen des Mittelalters losgelöst hatte. Die dynamische Wirtschaftsstruktur bedurfte nun der Eigeninitiative, persönlichen Engagements, Erfindungsgabe und allgemeiner geistiger Beweglichkeit –, alles Eigenschaften, die früher auch das Leben der antiken Polis geprägt hatten. In dieser bewegten Zeit erlebten auch die Naturwissenschaften einen atemberaubenden Aufschwung. Kopernikus, Galilei und Kepler legten die Fundamente für die neuzeitliche Wissenschaftsauffassung, und zahllose Entdeckungen bereiteten den Weg in eine technische Zukunft. Ehe die Stärkung des fürstlichen Absolutismus wieder neue Schranken aufbaute, entstanden in dieser Zeit der Loslösung aus der Allmacht der mittelalterlichen Civitas Dei die Grundlagen der Neuzeit, die schließlich von den Philosophen auf den abstrakten Begriff gebracht wurden.

21.2 Descartes' Grundlegung des Rationalismus als philosophischer Ausdruck des neuzeitlichen Lebensgefühls – Vom Zweifel zur Gewißheit

Descartes repräsentiert den Denker in Krisenzeiten. Von der Ergebnislosigkeit der bisherigen Philosophie abgestoßen und an der Orientierungslosigkeit seiner Zeit leidend, versuchte er einen radikalen Neuanfang. Im einzelnen bedeutete das für Descartes, ganz von vorne anzufangen, alles Bisherige als Vorurteil, als Vorläufiges infragezustellen, genau hinzusehen und alle Grundlagen zu bedenken, schließlich zu hoffen, daß man einen „archimedischen Punkt" findet, von dem aus alles Wissen neu begründet werden kann.
Um dieses Programm zu verwirklichen, ging Descartes in seinen „Meditationen über die Grundlagen der Philosophie" systematisch vor und richtete seinen Zweifel auf die verschiedenen Erkenntnisprinzipien. Dabei reichte es, irgendeinen Anlaß zum Zweifel zu finden, um das Betrachtete als Ausgangspunkt zu verwerfen. Der Zweifel stellte so keinen Selbstzweck dar, keine Haltung, in welcher der Mensch selbstgenügsam als lebenslanger Skeptiker aufgeht, sondern er war ein Weg, ihn zu überwinden; er war ein „methodischer Zweifel".

Dieser Zweifel richtete sich der Reihe nach

- gegen die Sinneswahrnehmungen, denn es gibt Sinnestäuschungen;
- gegen die naive Behauptung der alltäglichen Existenz, denn es gibt Träume;
- gegen die als denknotwendig angenommenen Kategorien und Erkenntnisse der Mathematik und Logik; denn es kann einen allmächtigen Lügengeist (deus malignus) geben, der uns diese Denknotwendigkeit nur vorgaukelt.

Aber selbst wenn alle diese Zweifel möglich wären, wenn der Mensch von jenem Lügengeist ständig getäuscht werden würde, so stände doch eines fest: „Wenn er mich täuscht, so ist es also unzweifelhaft, daß *ich* bin"; ich bin, ich existiere, so oft ich diesen Gedanken ausspreche; „ich denke, also bin ich" (cogito ergo sum).
Im „cogito, sum" hatte Descartes den archimedischen Punkt gefunden. Am Anfang der Philosophie stand das Bewußtsein, die absolute Gewißheit des autonomen Ichs. Von hier aus baute er alles weitere Wissen architektonisch auf. Das geschah in drei Schritten. Den An-

fang stellte die Einsicht dar, daß das cogito keinesfalls eine leere Existenzform sei, sondern eine reichhaltige Mannigfaltigkeit von individuellen Bewußtseinsinhalten (cogitationes) meine: alles, was von mir bewußt erlebt wird, gehört dazu: Sehen, Hören, Meinen, Phantasieren, Träumen, Behaupten, Fühlen, Wollen usw. Mit Hilfe eines ausgeklügelten Gottesbeweises versuchte Descartes in einem zweiten Schritt zu zeigen, daß ein deus malignus nicht existieren könne. Gott als vollkommenstes Wesen (ens perfectissimum) könne nicht so niederträchtig sein und uns stets täuschen. Damit entfalle die letzte Zweifelstufe: es gibt gar keinen deus malignus, und meine Bewußtseinsinhalte sind nicht nur subjektive Modifikationen eines Ichs, sondern sie enthalten durchaus objektive Möglichkeiten. Insbesondere bedeutete das, daß die in klarer und sicherer Einsicht (clare et distincte) als denknotwendig erfahrenen Wahrheiten wirklich denknotwendig sind und die Basis unseres gesamten Wissens ausmachen. Das war die Geburt des cartesischen *Rationalismus:* Was uns die von Gott geschenkte Vernunft klar und deutlich zeigt, ist unangefochtene Wahrheit. Nicht die äußeren und inneren Sinneswahrnehmungen sind zuverlässig, wohl aber die uns angeborenen und in den cogitationes liegenden Vernunftstrukturen („eingeborene Ideen"). Auf dieser Grundlage bestand für Descartes keine Schwierigkeit, schließlich im dritten Schritt die äußere Körperwelt als ausgedehnte Dingwelt (res extensa) den denkenden Wesen (res cogitans) als die zweite wesentliche Substanz alles Seienden gegenüberzustellen. Die Ausdehnung und deren Struktur als zählbares und meßbares Quantum seien klar und sicher erkennbar. Deshalb sei alles, was in mathematisch-analytischer Methode entwickelt werden kann, unantastbare Wahrheit.

21.3 Die neue Methode

Descartes berichtet in einer autobiographischen Notiz, die sich auf einen Traum in der Martinsnacht vom 10. auf 11. November 1619 in Neuburg an der Donau bezieht, von der entscheidenden Entdeckung seines Lebens. Vermutlich erkannte er die grundsätzliche Bedeutung des analytischen Vorgehens für das gesamte menschliche Denken. Später entwickelte er daraus einerseits die „analytische Geometrie" als spezifische mathematische Methode und andererseits eine philosophische Universalmethode für Philosophie und Wissenschaft.[40]
Die analytische Methode wurde von Descartes durch die Angabe einer Reihe von Regeln präzisiert. Er reduzierte diese später auf vier uns

heute zum Teil als selbstverständlich erscheinende Regeln, nämlich auf den methodischen Zweifel, auf die Forderung nach Zerlegung und Ordnung entsprechend der Schwierigkeit, sowie auf die Forderung nach Vollständigkeit.[41] Die enorme Auswirkung dieser neuen Denkweise ist nur verständlich, wenn man sie im Zusammenhang mit dem cartesischen Rationalismus und seiner Aufwertung der Mathematik sieht. Mathematik war für Descartes nicht nur eine formale Wissenschaft, sondern sie war wegen ihrer Fundierung in der res extensa zugleich Naturwissenschaft. Nicht irgendwelche metaphysisch erklärbaren Geisteskräfte und Energien bewegen die Welt, sondern die aus der Extension erklärbaren mathematischen Gesetze. Das Buch der Natur sei in der Sprache der Mathematik geschrieben, wie es Galilei formulierte. Descartes entwarf allerdings ein rein mechanistisches Weltmodell. In einer Korpuskulartheorie führte er die Qualitäten, welche zusammen mit Wesensbeschreibungen die mittelalterliche Wissenschaft bestimmt hatten, auf Quantitäten zurück. Er begründete so die Mathematisierung der modernen Wissenschaften und stellte in seinem Dualismus von Natur und Geist die Weichen für die moderne technisierte Industriegesellschaft mit ihrem gebrochenen Verhältnis zur Welt des Geistes.

Für die Philosophie im engeren Sinne wurde die cartesische Betonung des Methodischen folgenreich. Descartes hatte geglaubt, mit seiner Methode alle philosophischen Fragen lösen zu können. Zwar betonte er anfangs, daß er nur einen theoretischen Zweifel ausübe, daß also die Bereiche der praktischen Philosophie, insbesondere Ethik und Religion, zunächst aus der Untersuchung auszuschließen seien. Er sprach aber deutlich von einer „provisorischen Moral", die einer Grundlegung in seinem Sinne noch bedürfe.[42] Die gesamte Philosophie wurde dem Ideal der wissenschaftlichen Strenge unterworfen. Wahrheit war mit absoluter Sicherheit verbunden. Die Vieldimensionalität der Wirklichkeit, die Vielgestaltigkeit und Reichhaltigkeit des Gedachten und Erfahrenen wurde durch den Filter der strengen rationalen Deduktion aus absoluter Evidenz gezwängt. An die Stelle des augustinischen Vertrauens auf Gott trat vor allem bei den Nachfolgern Descartes' die absolute Selbstgewißheit des Menschen. Indem Descartes die autonome Vernunft zum Grundprinzip erklärte, brachte er das Selbstverständnis des modernen Menschen auf den Begriff.

Die Wirkungsmächtigkeit der cartesischen Philosophie liegt vor allem in deren Vieldeutigkeit. Fast jedes Jahrhundert hat Descartes anders interpretiert. Die wichtigsten Beispiele einer allgemeinen Bewertung seien hier aufgezählt:

- Descartes als philosophischer Begründer der modernen Naturwissenschaften (C. F. von Weizsäcker)
- Descartes als Vorläufer der idealistischen Bewußtseinsphilosophie (A. Schwegler)
- Descartes als Neubegründer der Metaphysik (E. Gilson)
- Descartes als Vorläufer der Transzendentalphilosophie (E. Cassirer)
- Descartes als Vorläufer der phänomenologischen Letztbegründung (E. Husserl)
- Descartes als Quelle der neuzeitlichen Dualismen (G. Ryle)
- Descartes als Vorläufer eines allgemeinen Humanismus (J. P. Sartre)
- Descartes als Wegbereiter der analytischen Philosophie (J. Simon)
- Descartes als Hauptverantwortlicher für Mathematisierung, Mechanisierung und Technisierung und damit für die heutigen geistigen und ökologischen Krisen (L. Mumford). [43]

22. Auf dem Wege zur Kritik der Vernunft

22.1 Systeme der aufgeklärten Vernunft

Die Entdeckung der autonomen menschlichen Vernunft durch Descartes machte den Weg für umfassende philosophische Systeme frei, in denen die ratio alle ihre Möglichkeiten ausschöpfte: was immer ohne innere Widersprüche gedacht werden konnte, wurde auch wirklich gedacht und zur philosophischen Wahrheit erklärt (Rationalismus). Die beiden herausragenden Systematiker waren *Baruch de Spinoza* und *Gottfried Wilhelm Leibniz*. Spinoza wagte es, das neue Denken auch auf die Moral und Religion anzuwenden, und geriet dabei notwendigerweise mit den maßgeblichen Institutionen seiner Zeit in Konflikt, so daß er ein Leben von nahezu sokratischer Tragik führen mußte. Leibniz dagegen, der Universalgeist der Epoche und der Höfling unter den Philosophen, strebte in seinem metaphysischen System eine Aussöhnung der aufgebrochenen Gegensätze an.

a) *Spinoza (1632–1677): Die Substanz als „Gott oder Natur" (Deus sive Natura)*

Von Descartes übernahm Spinoza nicht nur die strenge mathematische und naturwissenschaftlich-kausale Denkmethode, sondern auch dessen Rationalismus: Fundament aller Erkenntnis sind gewisse „eingeborene Ideen", insbesondere die Substanz, gewisse logische Prinzipien (wie der Satz vom Widerspruch, vom ausgeschlossenen Dritten und vom Grunde), sowie Beseeltheit (cogitatio) und Ausdehnung (extensio). Auffällig ist in der Aufzählung die Abtrennung der Substanz von der cogitatio und extensio. Auch spielt die cogitatio nicht mehr die ausschlaggebende Rolle in der Fundierung aller Erkenntnisse wie bei Descartes. Hier liegt die entscheidende Weiterentwicklung des cartesischen Dualismus. Der Zentralbegriff bei Spinoza ist die Substanz, das, „was (1.) in sich ist und (2.) durch sich begriffen wird" (quod (1.) in se est et (2.) per se concipitur), dessen Begriff keines anderen Dinges bedarf, von welchem (Begriff) er gebildet werden müßte.[44] Spinoza spricht nicht von *zwei* Substanzen, sondern cogitatio und extensio sind nur Attribute der Substanz, Arten der Darstellung der einen Substanz für unser Wahrnehmen. Eigentlich ist alles eines. Das Zugrundeliegende ist Ursache seiner selbst (causa sui) und zugleich Ursache aller Dinge; es ist Gott und Natur in einem. Die Erscheinungen Gottes in den seelischen und körperlichen Attributen nennt Spinoza modi. Zu den endlichen modi, die zeitlich und räumlich beschränkt sind, gehören die Menschen.
Von den vielen neuen Ideen, die Spinoza in strenger rationalistischer Methode entwickelte – in der Ethik sogar „auf geometrische Weise" (more geometrico) – und die den Protest seiner Zeitgenossen hervorriefen, seien drei erwähnt:

– *Die Identitätsphilosophie:* Die seelischen und körperlichen Vorgänge beim Menschen sind substanziell dieselben, nur unter verschiedenen Attributen; das heißt, das Seelische ist nichts anderes als das Körperliche, das im Bewußtsein zu verschiedenen Zeitpunkten vorgestellt wird. Deshalb erscheint die sich im Trägheitsgesetz der anorganischen Natur offenbarende Erhaltungstendenz im Organischen und Geistigen als Begehren und menschlicher Wille. So ist die Selbsterhaltung das eigentliche Ziel; sie zeigt sich als Vervollkommnung im organischen Wachstum und als Wille zum Denken im menschlichen Geist. So fallen nicht nur Wille und Intellekt zusammen; auch der Wille und die Naturgesetze sind konform; es gibt keinen freien Willen!

- *Die Inversion der Teleologie:*[45] Da auch der Mensch völlig unter den Naturgesetzen steht, ist das höchste Ziel der Ethik nicht die Orientierung an einem höchsten Telos im Sinne einer transzendenten Idee des Guten oder eines transzendenten Gottes, sondern es geht einzig und allein um die Selbsterhaltung (conservatio sui). Gut ist, was wir im Hinblick auf Selbsterhaltung begehren. Die teleologische Ordnung der Zwecke ermöglichte es früheren Denkern wie Aristoteles, zwischen dem zu unterscheiden, was um des *bloßen* Lebens willen, und dem, was um des *guten* Willens willen geschieht. Bei Spinoza erfolgte eine Umkehrung (Inversion) der Zielrichtung. Wahrheit, Tugend, Freiheit und Glückseligkeit dienten allein der Selbsterhaltung und verloren den Bezug zum transzendenten Gut.
- *Der Pantheismus:* Spinoza nennt die all-eine Substanz stets Gott. Es ist dies das Allumfassende, in welchem die Indivdualitäten eintauchen. Im Gegensatz zu christlichen Gottesvorstellungen ist Spinozas Gott weder Schöpfer - denn es gibt keine Welt neben Gott -, noch das Gegenüber einer individuellen Person; die menschliche Seele ist nur eine Welle im Ozean Gott.

Spinozas aufgeklärte Denkweise und liberale Religiosität haben erst in späteren Generationen bedeutende Anhänger gefunden. Zunächst war er den schlimmsten Diffamierungen ausgesetzt. Thomasius nannte ihn ein „scheußliches Ungeheuer", Leibniz sprach von „entsetzlichen Büchern" und Hamann spricht vom „Straßenräuber und Mörder der gesunden Vernunft". Später wird er von Lessing, Herder, Goethe und anderen geradezu verehrt.[46] Das Nebeneinander von mathematischer Strenge und genialer universaler Spekulation, von aufgeklärtem Verstand und religiösem, naturverbundenem Tiefsinn üben auch heute noch ihre Faszination aus.

b) Leibniz (1646–1716): Das auf Ausgleich bedachte Universalgenie

Leibniz ist wegen seines Universalismus nur mit Aristoteles vergleichbar. Er war nicht nur Philosoph, sondern entdeckte zudem die Differentialrechnung, konstruierte eine Rechenmaschine, entwickelte die Idee einer mathesis universalis und begründete die moderne Logistik und Semantik. Er wirkte als Naturforscher, als Historiker, Philologe und Theologe, gab der Neuordnung des Rechts entscheidende Impulse und übernahm heikle politische und kirchliche Missionen. Beruflich wirkte er vor allem als Hofbibliothekar in Hannover und Wolfenbüt-

tel. Er gründete die erste wissenschaftliche Akademie in Deutschland und versuchte, auf alle geistigen Bereiche Einfluß zu nehmen und zugleich ausgleichend zu wirken.
Seine Synthese aus mechanistischer und organischer Betrachtungsweise, aus wissenschaftlichem und religiösem Denken, aus geschichtsloser Naturbetrachtung und historischem Bewußtsein, aus Universalität und Individualität gaben zahlreiche geistige Impulse, blieben aber in der Ausführung meistens unvollendet. Selbst in der Philosophie hatte er neben kleineren Abhandlungen zu Lebzeiten nur ein einziges Werk, die „Theodizee", veröffentlicht. Seine bedeutendsten Lehrinhalte betreffen

- *Die Monadenlehre:* Es handelt sich um ein metaphysisches System, das die Wirklichkeit der Dinge nicht wie Descartes auf die bloße Ausdehnung zurückführt, sondern Wirkungen und dynamische Relationen zum Wesenskern erklärt. Hinter der sichtbaren Wirklichkeit, der extensio, wirken unsichtbare individuelle Krafteinheiten, die sogenannten Monaden. Sie sind in Analogie zum Lebewesen als sich selbst organisierende Einheiten zu denken, deren Wesen sich erst im Geist voll offenbart, nämlich als Vorstellung und Streben. Die einzelnen Vorstellungsgrade erklären die Stufenordnung der Natur: *verworrene* Vorstellungen in der anorganischen Welt, ausschließlich *deutliche* Vorstellungen in Gott, und dazwischen die Lebewesen und die Menschen mit ihren teils verworrenen, teils deutlichen Vorstellungen. Die menschliche Erkenntnis besteht in der Leitung der im Menschen regierenden Monaden zu deutlicheren Vorstellungen hin.

- *Die prästabilierte Harmonie* bringt einerseits das allgemeine Ausgleichstreben von Leibniz auf einen einfachen Begriff, bedeutet aber im eigentlichen Sinn die Grundordnung, in der sich die verschiedenartigen individuellen und fensterlosen, das gesamte Universum als Mikrokosmos spiegelnden Monaden jeweils befinden. Nur weil Gott jeder Monade ein gleichgestimmtes inneres Gesetz mitgegeben hat, repräsentieren alle individuellen Vorstellungen die gleiche Wirklichkeit. Die verschiedenen Uhren gehen im Gleichtakt; die einzelnen Monaden spiegeln die gleiche Welt, es herrscht prästabilierte Harmonie. Nicht nur die Monaden seien aufeinander abgestimmt. Auch die Welt als solche weist eine ausgezeichnete Qualität auf: sie ist die bestmögliche. Der persönliche Gott als höchste Monade hat in seiner Allweisheit, Allgüte und Alliebe diejenige Welt ausgewählt, die unter allen denkbaren Welten die beste darstellt. Das bedeutet nicht, daß es eine

Welt ohne Leid wäre; aber die Übel sind die Folgen der Existenz der Welt und können nicht Gott angelastet werden (Theodizee, Rechtfertigung Gottes). Sollte es überhaupt eine (endliche) Welt geben, so müßte sie so sein, wie sie ist.

- *Die mathesis universalis* vollendet die methodischen Ideen von Descartes. Sie soll als allgemeinste Zeichenlehre (characteristica universalis) die schlußfolgernden Prinzipien aller denkbaren Wissenschaften enthalten und Ethik, Metaphysik und Rechtslehre in gleichem Maße umfassen wie die Mathematik und Logik. Leibniz verfiel auf die „bewunderungswürdige Idee", alle Begriffe wie in einem Alphabet als letzte Zeicheneinheiten zu betrachten und mit diesen dann rein kombinatorisch alle vorstellbaren Gedankenverknüpfungen wie in einer algebraischen Rechnung objektiv darzustellen. Die menschliche Vernunft solle so die göttliche Rechenkunst (mathesis divina) nachahmen und beide Bereiche harmonisch vereinen.

Seine Entwürfe bedeuten den Anfang der modernen mathematischen Logik, der sogenannten Logistik, und enthalten wertvolle Beiträge zu einer allgemeinen Grammatik der natürlichen Sprachen. Auch hier war er der große Anreger; die Ausführung seiner Ideen blieb späteren Jahrhunderten vorbehalten. Die unmittelbaren Nachfolger, insbesondere *Christian Wolff,* bauten die verschiedenen philosophischen Entwürfe von Leibniz zu einem lehrbaren System aus. Dieses sogenannte Leibniz-Wolffsche rationalistische Schulsystem hat generationenlang die philosophischen Ausbildungsstätten Deutschlands beherrscht.

22.2 Die Skepsis der empirischen Tradition

Während in Frankreich, in den Niederlanden und in Deutschland die rationalistischen Systeme mit ihren kühnen Gedanken und hohen Ansprüchen entstanden und sich bald auf dem ganzen Kontinent ausbreiteten, herrschte in England der auf praktische Welterfahrung bezogene sachliche Geist der Kaufleute, Seefahrer und Naturbeobachter vor. Kurz vor Descartes hatte 1620 der englische Renaissance-Philosoph *Francis Bacon* in seinem gegen das aristotelische „Organon" gerichteten „Novum Organon" den Empirismus begründet und die wichtigsten Regeln zur Induktion und zur Beseitigung von Vorurteilen („Idolen") dargelegt. Eine Generation später baute *Thomas Hobbes* diese Lehre zu einem radikalen Naturalismus aus, das heißt zu einer Philosophie, die sich strikt an den Prinzipien der reinen Naturwissenschaf-

ten orientierte. In seiner Lehre vom Staatsvertrag wandte er den Naturalismus auf Staats- und Rechtslehre an.
In dieser Tradition stehen *John Locke,* der Begründer der modernen Erkenntnistheorie und *David Hume,* der Kritiker des Kausalitätsprinzips, der Kant aus dem „dogmatischen Schlummer" geweckt hat.

a) Der Empirismus John Lockes (1632–1704)

Obwohl die Lehren Lockes eine entscheidende Alternative zu Descartes' Rationalismus darstellen, ging es beiden um das gleiche Grundanliegen, nämlich um die Überwindung der mittelalterlichen Denkweise und um die Einbeziehung der neuen naturwissenschaftlichen Einsichten in die philosophische Gesamtschau.
Locke entwickelte in seinem Hauptwerk „Untersuchungen über den menschlichen Verstand" die erkenntnistheoretischen Grundlagen der neuen Wissenschaften. Dabei vertraute er im Gegensatz zu Descartes mehr auf die fünf Sinne als auf das reine Denken. Er akzeptierte weder angeborene Grundbegriffe noch angeborene Ideen, auf welche die Rationalisten die Gottesvorstellung, aber auch ethische Verpflichtungen und theoretische Kategorien, wie Substanz und Kausalität, zurückgeführt hatten. Für Locke gibt es nur Ideen, die aus der Erfahrung stammen. Dabei unterscheidet er allerdings bei der Bestimmung der Quellen der Erkenntnis die äußere Sinnlichkeit (sensation) vom inneren Sinn, also von der Selbstbeobachtung (reflection). Die Menschen kommen mit einer Seele ohne alle Vorstellungen zur Welt, wie ein unbeschriebenes Stück Papier (tabula rasa). Auf die Seele wirken dann die äußeren Objekte ein und hinterlassen ihre Spuren. Die Vorstellungen, die wir empfangen, stellen zum Teil die Dinge so vor, wie sie wirklich sind, z. B. in ihrer Ausdehnung, Undurchdringlichkeit (Solidität), Gestalt, Zahl und Bewegung („primäre Qualitäten"); zum Teil üben die Dinge auf unsere Seele Kräfte aus, welche Vorstellungen erzeugen, die dem Körper nicht an sich zukommen und die in uns Farbe, Wärme, Töne, Geräusche und andere „sekundäre Qualitäten" erzeugen. Diese Eigenschaften gehören zu den Erscheinungen und sind nichts Objektives. Daher müssen – wie in den modernen Wissenschaften üblich – die sekundären auf die primären Qualitäten zurückgeführt werden.
Durch Selbstbeobachtung nimmt der Mensch in sich das Vorstellen selbst wahr, das Locke im Gegensatz zu Descartes streng in Denken und Wollen trennt. Im einzelnen gehören Wahrnehmung, Erinnerung, Unterscheiden, Vergleichen, Benennung und Abstraktion zur Refle-

xion. Aus der äußeren und inneren Vorstellung baut sich unsere gesamte Erkenntnis auf, so daß man Lockes Lehre in einem Satz zusammenfassen kann: Nichts ist im Geiste, was nicht vorher im (inneren oder äußeren) Sinn war; nihil est in intellectu, quod non fuerit in sensu. Der Substanzbegriff beispielsweise, der die klassische Metaphysik geprägt hat, wird relativiert und als „zusammengesetzte Idee" auf die Verbindung „einfacher Vorstellungen" zurückgeführt, die man dazu benötigt, um selbständige Dinge zu repräsentieren.
Neben der Erkenntnistheorie enthält das Werk Elemente einer *Sprachphilosophie.* Locke analysiert ausführlich die Rolle der Sprache für unsere Erkenntnis. Er geht dabei vom Mißbrauch der Sprache aus. Rhetoriker und Disputationskünstler haben immer wieder die Mehrdeutigkeit und die Unbestimmtheit der Sprachbedeutungen raffiniert ausgenützt, um andere Menschen zu überreden und zu beeinflussen. Sie setzten Wörter für die Dinge selbst und operierten mit Zeichen, die gar nichts bedeuteten. Locke betont in seiner nominalistischen Bedeutungslehre (Semiotik), daß die Wörter allein *Zeichen* für Vorstellungen sind; sie bezeichnen keine Substanzen und setzen auch keine Ideen im platonischen Sinne voraus. Die Sprache ist die Bedingung für das Zustandekommen von Ideen und von Erkenntnis; sie lieferte als gemeinsames Band der Gesellschaft zugleich die Grundlage der menschlichen Kommunikation.
Lockes kritischer Ansatz in der Erkenntnislehre und in der Sprachphilosophie schränkte die Möglichkeiten metaphysischer Spekulationen ein: unsere Erkenntnis reicht nicht weiter als unsere Erfahrung; das Seiende und erst recht Gott sind in ihrem eigentlichen Wesen unerkennbar. Trotzdem war Locke gläubiger Christ. Den eigentlichen Höhepunkt dieser Skepsis jedoch, welche auch die Religion kritisch betrachtete, stellte der Empirismus von David Hume dar.

b) Der Skeptiker David Hume (1711–1776)

Humes Grundanliegen war die Anwendung der neuen empirischen Methode auf den Menschen. Nach den Erfolgen dieser Methode in den Naturwissenschaften blieb zu erwarten, daß der Empirismus auch zur Erklärung der Eigenart des menschlichen Denkens, Fühlens und Handelns herangezogen werden würde. Weil Hume seine empirische Kritik der bisherigen metaphysischen Theorien mit einer zeitgemäßen naturalistischen Anthropologie verband, gilt er auch heute noch als größter Philosoph und Aufklärer Englands.

Wirkungsgeschichtlich besonders einflußreich wurden seine Untersuchungen zum *Kausalitätsproblem,* die von grundsätzlicher erkenntnistheoretischer Bedeutung sind und nicht etwa nur ein Randproblem betreffen. Für Hume gibt es zwei Gegenstandsbereiche menschlichen Denkens: Vorstellungsbeziehungen (relations of ideas) und Tatsachen (matters of fact). Erstere betreffen Mathematik und Logik. Ihre Gegenstände gelten unabhängig von unserer Sinnenwelt, sind von absoluter Evidenz und deshalb problemlos. Den Tatsachen dagegen fehlt die letzte Sicherheit des reinen Denkens; ihnen wandte Hume sein Hauptaugenmerk zu.

Tatsachenwissen enthält nach Hume nicht nur Behauptungen über vergangene und gegenwärtige Wahrnehmungen, sondern bezieht sich zugleich auf die Zukunft. Die Tatsache, daß sich beim Loslassen eines Steines dieser zum Erdboden hin bewegt, besagt nicht nur, daß dieser Zusammenhang *bisher* stets beobachtet werden konnte, sondern betrifft auch das *zukünftige* Verhalten des Steines. Im Begriff der Tatsache ist nach üblicher Deutung immer eine Extrapolation auf die Zukunft mitenthalten. Das hängt mit der Überzeugung zusammen, daß aufgrund der Naturzusammenhänge eine *Notwendigkeit* zwischen dem Loslassen und der Bewegung des Steines besteht.

Hier setzte Humes Kritik ein. Nach seiner Auffassung sind bei diesem und bei ähnlichen Vorgängen nur drei Bedingungen erfüllt: die zwei Ereignisse A (das Loslassen des Steines) und B (dessen Bewegung zur Erde) sind *räumlich* benachbart; sie folgen *zeitlich* aufeinander und sie sind *bisher immer* so abgelaufen. Die Notwendigkeit dagegen, die wir mitmeinen, wenn wir den Zusammenhang von A und B denken, läßt sich empirisch nicht beobachten. Die Idee einer notwendigen Kausalverknüpfung zwischen Ursache A und Wirkung B stammt demnach nicht aus der Erfahrung, der einzigen legitimen Quelle unserer Erkenntnis. Deshalb erklärte Hume das Phänomen psychologisch. Die Überzeugung, daß B *notwendig* auf A folgt, ist das Produkt der *Gewohnheit.* Die ständige räumliche und zeitliche Assoziation der beiden Ereignisse erzeugt allmählich in uns das Gefühl, daß der Ablauf immer so sein muß. Die subjektive Wahrnehmungsgewohnheit wird ontologisch als objektiver Zusammenhang mißdeutet.

Während diese Entdeckung für Kant und andere eine Herausforderung bedeutete, weil die Zusammenhangslosigkeit der Ereignisse eine rationale Welterklärung und jede Wissenschaft von der Welt unmöglich mache, glaubte Hume an die konstitutive Kraft der Gewohnheit. Das Kausalitätsgefühl sei so tief im Wesen des Menschen verwurzelt, daß wir trotz der Entlarvung der Notwendigkeit als nicht-notwendige

Gewohnheit in der Praxis mit Regeln notwendiger Vorstellungen operieren. Der gesunde Menschenverstand schert sich wenig um diese prinzipiellen Einwände; er glaubt schlicht an die Zusammenhänge. Hume sagte von sich selbst, daß aller Zweifel in dem Augenblick verschwände, wenn er vom Schreibtisch aufstehe und das Arbeitszimmer verlasse.

In dieser pragmatischen Einstellung bekämpfte Hume auf theoretischem Gebiet rigoros alle Spekulationen und Konstruktionen, welche Kausalität auf Vernunft und Notwendigkeit zurückführten. Es handle sich stets um Scheinbegründungen. Besonders folgenreich waren die Angriffe auf die Religion, die durch den Bezug auf das Absolute seit eh und je metaphysisch abgesichert worden war. Die strikte Berufung auf Erfahrung hatte Hume den zentralen christlichen Glaubens- und Moralvorstellungen mehr und mehr entfremdet. Für ihn gab es keine Möglichkeit, Religion durch Vernunft oder Offenbarung zu begründen. Während ein Denker wie B. Pascal trotzdem noch am Glauben festhielt, verlor für Hume die Religion dadurch ihre Glaubwürdigkeit. Obwohl ihm durch seine pragmatische Einstellung die Möglichkeit zu einer toleranten Haltung offen gestanden hätte, war er zu sehr Zeitgenosse einer universellen Aufklärung, als daß er den destruktiven Tendenzen gerade auf diesem Gebiet hätte widerstehen können. In der Kritik der tradierten Religion traf sich der Freidenker Hume mit Voltaire und vielen anderen französischen Aufklärern.

23. Kants Lehre von den Grenzen der Vernunft

In Kant und dessen Nachfolgern erlangte die Philosophie einen in der Neuzeit bisher unerreichten Höhepunkt. Die Leistung des Königsberger Philosophen (1724–1804) bestand darin, daß er die polaren Gegensätze, welche die Denker seiner Zeit herausforderten, in seinen beiden Hauptwerken, der „Kritik der reinen Vernunft" und der „Kritik der praktischen Vernunft", zu überwinden suchte. Auf der einen Seite waren es die Fragen nach der Möglichkeit von Naturgesetzen und nach den Grenzen des wissenschaftlichen Denkens überhaupt; auf der anderen Seite die Frage nach Menschenwürde und Sittlichkeit, deren Notwendigkeit und Vernünftigkeit. Die Namen Newton und Rousseau stehen für die beiden Pole seines Denkens; Kant wurde zum „Newton der Philosophie" und zum „Lehrer der Humanität".

Auch innerhalb der *theoretischen* Philosophie, die es zunächst darzustellen gilt, erscheint Kant als der Vermittler sich widersprechender Schulen und Meinungen: den wild wuchernden Spekulationen der rationalistischen Systematiker, insbesondere der Leibniz-Wolffschen Schule, stellte er die prinzipielle *Frage nach den Grenzen der Vernunft* entgegen; den Skeptikern der englischen Empiriker-Tradition zeigte er die Grenzen ihres Unwissens und bewies die Möglichkeit von Wissenschaft und kritischer Philosophie. Durch diese Grenzziehungen ließ sich Kant den Weg offen, innerhalb der praktischen Vernunft zu Einsichten vorzustoßen, welche die Freiheit und Würde des Menschen begründeten.

23.1 Die kopernikanische Wende als Kritik der reinen Vernunft

a) Die Fragestellungen Kants in der theoretischen Philosophie

Als Newton starb, war Kant drei Jahre alt. Er erlebte also unmittelbar den Aufschwung der modernen Naturwissenschaften und war durch die Aufstellung einer Nebularhypothese über die Weltentstehung selbst an deren Gedankenentwicklungen beteiligt. Die überwältigenden Erfolge der Physik ließen keinen Zweifel an der Möglichkeit von Naturwissenschaft. Doch durch die Bekanntschaft mit den skeptischen Schriften seines englischen Zeitgenossen David Hume wurde er aus dem „dogmatischen Schlummer",[47] das heißt aus dem blinden Vertrauen auf Beobachtung und auf eingeborene Ideen, geweckt. Humes Argumentation war so eindringlich, daß Kant von der Unmöglichkeit der reinen Erkenntnis aus bloßer Vernunft überzeugt wurde, sofern diese über Mathematik und Logik hinausgehen und die Wirklichkeit betreffen sollte. Wie aber konnte Newton so erfolgreich sein, wenn Hume recht hatte und die reine Beobachtung keine Zusammenhänge lieferte? Läßt sich die Antwort durch eine Anleihe bei der Mathematik finden, die seit Jahrhunderten den sicheren Weg einer Wissenschaft gegangen war? Und was verblieb dann für die Philosophie? Konnte Metaphysik angesichts der Kritik von Substanz und Kausalität weiter selbstsicher vom Absoluten und von den Urgründen reden?
Kant konkretisierte sein Anliegen in drei Fragen, deren Beantwortung das Thema der „Kritik der reinen Vernunft" ist:

- Wie ist Mathematik möglich? (Transzendentale Ästhetik).

- Wie ist Naturwissenschaft möglich? (Transzendentale Analytik).
- Wie ist Metaphysik als Wissenschaft möglich? (Transzendentale Dialektik).

Fragen, die sich auf die Bedingungen von Möglichkeiten beziehen, heißen transzendental. [48] Die Antworten nennt Kant Transzendentalphilosophie.
Die Grundfrage Kants betrifft die Frage nach der Möglichkeit von Erweiterungsurteilen (von synthetischen Urteilen), von Urteilen, die uns wirklich Neues liefern, aber zugleich denknotwendig und allgemeingültig (a priori) sind und nicht aus der Sinneserfahrung (a posteriori) stammen. In Kants Terminologie lautet demnach die Grundfrage der Transzendentalphilosophie: „Wie sind synthetische Urteile a priori möglich?"

b) Die „kopernikanische Wende"

Kant erkannte, daß die Möglichkeit der sicheren Geltung von Mathematik und Naturwissenschaft unerklärbar ist, wenn man unsere Erkenntnis als Abbildungsvorgang deutet. Dann würde in unseren Vorstellungen eine fertige, zufällig vorgefundene Welt reproduziert werden und ihre Inhalte wären nicht denknotwendig, sondern könnten auch ganz anders beschaffen sein. Hume hatte überzeugend gezeigt, daß Erfahrungsurteile keine Notwendigkeiten vermitteln. [49] Um das Dilemma zu lösen, kehrte Kant das Verhältnis einfach um: nicht die fertige Welt schreibt unseren Wissensinhalten die Struktur vor, indem sie die Vorlage der Bilder darstellt, sondern unser Geist, das autonome Subjekt, prägt gewissen unstrukturierten Vorgaben, den Dingen an sich, seine Form auf und läßt aus der Synthesis aus Subjekt und Ding an sich die Welt der Erscheinungen entstehen. Nicht die *Natur* vermittelt *uns* Gesetze, sondern *wir* schreiben der *Natur* die Gesetze vor. Wie Kopernikus die Bewegungen der Gestirne als Scheinbewegungen identifizierte, so erkennt Kant in dem wissenschaftlich Erkannten nur Erscheinungen einer Welt der Dinge an sich, der wir uns durch reine Vernunft nicht nähern können.
Diese kopernikanische Umkehrung der Blickrichtung ebnete aber den Weg zu einsichtigen Deutungen eben dieser Erscheinungen. Weil allen Menschen die gleiche räumliche Anschauungsform gegeben ist, konstruieren wir in der *Geometrie* alle die gleichen Gesetzmäßigkeiten. Die

(euklidische) Geometrie entfaltet die denknotwendige und allgemeingültige Struktur des Raumes, welche vom Subjekt den Dingen an sich aufgeprägt wurde. Entsprechendes gilt für die reine Anschauungsform der Zeit und für die *Arithmetik*. In der Zahlenlehre schlägt sich die in allen Subjekten gleichartige Zeitform nieder, das Nacheinander der in innerer Anschauung gegebenen Einheiten.

Aber das transzendentale Subjekt verfügt nicht nur über Anschauungsformen, sondern auch über Denkformen, die Kategorien. Das in Raum und Zeit sinnlich vorgegebene Anschauungsmaterial der Wahrnehmung wird kategorial zur allgemeingültigen Erfahrung objektiviert; ihm werden die Kategorien der Substanz, der Kausalität usw. aufgeprägt. Damit ist auch die *Objektivität der Naturwissenschaften* erklärt. In der Physik legt unsere Vernunft also gerade das in die Natur hinein, was wir als Naturgesetz, z. B. als universales Kausalitätsgesetz, aus ihr herauszulesen meinen. In Kants Worten: ,,Als Galilei seine Kugeln die schiefe Fläche mit einer von ihm selbst gewählten Schwere herabrollen . . . ließ . . . so ging allen Naturforschern ein Licht auf. Sie begriffen, daß die Vernunft nur das einsieht, was sie selbst nach ihrem Entwurfe hervorbringt . . .'' [50]

Mit der Analyse des Anschauungs- und Denkvermögens (der spekulativen oder theoretischen Vernunft) und deren Zusammenspiel hat Kant zugleich eine Teilantwort auf die *Möglichkeit von Metaphysik* gegeben. Die Ausführungen der transzendentalen Ästhetik und der transzendentalen Analytik zeigten, wie Metaphysik als Ontologie oder metaphysica generalis möglich ist, nämlich als Transzendentalphilosophie, welche die Quellen und Synthesen unseres Erkenntnisvorgangs erklärt und begründet. Negativer fiel das Urteil über die eigentliche Metaphysik (metaphysica specialis) aus, die von der Welt als Ganzes, von der Seele und von Gott handelt. Diese drei ,,Ideen'' unterzog Kant einer scharfen Kritik: Weder Kosmos, noch Seele oder Gott können Gegenstand theoretischer und wissenschaftlicher Erkenntnis sein. Denn alle Erkenntnis beginnt bei der Anschauung und bedarf eines Erfahrungsfundaments, auf das die Kategorien angewandt werden können. Aber keine der drei genannten Ideen erfüllt diese Bedingungen für gegenständliche Erkenntnis. Wer trotzdem auf die Ideen wissenschaftliche Kategorien anwendet, verstrickt sich in Widersprüchen und verfängt sich in Scheinbeweisen. Besonders die Widerlegungen der klassischen Gottesbeweise durch Kant haben viel Aufsehen erregt. In einer Metaphysik, die sich als ,,Wissenschaft von den Grenzen der menschlichen Vernunft'' versteht, sind Kosmos, Seele und Gott nur ,,regulative Ideen''. Wie der Verstand die Sinnlichkeit ordnet, so leitet

die Vernunft als Vermögen der Ideen den Verstand. Der menschliche Geist muß sich an den Ideen zwar orientieren, um gegenständliche Erkenntnis sinnvoll in das Ganze einordnen zu können, sie sind aber keine Gegenstände der wissenschaftlichen Forschung.
Kant gelang in der „Kritik der reinen Vernunft" eine klare Grenzziehung für die Reichweite der wissenschaftlichen Vernunft: weder der Humesche Zweifel, noch das rationalistische Vorgehen, durch bloßes Nachdenken und ohne Berücksichtigung von Erfahrung Wissen gewinnen zu wollen, sind sinnvolle Wege. Die reine Vernunft kommt nur dann zu Ergebnissen, wenn sie im Rahmen möglicher Erfahrungen verbleibt und dort ihr Wissen apriorisch organisiert. Aber eben weil hier eine Grenze unseres Wissens gesehen wurde, konnte Kant auch von dem sprechen, was hinter den Grenzen der Wissenschaftlichkeit steht: „Ich mußte das Wissen aufheben, um zum Glauben Platz zu bekommen."[51] Die Wissenschaft bezieht sich nur auf die Erscheinungen der Dinge an sich; aber unser Handel und damit die Phänomene der Sittlichkeit und Kunst reichen tiefer. Vernunft gibt es auch dort, wo etwas sein *soll.* So gelangte Kant zu den Themen, die eine ganze Epoche der deutschen Geistesgeschichte beeinflußt haben, nämlich zum deutschen Idealismus mit seinen Ausprägungen in Sittenlehre und Kunst.

23.2 Die Geburt des deutschen Idealismus

a) Der Primat der praktischen Vernunft

Unter Berufung auf das Faktum der Sittlichkeit und auf das Pflichtbewußtsein gelang es Kant, den Bereich möglicher Erfahrung zu überschreiten und eine „Metaphysik der Sitten" zu entwickeln. Der Mensch ist nicht nur Naturwesen, wie es Realisten und Naturalisten behaupteten, sondern auch Vernunft- und Geistwesen, wie es im Idealismus gelehrt wurde. Hatte die Metaphysik der „Kritik der reinen Vernunft" den Kosmos als Entwurf des vor allem durch Kausalität geordneten Ganzen stehen lassen und auch die Seele und Gott nur als regulative Ideen bestimmt, so identifizierte die „Metaphysik der Sitten" das schöpferische Vermögen der Ideen als das intuitiv praktische Vermögen der *Freiheit, ohne das Sittlichkeit nicht denkbar sei.* Wegen des Widerstreits zwischen der zur Tugend strebenden Sittlichkeit und den die Glückseligkeit suchenden Neigungen bedarf es weiterer Ideen der praktischen Vernunft: die *Unsterblichkeit der Seele* – denn ohne diese Bedingung kann die Einheit aus Tugend und Glück wegen unseres kur-

zen Lebens nicht realisiert werden – und *die Existenz Gottes,* eines letzten Urhebers der Natur und des höchsten Gutes, das wir in unserem sittlichen Verhalten fördern sollen. So kam Kant zu den drei „Postulaten der praktischen Vernunft", der Freiheit, der Unsterblichkeit der Seele und der Existenz Gottes. Weil diese von absoluter Gewißheit sind, reicht die Geltung der praktischen Vernunft weiter als die der theoretischen; es besteht ein „Primat der praktischen Vernunft".
In Analogie zum Aufbau der „Kritik der reinen Vernunft" hat Kant in der „Kritik der praktischen Vernunft" die apriorischen Funktionen aufgesucht, welche den *Willen* bestimmen. Zunächst zeigte er, wie der Wille überhaupt erklärt werden kann, welche Bestimmungen im einzelnen moralisch sind und daß sich solche Bestimmungen auf die Freiheit des Willens gründen. Anders als bei reinen Naturwesen stieß Kant beim Menschen auf Grundsätze, welche das Handeln leiten. In ihnen konnte sich die Vernunft als apriorisches Vermögen wieder nur auf die Form und nicht auf die Materie der Handlungen beziehen. Wohlfahrt, Nützlichkeit, eigene Glückseligkeit können weder Notwendigkeit noch Allgemeingültigkeit begründen. So bleibt für Kant nur die bloße *Form* einer allgemeinen Gesetzgebung, die als kategorischer Imperativ ausgedrückt wird: „Handle nur nach derjenigen Maxime, durch die du zugleich wollen kannst, daß sie ein allgemeines Gesetz werde."[52]
In der bisherigen Ethik wurden sittliche *Inhalte* aufgesucht. Man führte unter Berufung auf Lust und Unlust psychologische Argumente ins Feld oder aber man sprach in eudämonistischen Lehren allgemeiner vom Glück und vom höchsten Gut, die aber jeweils ganz verschiedenartig bestimmt wurden. Kant dagegen verlagerte durch den kategorischen Imperativ auch in der praktischen Philosophie alles ins Subjekt: nicht die *Objekte* unseres Wollens sind gut oder böse, sondern nur unser *Wille;* in dieser *„Gesinnungsethik"* geht es nicht darum, *was* gewollt wird, sondern *wie* es gewollt wird, nämlich aus freier sittlicher Verantwortung.
Autonomie und Freiheit des Willens sind demnach die Grundvoraussetzungen der Sittlichkeit. Kant hatte damit einen Weg gefunden, ohne Bezug auf Offenbarung (Jesus war für Kant nur Lehrer der Moral und der Selbstbestimmung!) und trotz der Notwendigkeit des Naturgeschehens den Menschen auch als freies Geistwesen zu deuten. Der Mensch als Bürger zweier Welten: er ist einerseits Glied der Welt der Erscheinungen, weil sein Körper der Kausalität unterworfen ist; andererseits gehört er zur Welt der Geistwesen, der „Noumena", in der Freiheit herrscht.

b) Freiheit und Humanität

Bei Kant erhielt der neuzeitliche Gedanke des autonomen Subjekts, wie wir ihn im cartesischen „cogito, sum" keimhaft kennengelernt hatten, eine neue folgenreiche Ausprägung. In der menschlichen Erkenntnis betrachten wir danach etwas, was durch die Form der Subjektivität geprägt ist; die Vernunft sieht nur das ein, was sie selbst „nach ihrem Entwurfe hervorbringt". [53] Der Mensch erkennt sich in den Dingen selbst. An die Stelle der nur widerspiegelnden Monade bei Leibniz war die freie entwerfende Vernunft getreten. Die Entdeckung der schöpferischen Kraft des Geistes wurde noch deutlicher in der autonomen Freiheitsidee. Die Erfassung der Ideen und deren Auswirkungen machen den Menschen erst zum Menschen und begründen dessen Würde. Die Lehren von Freiheit und Humanität waren zugleich Elemente einer allgemeinen Aufklärung, als deren Vollender Kant galt. Für ihn war Aufklärung der „Ausgang des Menschen aus seiner selbstverschuldeten Unmündigkeit". [54] Er glaubte an die Möglichkeit, wie in der Physik und in der Sittenlehre so auch im Bereich geschichtlicher Entwicklungen Gesetze finden zu können, und träumte vom Fortschritt der Menschheit als Gattung. Aber Kant war zugleich auch der Überwinder einer zu optimistischen Aufklärung. Seine Lehren vom radikal Bösen, von der sittlichen Selbstbegrenzung und die Skepsis gegenüber uneingeschränkten idealistischen Spekulationen und irrationalen Einfühlungstheorien (Herder) zeigten die Grenzen menschlicher Möglichkeiten und enthielten eine Kritik des unbedingten Humanitätsideals, wie es z. B. von Rousseau vertreten worden war. Wegen dieser kritischen Vorbehalte bezeichnet man die Philosophie Kants auch als *Kritizismus* und stellt diesen dem Idealismus seiner Nachfolger gegenüber.

c) Auswirkungen: Kunst als Freiheit in der Erscheinung (Schiller)

Rousseau hatte in der Dichtkunst mit seiner Lehre vom Natürlich-Ursprünglichen im Menschen den „Sturm und Drang" entfesselt. Hamann, Herder, Kant, Schiller, Goethe und viele andere wurden von ihm beeinflußt. Kant war von Rousseaus „Emile" so sehr beeindruckt, daß er wegen der Lektüre sogar seinen festen Tagesablauf änderte. Von Rousseau erhielt er die entscheidenden Impulse zur Ausgestaltung seines Humanitätsbegriffs. Die Lehre von der autonomen Freiheit und Schöpfungskraft bei Rousseau und Kant fand besonders bei den Dichtern viele Anhänger.

Von Bedeutung war in diesem Zusammenhang das dritte Hauptwerk Kants, die *„Kritik der Urteilskraft"*. Hier strebte Kant die Vermittlung zwischen der Wirkwelt der Natur und der Tatwelt der Freiheit an. Er entdeckte eine dritte Sphäre, in der frei gespielt wird. Es ist dies der Bereich der schönen Kunstgebilde und der freizügigen Naturorganisation. Kant stellte regulative Ideen zur Bewertung des Schönen auf und erkannte die Zweckmäßigkeit des organisch gegliederten Ganzen als Zwischenglied zwischen Naturnotwendigkeit und sittlicher Gesetzgebung. Seine Aussagen über das Gefühl als Vermittler zwischen Theorie und Praxis, über Zweckmäßigkeit (Teleologie) und über Schönheit (als Zweckmäßigkeit ohne Absicht und ohne Begriff) sind allerdings nur heuristisch gemeint und stellen keine Erkenntnisse im streng wissenschaftlichen Sinne dar.

Besonders *Friedrich Schiller* gelang es, die Gedanken Kants für künstlerische Belange umzugestalten. Für Schiller ist das Ästhetische nicht nur Anschauliches, sondern ein Zwischenreich zwischen Sinnlichkeit und Freiheit: „Schönheit ist nichts anderes als Freiheit in der Erscheinung." Die „schöne Seele" muß dafür Sorge tragen, daß „Sinnlichkeit und Vernunft, Pflicht und Neigung harmonieren und Grazie ihr Ausdruck in der Erscheinung ist". [55] So tritt die Kunst als Vermittler auf zwischen Kosmos und Mensch, zwischen Notwendigkeit und Freiheit. Der künstlerische Geist überwindet die Spannungen in Kants Dualismus, indem er den Primat der praktischen Vernunft zur Lehre von der künstlerischen Freiheit in der Erscheinung ausweitet. Dabei ist zu beachten, daß Schiller seine Lehre nicht als eine Kunsttheorie für Künstler verstand. Seine ästhetische Erziehung sollte vielmehr allgemein einen harmonischen Menschen prägen, der die Voraussetzung für eine neue Gesellschaft und für eine neue politische Ordnung bildete.

Kant hat nicht nur auf Schiller eingewirkt. Selbst *Goethe* konnte sich seinem Einfluß nicht ganz entziehen. Er erkannte die Verwandtschaft seines Begriffs des Urphänomens mit der Idee im Sinne Kants und freute sich bei der Lektüre der „Kritik der Urteilskraft", „daß Dichtkunst und vergleichende Naturkunde so nahe miteinander verwandt sind". Zu Eckermann bemerkte er, daß Kant derjenige sei, „dessen Lehre sich fortwirkend erwiesen hat und die in unsere deutsche Kultur am tiefsten eingedrungen ist". [56] Aber Goethe ging über Kants vorsichtige Vermittlung von Natur und Freiheit weit hinaus und nahm so die Spekulation Hegels vorweg: er setzte die Natur als Absolutes voraus. Sie bedeutete ihm die Vernunft des Lebendigen, die der Mensch aus der unmittelbaren Anschauung entnehmen kann. In den Urphänomenen erscheint nach Goethe den Menschen nicht ein Konstrukt des Sub-

jekts, welches das Ding an sich verbirgt, sondern die Natur wird so erfaßt, wie sie an und für sich ist. Kant hatte diese letzte Erkenntnis nur Gott oder einem intellectus archetypus zugebilligt; bei Goethe (und Hegel) erhielt dagegen die welthafte (und geschichtliche) Existenz des Menschen göttliche Dimensionen.
Die Diskussion der Möglichkeiten, vom kritischen Subjekt Kants zum Denken des Absoluten vorzustoßen, bildete den Ausgangspunkt der weiteren philosophischen Entwicklung.

24. Hegel als Höhepunkt der spekulativen Philosophie

Die Philosophie nach Kant ist vom sogenannten *deutschen Idealismus* geprägt. In ihm wurde die Grundidee der Transzendentalphilosophie durch die drei führenden Köpfe, durch *Fichte, Schelling* und *Hegel,* weiter ausgestaltet. Alle drei knüpften an Kants Entdeckung der schöpferischen Kraft des Geistes an und gingen mit enthusiastischem Elan weit über die Grenzen der Vernunft hinaus, dic Kant in seinen ,,Kritiken" vorzuzeichnen versucht hatte. Besonders bei *Hegel* erreichte die Spekulation in ihrer Reichhaltigkeit eine Höhe, wie sie nie zuvor und auch später nie wieder erlangt werden konnte. Alle Erscheinungen der Wirklichkeit wurden philosophisch reflektiert - sei es als Natur oder Kultur, als Bewußtsein oder Gegenstand der Wissenschaft, als Religion oder Geschichte - und als Element eines großen Ganzen, des Systems der Vernunft, gedacht, das allein die Wahrheit darzustellen vermag. In Hegels Philosophie finden wir eine spekulative Verarbeitung des gesamten Gedankenstoffes unserer Geistesgeschichte. Hegel galt vielen als der Restaurator, der das wiederherstellte, was Kant zerstört hatte, nämlich die Metaphysik, den kirchlichen Glauben und die alte Kraft der inhaltlichen Sittlichkeit. Nach K. Löwith erhob Hegel im gleichen Zeitalter die deutsche Philosophie zur Weltphilosophie, in dem Goethe die deutsche Literatur zur Weltliteratur formte. [57]
Wir wählen aus der Fülle der Gedanken Hegels nur zwei zentrale Themen aus: das Thema der Geschichtlichkeit und die Idee des Systems. Während das erstere auch im Denken der Gegenwart seine unauslöschbaren Spuren hinterlassen hat, betrifft der Systemgedanke ein Phänomen, das zwar in seinen reichhaltigen Einzelanalysen zahllose Anregungen enthält und als Dialektik weiterlebt, als Ganzes aber dennoch seine Glaubwürdigkeit eingebüßt hat.

24.1 Die Vergeschichtlichung des Denkens durch Hegel

a) Philosophie und Geschichte

Hegel lebte im Zeitalter der französischen Revolution und der Herrschaft Napoleons. Er fühlte sich als Zeitgenosse großer geschichtlicher Ereignisse: in seinen Tagen hatte sich bei den Franzosen die Freiheit, das heißt dasjenige, „wodurch der Mensch Mensch wird, also das Grundprinzip des Geistes", [58] realisiert und vollendet. Wenn die Philosophie die Aufgabe hat, die Zeit in Gedanken zu fassen oder den „Zeitgeist" auf den Begriff zu bringen, [59] dann war auch in der Geschichte der Philosophie von den Diagnostikern seiner Zeit Großes zu erwarten, eben die Vollendung der Philosophie selbst.

Da Philosophie etwas mit Wissen und Vernunft zu tun hat, bedeutet die enge Zusammengehörigkeit von Philosophie und Geschichte einerseits, daß sich im geschichtlichen Geschehen Vernunft realisiert, und andererseits, daß die philosophischen Inhalte nicht als fertige Resultate gedacht werden dürfen, sondern als Stationen eines umfassenden Erkenntnisprozesses verstanden werden müssen. Die Wirklichkeit ist in ständiger Veränderung begriffen; aber der zugrundeliegende Prozeß wird nicht vom Zufall regiert, sondern durch die Vernunft bestimmt: „Was vernünftig ist, das ist wirklich; und was wirklich ist, das ist vernünftig." [60] Zwischen Weltgeschichte und Philosophie bestehen also engste Beziehungen; in beiden wirkt das gleiche Prinzip, das sogenannte Absolute. Im konkreten Geschehen ist dieses der „Weltgeist", der sich in den einzelnen Zeiten als „Zeitgeist" verwirklicht; im philosophischen Prozeß ist es das Ganze oder das Wahre, das durch seine Entwicklung sich vollendende Wesen.

Der epochale Wandel innerhalb der Philosophie war nach Hegel durch die Absicht bestimmt, „daran mitzuarbeiten, daß die Philosophie der Form der Wissenschaft näherkomme, – dem Ziele, ihren Namen der *Liebe* zum *Wissen* ablegen zu können und *wirkliches Wissen* zu sein ...". [61] Bisher war Philosophie stets als *Streben* nach Wahrheit gedeutet worden. Die Griechen waren überzeugt, daß mehr nur den Göttern vorbehalten sei. Auch die Christen glaubten, auf Erden die eigentliche Wahrheit nicht schauen zu können. Nach Hegel dagegen konnte sich die neuzeitliche Philosophie über das Endliche erheben und das Unendliche begreifen, indem sie das Absolute im Endlichen und Einzelnen zu sich kommen läßt. Dabei hatte die Philosophie nichts anderes zu tun, als das abstrakte Räsonieren, das die Begriffe unvermittelt nebeneinanderstellt, in Dialektik zu verwandeln, das heißt genauer:

durch den konkreten oder historischen Begriff zu ersetzen, der die geschichtliche Entwicklung in ihrer Ganzheit mitdenkt.

b) Die Konstruktion der Geschichte aus dem Prinzip der Freiheit des Geistes

Wie kam Hegel dazu, auch in der Geschichte Vernunft anzunehmen? Kant hatte die Vernunft als autonome Freiheit bestimmt; aber wegen des Dualismus von Erscheinung und Ding an sich war das objektiv Gedachte nur der Gedanke des Subjekts und so vom Ding an sich, in dem allein Freiheit herrscht, „durch eine unübersteigbare Kluft unterschieden".[62] Diesen Zwiespalt überwand Hegel dadurch, daß er die Erscheinung aufwertete: sie ist kein „Schein" im Sinne von Täuschung und Vorenthaltung des Wesentlichen, sondern die Form, in welcher sich das Wesen zeigt, in welcher das Absolute oder die Substanz „aufscheint". Unter dieser Bedingung mußte auch das geschichtliche Geschehen unter dem Prinzip der Freiheit des Geistes gesehen werden. Sowohl die Philosophie als auch die Geschichte war demnach nichts anderes als ein Medium, in welchem sich der Geist verwirklichte. Die Geschichte ist der Fortschritt im Bewußtsein der Freiheit.
Hegel glaubte die einzelnen Stadien der Selbstbefreiung des Geistes eindeutig identifizieren zu können: Die Weltgeschichte fängt im Osten an, in den altorientalischen Reichen Chinas, Indiens und Persiens; dort war nur der Herrscher des Reiches, also nur *einer,* frei. Durch den Sieg der Griechen über die Perser übernahmen die griechischen und römischen Staaten am Mittelmeer die Befreiungsfunktion: nun wurden *einige* frei, die Bürger jener Staaten, die aber noch über Sklaven verfügten und sich von Barbaren abkehrten. Erst im Westen vollendete sich der Gang der Weltgeschichte; durch die christlich-germanischen Reiche erlangten schließlich in der Neuzeit *alle* die Freiheit. Auch hier lassen sich verschiedene Stadien unterscheiden. Durch Christus wurde der Mensch zum Selbstsein befreit. Doch standen anfangs noch weltliche und kirchliche Autoritäten im Widerstreit. Erst durch Luther wurden auch Kirche und Staat, Gewissen und Recht versöhnt. Die letzte Stufe stellte die Aufklärung und die französische Revolution dar. In beiden machte der philosophische Gedanke Geschichte, das heißt, es fiel das Geschehen der Welt mit dem Gedanken der Philosophie zusammen. Der freie Wille wollte sich selbst und wußte von diesem Wollen. Das weltliche Geschehen war identisch mit den philosophischen Gedanken. Das Absolute kam im Laufe der Weltgeschichte und zu-

gleich innerhalb der Gedankenbewegung der Philosophie zu sich selbst.

Die höchste Stufe in der Freiheit des Geistes war für Hegel die konkrete Versöhnung der Philosophie mit der Wirklichkeit: die politische Wirklichkeit wurde in Staatsphilosophie, die christliche Wirklichkeit in Religionsphilosophie verwandelt. Wie selbstbewußt dabei Hegel die maßgeblichen Traditionen transformierte, zeigt sich in seinem Verhältnis zum Christentum. Die Gotteserkenntnis wurde Weltweisheit, das Reich Gottes zum Reich der Geschichte, die christliche Dogmatik zur systematischen Begrifflichkeit. Hegel interpretierte das historische Ereignis der Karwoche als „spekulativen Karfreitag", das heißt, das Kreuz als das Zerfallensein des selbstbewußten Geistes mit der harten Wirklichkeit. Aus dem Leiden wurde ihm die Idee der Freiheit, so daß schließlich die gesamte christliche Theologie in der spekulativen Philosophie aufging. Der Heilige Geist lebte in der Philosophengemeinde weiter. Trotzdem kann Hegels Philosophie als die letzte „christliche Philosophie" bezeichnet werden; denn sie *eliminierte* nicht das Christliche, sondern *versöhnte* es in seinen Augen mit der Philosophie. Die wahre Philosophie war zugleich Gottesdienst und die Staatsphilosophie das Begreifen Gottes auf Erden. So fielen Staat, Religion und Philosophie für Hegel in der Freiheit des Geistes in eins zusammen.

c) Die „Phänomenologie des Geistes" als Entwicklungsgeschichte des erscheinenden Geistes

Nicht nur die Weltgeschichte und die Philosophie, sondern auch alle anderen geistigen Phänomene unserer Umwelt stehen nach Hegel in einem inneren prozeßhaften notwendigen Zusammenhang, der von der Idee der Freiheit geleitet ist. Besonders ausführlich hat der Philosoph die Einzelstadien einer solchen Entwicklung in seinem Werk „Phänomenologie des Geistes" für die Formen des menschlichen Bewußtseins dargestellt.

Das Ziel der Erkenntniskritik Kants war die Klärung, wie weit unsere Erkenntnismittel für eine inhaltliche Philosophie geeignet sind und wo ihre Grenzen liegen. Zur Beantwortung einer solchen Frage bedurfte es aber für die Erkenntnismittel eines Maßstabes, den Kant nicht angeben konnte. Deshalb forderte Hegel in seiner „Phänomenologie", daß sich das Wissen selbst prüfen müsse. Da kein äußerer Maßstab an die Erkenntnis angelegt werden konnte, mußte die Prüfung des Wissens zugleich Selbstprüfung des Geistes sein. Genau diese Aufgabe wollte die „Phänomenologie des Geistes" lösen.

Worauf bezieht sich die Philosophie? Welche Erfahrungen machen wir in unseren geistigen Tätigkeiten? Zunächst denkt man an das Einfachste, an Sinneserfahrungen. Aber wir entdecken noch ganz anderes in uns: Wissenschaft, Leben, Sittlichkeit, Religion usw. Hegel zählte nun nicht etwa die einzelnen Objekte unseres Wissens als isolierte Erscheinungen auf, sondern zeigte, wie im Bedenken der einzelnen Inhalte sich immer wieder neue Inhalte herausbilden, so daß von einer festen Folge von Erscheinungen des Geistes gesprochen werden kann.

Hegel beginnt mit dem *Bewußtsein* und dessen drei Stufen, der sinnlichen Gewißheit, der Wahrnehmung und dem Verstand. Der Ausgangspunkt liegt also in der *„sinnlichen Gewißheit"*. In ihr ist uns ein Gegenstand unmittelbar gegeben: wir wissen, daß er ist; wir nehmen ihn als „reines Sein" hin, ohne ihn begreifen zu wollen. Der Gegenstand ist ein „reines Dieses". Auch das Bewußtsein ist nur als „reines Ich", als „reiner Dieser" gemeint. Wir *wissen* von dem Gegenstand, weil er und das Ich als Erkenntnismöglichkeiten vorhanden sind. Der Gegenstand ist für das Subjekt das Wahre, weil er für wahr gehalten wird; er ist aber gleichgültig dagegen, ob er gewußt wird oder nicht.

Der Gegenstand erscheint als sinnliches Objekt in der doppelten Gestalt des Hier und Jetzt. Damit sprechen wir aber das Sinnliche sogleich als *Allgemeines* an; denn das Jetzt kann die Nacht und auch den Tag betreffen. Ebenso ist das Hier im Dieses ein allgemeines Hier; es ist einmal ein Baum, einmal ein Haus. Also ist das Dieses das Sein überhaupt. Das Verhältnis von Wissen und Gegenstand hat sich jetzt plötzlich verkehrt: der Gegenstand ist unwesentlich geworden. Die Wahrheit ist nur im *Meinen;* der Gegenstand ist *meiner*. Ähnlich verschwindet das einzelne Ich. Auch das Ich wird als Allgemeines gedacht, das nicht nur diesen oder jenen Baum sieht, sondern Sehen schlechthin ist. So werden beide Einzelne zugleich vermittelt: Der Gegenstand ist, *weil* ein Ich ihn weiß.

Indem in der sinnlichen Gewißheit Dinge als konkret einzelne, unmittelbar daseiende, kurz als wirkliche bestimmt werden sollen, erscheinen sie im Meinen als dessen Gegenteil, nämlich als allgemeine. Aber nicht nur das Gegenteil, die Negation des ursprünglich Gegebenen, steckt im ersten Wissen, das in der „Dialektik der sinnlichen Gewißheit" zum Vorschein kommt, sondern auch bereits die nächste Bewußtseinsstufe. Denn wenn das sinnliche, unmittelbar gegebene Ding nicht nur als einzelnes vorgefunden, sondern auch als allgemeines Hier gemeint wird, d. h. als „ein Zusammen vieler Hier", dann wird dieses

„wahrgenommen“. Wahrnehmen eines Gegenstandes heißt, ihn als allgemein erkennen. Die *Wahrnehmung* ist für Hegel die zweite Stufe des Bewußtseins.

In einer ähnlich abstrakten Weise entfaltet nun Hegel die „Dialektik der Wahrnehmung“. Sie treibt mit Hilfe ihrer Negation die letzte Form des Bewußtseins hervor, den Verstand. An die Dialektik des Bewußtseins schließt sich die des *Selbstbewußtseins* an. Hier behandelt Hegel das begehrliche und das reflektierte, das knechtische und das herrische Selbstbewußtsein. Schließlich gelangt das Selbstbewußtsein durch die Entdeckung seiner Freiheit zur *Vernunft,* die sich bei Hegel in Geist, Religion und in das absolute Wissen entfaltet. So endet der Gang im absoluten Wissen, das heißt im philosophischen Wissen des Absoluten. Aber die eigentliche Wahrheit ist nicht nur diese letzte Stufe, sondern das Ganze der Entwicklung. Nur indem man die gesamte Abfolge der Erscheinungsweisen des Geistes mitvollzieht, hat man die Intention der „Erscheinungslehre“ oder „Phänomenologie“ erfaßt. Erst die konkrete Erfahrung im Durchwandern der einzelnen Bewußtseinsmomente gibt dem Geist seine volle Wirklichkeit. „Das *Ziel,* das absolute Wissen, oder der sich als Geist wissende Geist hat zu seinem Wege die Erinnerung der Geister, wie sie an ihnen selbst sind und die Organisation ihres Reiches vollbringen. Ihre Aufbewahrung nach der Seite ihres freien in der Form der Zufälligkeit erscheinenden Daseins ist die Geschichte, nach der Seite ihrer begrifflichen Organisation aber die Wissenschaft des erscheinenden Wissens (d. h. die „Phänomenologie des Geistes“); beide zusammen, die begriffene Geschichte, bilden die Erinnerung und die Schädelstätte des absoluten Geistes, die Wirklichkeit, Wahrheit und Gewißheit seines Thrones, ohne den er das leblose Einsame wäre“. [63]

d) Die Wahrheit als Geschehen

Collingwood faßt die Gedanken Hegels zur Geschichte der Philosophie in fünf Punkte zusammen: [64]

- Der Prozeß der Natur und der Prozeß der Geschichte sind wesensverschieden, da es nur die Geschichte des Vernunftwesens Mensch gibt.

- Alle Geschichte ist Auslegung des Geistes in der Zeit. Der Historiker muß verstehen, was die Menschen *dachten,* nicht, was sie *taten.*

- Die Haupttriebfeder ist zwar die Vernunft; sie nimmt aber auch die Leidenschaften in ihren Dienst („List der Vernunft").
- Die Geschichte als Selbstentfremdung der Vernunft ist ein logischer Prozeß. Deshalb darf man die Geschichte nicht empirisch mißverstehen; zwischen empirischen Objekten gibt es keinen logischen Zusammenhang, wohl aber zwischen den Ideen, die hinter den empirischen Ereignissen stehen.
- Die Geschichte endet nicht in der Zukunft, sondern in der Gegenwart, weil der Historiker von der Zukunft nichts wissen kann. Daher lehnt Hegel alle Utopien ab.

Seit Hegel ist unser Denken von der Geschichtlichkeit bestimmt. Wir suchen auch heute in der Weltgeschichte nach „Entwicklungen", eines scheint zwangsläufig aus dem anderen hervorzugehen. Obwohl die Einzelindividuen anderes wollen und in bezug auf das Allgemeine blind handeln, realisieren sie in Wirklichkeit das im Gang der Vernunft Vorgezeichnete; sie sind ein Werkzeug oder Opfer der „List der Vernunft". Nicht das Einzelindividuum handelt, sondern der Weltgeist, der sich des Einzelnen bedient.
Solches Denken „durchschaut" nicht nur im Geschichtsablauf das Geistige hinter der Faktizität als notwendiges Geschehen und als Ausdruck der Ohnmacht der Einzelindividuen. Auch die jeweilige Philosophie ist notwendiges Produkt aus den vorangegangenen philosophischen Gedanken: die christliche Philosophie ist aus der griechischen hervorgegangen; Hegels Gedanken können als notwendige Folge der Ideen Kants, Fichtes und Schellings gedeutet werden. Die jeweils letzte Form berücksichtigt die Argumente früherer Formen und steigt unter Verwendung ihrer Beiträge auf eine höhere Stufe empor.
In dieser Denkweise erhält die Wahrheit reinen Prozeßcharakter. Man kann dann beispielsweise nicht sagen, daß Kants „Kritik der reinen Vernunft" mit ihrer kopernikanischen Wende die Wahrheit ausdrükken würde und daß die Grenzziehung der Vernunft so und nicht anders zu erfolgen habe. Kein einzelner Gedanke in seiner Isolierung ist wahr, weil stets über ihn hinausgegangen werden muß. Kein Zustand, sei er kultureller oder politischer Natur, darf als solcher hingenommen werden; er muß zu einem Neuen hin überwunden werden. Das Entscheidende ist die Veränderung, das Weitergehen über das Wirkliche des Augenblicks hinaus. Eine Macht, welche die eigentlichen Bedürfnisse und Zwecke der Menschen kennt, treibt uns von Veränderung zu Veränderung.

Auch vor Hegel wurde schon vereinzelt geschichtlich argumentiert. Aber in allen Theorien von der Entwicklung des Menschengeschlechts wurde die Wahrheit als das Ziel der Veränderungen aufgefaßt. Man glaubte, sich in jeder Epoche der Wahrheit weiter zu nähern und hoffte, sie eines Tages ganz zu besitzen. Bei Hegel ist dies anders. Selbst wenn seine Philosophie das sich wissende Wissen repräsentiert, läßt sich die Wahrheit nur erfassen, wenn die vorausgegangenen Stadien mitgedacht werden. Der Kreis des Ganzen muß immer wieder durchlaufen werden, wenn Wahrheit begriffen werden soll. Dieses Ganze hat Hegel als System darzustellen versucht.

24.2 Das spekulative System

Da Hegels Denken selbst zahlreiche Wandlungen durchgemacht hat, die sich in den einzelnen Systementwürfen niedergeschlagen haben, beschränken wir uns auf die letzte Systemform, wie sie uns in der ,,Enzyklopädie der philosophischen Wissenschaften im Grundrisse" vorliegt.

a) Das System als adäquate Form der Spekulation

Das System ist die Reflexionsform der spekulativen Philosophie. Unter Spekulation versteht Hegel die denkende Erhebung zum Unendlichen. Weil das Absolute oder Unendliche als Geist und als die eine Substanz gedacht wird, die sich selbst verwirklicht und dabei alles Endliche in sich trägt, können die einzelnen Stufen des Weges der Selbstverwirklichung systematisch dargestellt werden. Aus dem Begriff des Selbstbewußtseins wird deutlich, wie diese Abfolge gedacht werden muß: Das Selbst findet sich im Anderen wieder. Dieses Andere erscheint zunächst als das Endliche der physischen und der sittlichen Welt; der Geist setzt die Natur als das Andere. Indem er dieses Andere im Selbstbewußtsein aus dem ,,an sich" der Andersartigkeit in das ,,für sich" überführt, erhebt er die endliche Natur zur Unendlichkeit.

b) Das System der ,,Enzyklopädie der philosophischen Wissenschaften"

Der folgende Überblick soll zeigen, wie Hegel alles nur denkbare Wissen in seine Philosophie einbezog und im Zusammenhang zu begreifen suchte. Da nach Hegel jedes Gedachte seinen notwendigen Ort im Prozeß der Selbstfindung des Geistes hat, versuchte er bei der Behandlung der einzelnen Gegenstände zu zeigen, wie Eines notwendig das Andere aus sich hervortreibt. Die Notwendigkeit dieses Zusammenhangs ist die Dialektik des Geschehens.

1. Teil: Die Wissenschaft der Logik

Hegel behandelt hier die Wahrheit, wie sie ,,ohne Hülle an und für sich selbst ist''. Sie ist ,,die Darstellung Gottes ... wie er in seinem ewigen Wesen vor der Erschaffung der Natur und des menschlichen Geistes ist''.

Die Logik ist die Wissenschaft, in der sich die Idee ,,an und für sich zeigt''. Sie beginnt beim Sein, das zunächst Qualität, dann Quantität und in der Vermittlung beider ,,Maß'' ist. In der Lehre vom Wesen setzt sich Hegel mit der Frage auseinander, ob der Grund der Existenz nur Erscheinung oder echte Wirklichkeit ist. Den Abschluß bildet schließlich die Lehre vom Begriff, der sich zunächst als subjektiver, dann als objektiver Begriff und in der Synthese als Idee entfaltet. [65]

2. Teil: Naturphilosophie

Für Hegel ist dies die Wissenschaft der Idee in ihrem Anderssein. Die Naturbetrachtung der Physik zielt auf die Erkenntnis des Allgemeinen, sieht aber von den Zwecken ab. Auch die Naturphilosophie geht auf das Allgemeine, aber sie betrachtet es in seiner immanenten Notwendigkeit. Sie nimmt dort den Stoff auf, wo die Physik ihre Grenzen hat. In der Naturphilosophie reflektiert Hegel die Mechanik, das heißt ,,die Natur in der unendlichen Vereinzelung, die Physik, ,,die Natur in der Bestimmung der Besonderheit'' und schließlich die Organik, ,,die Natur in der Bestimmung der Subjektivität''. Dabei kommen Raum und Zeit genau so zur Sprache wie Astronomie, Pflanzen und Tiere. [66]

3. Teil: Philosophie des Geistes

Diese wird als Wissenschaft der Idee bestimmt, die aus ihrem Anderssein in sich zurückkehrt. Alles Tun des Geistes ist ein Erfassen seiner selbst. Die philosophische Wissenschaft hat die Aufgabe zu zeigen, wie der Geist in allem, ,,was im Himmel und auf Erden ist'', sich selbst erkennt. Die geistigen Tätigkeiten sind die Weisen der Zurückführung des Äußerlichen auf ein Innerliches. Im Geist ist die Natur verschwunden; er ist die zu ihrem Fürsichsein gelangte Idee. Das Wesen des Geistes ist die Freiheit, das heißt das Nichtabhängigsein von anderem, das Sichaufsichselbstbeziehen.

In diesem dritten Teil findet man reichhaltiges spekulatives Material. Hegel verbreitet sich bei der Behandlung des *subjektiven Geistes* in der Anthropologie über verschiedene Seelenformen, in der Phänomenologie über Bewußtseinsformen und in der Psychologie über den theoretischen, praktischen und freien Geist. Dann wendet er sich dem *objektiven Geist* zu. Dieser erscheint als Recht, als Moralität und als Sittlichkeit. Im Abschnitt über Sittlichkeit behandelt er Familie, Gesellschaft und Staat. Den Höhepunkt stellt schließlich der *absolute Geist* dar, der sich als Kunst, als Offenbarungsreligion und als Philosophie zeigt.[67]

So vollendet sich die Hegelsche Philosophie in dem Gedanken, den Weg des Absoluten selbst abzuschließen, indem sie die Möglichkeit zeigt, eben diesen Weg und damit das Ganze zu denken.

25. Texte D

25.1 R. Descartes: Über die Prinzipien der menschlichen Erkenntnis

1. Da wir als Kinder auf die Welt kommen und über sinnliche Gegenstände urteilen, bevor wir den vollen Gebrauch unserer Vernunft erlangt haben, so werden wir durch viele Vorurteile an der Erkenntnis der Wahrheit gehindert, und es scheint kein anderes Mittel dagegen zu geben, als einmal im Leben sich zu entschließen, an allem zu zweifeln, worin man auch nur den geringsten Verdacht einer Ungewißheit antrifft.

2. Es ist sogar nützlich, schon das Zweifelhafte als falsch anzunehmen, um desto sicherer das zu finden, was ganz sicher und ganz leicht erkennbar ist.

3. Dieser Zweifel ist indessen auf die Erforschung der Wahrheit zu beschränken. Denn im tätigen Leben würde oft die Gelegenheit zum Handeln vorübergehen, ehe wir uns aus den Zweifeln befreit hätten, und hier muß man daher oft das bloß Wahrscheinliche hinnehmen und manchmal selbst unter gleich wahrscheinlichen Dingen eine Wahl treffen.

4. Da wir hier aber bloß auf die Erforschung der Wahrheit ausgehen, wollen wir zunächst daran zweifeln, ob es überhaupt solche Dinge gibt, wie sie sich der Wahrnehmung oder der Einbildung darbieten; denn erstens bemerken wir, daß die Sinne bisweilen irren, und die Klugheit fordert, niemals denen allzusehr zu trauen, die uns auch nur einmal getäuscht haben, sodann glauben wir alle Tage im Traume eine Unzahl Dinge wahrzunehmen oder vorzustellen, die nirgends sind, und wenn man so entschlossen ist, an allem zu zweifeln, so ermangelt man jeden Zeichens, woran man den Traum vom Wachen unterscheiden könnte.

5. Wir werden auch alles übrige bezweifeln, was wir bisher für das Gewisseste gehalten haben; selbst die mathematischen Beweise und die Sätze, die wir bisher für selbstverständlich angesehen haben. Denn einmal haben wir gesehen, daß manche in solchen Dingen geirrt und das, was uns falsch schien, für ganz gewiß und selbstverständlich angenommen haben; vor allem aber haben wir gehört, daß es einen Gott gibt, der uns geschaffen hat und alles vermag, und wir wissen nicht, ob er uns vielleicht nicht so hat schaffen wollen, daß wir immer und selbst in dem, was uns ganz offenbar scheint, getäuscht werden. Denn dies ist ebensogut möglich, als die Täuschung in einzelnen Fällen, deren Vorkommen wir bereits bemerkt haben. Denken wir uns aber, nicht der allmächtige Gott, sondern wir selbst oder irgend ein anderer hätte uns geschaffen, so wird es, je weniger mächtig wir den Urheber unseres Daseins annehmen, um so wahrscheinlicher, daß wir unvollkommen sind und immer getäuscht werden.

6. Mag nun unser Urheber sein, wer da will, und mag seine Macht einerseits, seine betrügerische Absicht anderseits noch so groß sein, so haben wir doch in uns die freie Entscheidung, dem nicht ganz Gewissen und Erforschten unsere Zustimmung zu versagen und uns so vor jedem Irrtum zu schützen.

7. Indem wir so alles nur irgend Zweifelhafte zurückweisen und es selbst als falsch gelten lassen, können wir leicht annehmen, daß es keinen Gott, keinen Himmel, keinen Körper gibt; daß wir selbst weder Hände noch Füße, überhaupt keinen Körper haben; aber wir können nicht annehmen, daß wir, die wir solches denken, nichts sind; denn es ist ein Widerspruch, daß das, was denkt, zu dem Zeitpunkt, wo es denkt, nicht existiert. Demnach ist der Satz: Ich denke, also bin ich (ego cogito, ergo sum) die allererste und gewisseste aller Erkenntnisse, die sich jedem ordnungsgemäß Philosophierenden darbietet.

25.2 R. Descartes: Vier Regeln zum richtigen Vernunftgebrauch

Die *erste* war: niemals eine Sache als wahr anzunehmen, die ich nicht als solche sicher und einleuchtend erkennen (évidemment connaître, certo et evidenter cognoscere) würde, d. h. sorgfältig die Übereilung und das Vorurteil zu vermeiden und in meinen Urteilen nur soviel zu begreifen, wie sich meinem Geist so klar und deutlich (clairement et distinctement; clare et distincte) darstellen würde, daß ich gar keine Möglichkeit hätte, daran zu zweifeln.

Die *zweite:* jede der Schwierigkeiten, die ich untersuchen würde, in so viele Teile zu zerlegen (diviser) als möglich und zur besseren Lösung wünschenswert wäre.

Die *dritte:* meine Gedanken zu ordnen; zu beginnen mit den einfachsten und faßlichsten Objekten und aufzusteigen allmählich und gleichsam stufenweise bis zur Erkenntnis der kompliziertesten, und selbst solche Dinge irgendwie für geordnet zu halten, von denen natürlicherweise nicht die einen den anderen vorausgehen.

Und die *letzte:* überall so vollständige Aufzählungen und so umfassende Übersichten zu machen, daß ich sicher wäre, nichts auszulassen.

25.3 B. de Spinoza: Ethik (more geometrico). Von Gott

Definitionen

1.
Unter Ursache seiner selbst verstehe ich das, dessen Wesenheit die Existenz in sich schließt, oder das, dessen Natur nur als existierend begriffen werden kann.

2.
Das Ding heißt endlich in seiner Gattung, das durch ein anderes der selben Natur begrenzt werden kann. Zum Beispiel heißt ein Körper endlich, weil wir stets einen anderen größeren begreifen. So wird ein Gedanke durch einen anderen Gedanken begrenzt. Dagegen wird kein

Körper durch einen Gedanken begrenzt und kein Gedanke durch einen Körper.

3.
Unter Substanz verstehe ich das, was in sich ist, und durch sich begriffen wird, das heißt das, dessen Begriff, um gebildet werden zu können, den Begriff eines anderen Dinges nicht bedarf.

4.
Unter Attribut verstehe ich das, was der Verstand an der Substanz als deren Weisheit ausmachend wahrnimmt.

5.
Unter Modus verstehe ich die Affektionen der Substanz oder das, was in einem Andern ist, durch das es auch begriffen wird.

6.
Unter Gott verstehe ich das unbedingt unendliche Wesen, das heißt die Substanz, die aus unendlich vielen Attributen besteht, deren jedes ewige und unendliche Wesenheit ausdrückt.
Erläuterung: Ich sage „unbedingt" und nicht „in seiner Gattung" unendlich. Denn von dem nur in seiner Gattung Unendlichen können wir unendlich viele Attribute verneinen; zur Wesenheit des unbedingt Unendlichen aber gehört alles, was Wesenheit ausdrückt und keinerlei Verneinung in sich schließt.

7.
Das Ding soll frei heißen, das nur kraft der Notwendigkeit seiner Natur existiert, und allein durch sich selbst zum Handeln bestimmt wird; notwendig dagegen, oder besser gezwungen, das Ding, das von einem anderen bestimmt wird, auf gewisse und bestimmte Weise zu existieren und zu wirken.

8.
Unter Ewigkeit verstehe ich die Existenz selbst, sofern sie als notwendige Folge aus der Definition eines ewigen Dinges begriffen wird.
Erläuterung: Eine solche Existenz wird nämlich ebenso als eine ewige Wahrheit begriffen, wie die Wesenheit eines Dinges, und sie kann deswegen durch die Dauer oder die Zeit nicht erklärt werden, mag auch die Dauer als anfangs- und endlos begriffen werden.

Grundsätze

1.
Alles, was ist, ist entweder in sich oder in einem Anderen.

2.
Das, was nicht durch ein Anderes begriffen werden kann, muß durch sich selbst begriffen werden.

3.
Aus einer gegebenen bestimmten Ursache folgt mit Notwendigkeit eine Wirkung, und umgekehrt, wenn keine bestimmte Ursache gegeben ist, kann unmöglich eine Wirkung folgen.

4.
Die Erkenntnis der Wirkung hängt von der Erkenntnis der Ursache ab und schließt diese in sich.

5.
Dinge, die nichts miteinander gemein haben, können auch nicht auseinander erkannt werden, oder der Begriff des einen schließt den Begriff des anderen nicht in sich.

6.
Eine wahre Idee muß in ihrem Gegenstande übereinstimmen.

7.
Was sich als nicht existierend denken läßt, dessen Wesenheit schließt die Existenz nicht ein.

Lehrsatz 1. Die Substanz ist der Natur nach vor ihren Affektionen.
Beweis: Dies erhellt aus Definition 3 und 5.

Lehrsatz 2. Zwei Substanzen, die verschiedene Attribute haben, haben nichts miteinander gemein.
Beweis: Dies erhellt ebenfalls aus Definition 3. Denn jede muß in sich sein und durch sich begriffen werden, oder der Begriff der einen schließt den Begriff der andern nicht ein.

Lehrsatz 3. Von Dingen, die nichts miteinander gemein haben, kann das eine nicht die Ursache des anderen sein.

Beweis: Wenn sie nichts miteinander gemein haben, so können sie (nach Grundsatz 5) auch nicht auseinander erkannt werden, und daher kann (nach Grundsatz 4) das eine nicht die Ursache des anderen sein. Was zu beweisen war.

Anmerkung:
Die Menschen täuschen sich, wenn sie sich für frei halten; und diese ihre Meinung besteht allein darin, daß sie sich ihrer Handlungen bewußt sind, ohne eine Kenntnis der Ursachen zu haben, von denen sie bestimmt werden. Die Idee ihrer Freiheit ist also die, daß sie keine Ursache ihrer Handlungen kennen. Denn wenn sie sagen, die menschlichen Handlungen hingen vom Willen ab, so sind das Worte, mit denen sie keine Idee verbinden. Was nämlich Wille sei, und wie er den Körper bewegt, das wissen sie alle nicht, und die, die etwas anderes vorgeben und sich allerlei von einem Sitz und Wohnplatz des Seelenwesens einbilden, erregen bei anderen gewöhnlich Lachen oder endlich Überdruß.

25.4 G. W. Leibniz: Das Alphabet der Gedanken

1. Als ich diesem Studium eifrig mich ergab, verfiel ich unausweichlich auf diese bewunderungswürdige Idee, daß nämlich ein Alphabet der menschlichen Gedanken ausgedacht werden könnte und durch die Kombination der Buchstaben dieses Alphabetes und durch die Analyse der aus ihnen entstandenen Worte alles aufgefunden *(inveniri)* und entschieden *(dijudicari)* werden könnte.

2. Die wirkliche Methode soll uns einen *filum Ariadnes* verschaffen, d. h. ein gewisses sinnlich wahrnehmbares und rohes Mittel, das den Geist führt, wie es die in der Geometrie gezogenen Linien sind und die Formen der Operationen, die man denjenigen vorschreibt, die die Arithmetik erlernen sollen. Ohne dies könnte unser Geist keinen Weg zurücklegen, ohne irrezugehen.

3. Zum Auffinden und Beweisen der Wahrheiten ist die Analyse der Gedanken notwendig, ... welche der Analyse der (Schrift-)Charaktere entspricht ... Daher können wir die Analyse der Gedanken sinnlich wahrnehmbar machen und wie mit einem Faden mechanisch leiten; denn die Analyse der Charaktere ist etwas sinnlich Wahrnehmbares.

4. Eine *Charakteristik* der *Vernunft,* kraft derer die Wahrheiten der Vernunft gewissermaßen durch einen Kalkül, wie in der Arithmetik und in der Algebra, so in jedem anderen Bereich, soweit er der Schlußfolgerung unterworfen ist, erreichbar würden.

5. Danach wird, wenn eine Meinungsverschiedenheit entsteht, eine Auseinandersetzung zwischen zwei Philosophen nicht mehr notwendig sein, (so wenig) wie zwischen zwei Rechnenden. Es wird vielmehr genügen, die Feder zur Hand zu nehmen und sich an die Rechentische *(ad abacos)* zu setzen und [wenn es so beliebt, unter Herbeirufung eines Freundes] zueinander zu sagen: Rechnen wir!

25.5 Humes Kausalitätskritik (N. Hoerster)

Es gibt also, so meint Hume, keine überzeugenden Gründe, die uns legitimieren könnten, unsere Erfahrungserkenntnis über gegenwärtige oder vergangene Wahrnehmungen hinaus auf weitere, nie wahrgenommene Fälle (sei es der Vergangenheit, der Gegenwart oder der Zukunft) auszudehnen. Trotzdem tun wir dieses im Alltag wie in der Wissenschaft täglich, und „nur ein Narr oder Wahnsinniger" könnte bei seiner Zukunftsplanung auf Erfahrungsschlüsse aus der Vergangenheit verzichten (Untersuchung, 54). Dieses unter Menschen universale Vertrauen auf die Erfahrung muß also, da rational nicht begründbar, auf außerrationale Faktoren in der menschlichen Natur zurückgehen, die psychologisch erklärbar sind.
Die folgende Erklärung hält Hume für überzeugend. Wir ziehen aus der Wahrnehmung von Ereignisabfolgen nur deshalb weiterführende Schlüsse, weil wir davon ausgehen, daß die betreffenden Ereignisse in der Beziehung von Ursache und Wirkung zueinander stehen. (Wir würden nicht annehmen, daß auch morgen noch auf 100 Grad erhitztes Wasser zum Verdampfen kommt, wenn wir nicht überzeugt wären, daß das Erhitzen die *Ursache* des Verdampfens ist.) Welche Voraussetzungen aber müssen erfüllt sein, damit wir zwischen zwei Ereignissen ein Ursache-Wirkung-Verhältnis annehmen?
Hume nennt zunächst drei Voraussetzungen, die relativ unproblematisch sind: die räumliche Nähe, die zeitliche Aufeinanderfolge und die ständige Verknüpfung der Ereignisse. Das bedeutet in unserem Beispiel: 1. Der Wasserdampf bildet sich in der Nähe des erhitzten Wassers. 2. Die Erhitzung geht der Verdampfung unmittelbar voraus.

3. Die enge räumliche und zeitliche Verknüpfung zwischen Erhitzung und Verdampfung ist in sämtlichen bisher beobachteten Fällen aufgetreten. Diese drei Voraussetzungen reichen nach Hume jedoch noch nicht aus, um unsere Kausalitätsvorstellung adäquat zu rekonstruieren. Wir müssen vielmehr, um eine Kausalbeziehung annehmen zu können, außerdem davon überzeugt sein, daß die Verknüpfung zwischen den beiden Arten von Ereignissen in irgendeinem Sinne *notwendig* ist. Nur weil wir von der Notwendigkeit der Verknüpfung überzeugt sind, können wir davon überzeugt sein, daß sie auch in Zukunft eintreten wird. (Vgl. zum Vorangehenden Traktat, 1. Buch, 3. Teil, Abschn. 2, 6 u. 14.) Damit sind wir bei dem eigentlichen Problem einer Erklärung des Kausalitätsdenkens angelangt: Worin liegt das Wesen dieser Notwendigkeit?

Um eine Notwendigkeit apriorischer Natur kann es sich nicht handeln. Denn *logisch betrachtet* kann jedes beliebige Ereignis die Ursache jedes beliebigen anderen Ereignisses sein (Untersuchung, 43 f.). Also muß die fragliche Notwendigkeit, soll es sich nicht überhaupt um eine sinnlose Vorstellung handeln, in der Erfahrung begründet sein. In unserer Wahrnehmung jener Ereignisse, die wir als Ursachen bzw. als Wirkungen ansehen, stoßen wir jedoch nie auf etwas, das dieser Vorstellung im mindesten zu entsprechen scheint: Wir können zwar mit unseren Sinnesorganen feststellen, daß die Ereignisse, wie gefordert, räumlich und zeitlich eng verknüpft sind. Wir können ebenfalls feststellen – wie es das dritte Kausalitätskriterium verlangt –, daß ähnliche Ereignisse, soweit wir bisher beobachtet haben, *ohne Ausnahme* derartig verknüpft waren. Aber wo bleibt die „Notwendigkeit"? Welche Eigenschaft etwa des erhitzt werdenden und verdampfenden Wassers unseres Beispiels spiegelt *sie* in der Erfahrung wider? (Traktat, 1. Buch, 117 f.)

Es ist vergeblich, die Notwendigkeit der Verknüpfung zwischen Ursache und Wirkung in der Außenwelt, in der Natur der Dinge suchen zu wollen. Die Lösung des Problems liegt vielmehr darin, daß die gesuchte Notwendigkeit nichts weiter ist als ein Eindruck, der sich beim Erfahrungs*subjekt* unter bestimmten Bedingungen einstellt. Hume stellt sich den Vorgang wie folgt vor: Nachdem wir zwei Arten von Ereignissen häufiger räumlich und zeitlich eng verknüpft wahrgenommen haben, entsteht in uns der Eindruck, diese Verknüpfung müsse notwendig sein, bzw. – was im Grunde dasselbe ist – die Erwartung, sie werde uns auch in Zukunft begegnen. Die subjektive Vorstellung von *Notwendigkeit* ist nicht mehr und nicht weniger als die natürliche psychologische Folge von *Gewohnheit*.

25.6 I. Kant: Die „kopernikanische Wende"

a) Die *Mathematik* ist von den frühesten Zeiten her, wohin die Geschichte der menschlichen Vernunft reicht, in dem bewunderungswürdigen Volke der Griechen den sichern Weg einer Wissenschaft gegangen. Allein man darf nicht denken, daß es ihr so leicht geworden, wie der Logik, wo die Vernunft es nur mit sich selbst zu tun hat, jenen königlichen Weg zu treffen, oder vielmehr sich selbst zu bahnen; vielmehr glaube ich, daß es lange mit ihr (vornehmlich noch unter den Ägyptern) beim Herumtappen geblieben ist, und diese Umänderung einer *Revolution* zuzuschreiben sei, die der glückliche Einfall eines einzigen Mannes in einem Versuche zu Stande brachte, von welchem an die Bahn, die man nehmen mußte, nicht mehr zu verfehlen war, und der sichere Gang einer Wissenschaft für alle Zeiten und in unendliche Weiten eingeschlagen und vorgezeichnet war. Die Geschichte dieser Revolution der Denkart, welche viel wichtiger war als die Entdeckung des Weges um das berühmte Vorgebirge, und des Glücklichen, der sie zu Stande brachte, ist uns nicht aufbehalten ...
Dem ersten, der den *gleichseitigen Triangel* demonstrierte (er mag nun *Thales* oder wie man will geheißen haben), dem ging ein Licht auf; denn er fand, daß er nicht dem, was er in der Figur sahe, oder auch dem bloßen Begriffe derselben nachspüren und gleichsam davon ihre Eigenschaften ablernen, sondern durchaus als das, was er nach Begriffen selbst a priori hineindachte und darstellete (durch Konstruktion), hervorbringen müsse, und daß er, um sicher etwas a priori zu wissen, er der Sache nichts beilegen müsse, als was aus dem notwendig folgte, was er seinem Begriffe gemäß selbst in sie gelegt hat.

b) Mit der Naturwissenschaft ging es weit langsamer zu, bis sie den Heeresweg der Wissenschaft traf; denn es sind nur etwa anderthalb Jahrhunderte, daß der Vorschlag des sinnreichen *Baco* von Verulam diese Entdeckung teils veranlaßte, teils, da man bereits auf der Spur derselben war, mehr belebte, welche eben sowohl nur durch eine schnell vorangegangene Revolution der Denkart erklärt werden kann. Ich will hier nur die Naturwissenschaft, so fern sie auf *empirische* Prinzipien gegründet ist, in Erwägung ziehen.
Als *Galilei* seine Kugeln die schiefe Fläche mit einer von ihm selbst gewählten Schwere herabrollen, oder *Torricelli* die Luft ein Gewicht, was er sich zum voraus dem einer ihm bekannten Wassersäule gleich gedacht hatte, tragen ließ, oder in noch späterer Zeit *Stahl* Metalle in Kalk und diesen wiederum in Metall verwandelte, indem er ihnen et-

was entzog und wiedergab: so ging allen Naturforschern ein Licht auf. Sie begriffen, daß die Vernunft nur das einsieht, was sie selbst nach ihrem Entwurfe hervorbringt, daß sie mit Prinzipien ihrer Urteile nach beständigen Gesetzen vorangehen und die Natur nötigen müsse, auf ihre Fragen zu antworten, nicht aber sich von ihr allein gleichsam am Leitbande gängeln lassen müsse; denn sonst hängen zufällige, nach keinem vorher entworfenen Plane gemachte Beobachtungen gar nicht in einem notwendigen Gesetze zusammen, welches doch die Vernunft sucht und bedarf. Die Vernunft muß mit ihren Prinzipien, nach denen allein übereinkommende Erscheinungen für Gesetze gelten können, in einer Hand, und mit dem Experiment, das sie nach jenen ausdachte, in der anderen, an die Natur gehen, zwar um von ihr belehrt zu werden, aber nicht in der Qualität eines Schülers, der sich alles vorsagen läßt, was der Lehrer will, sondern eines bestallten Richters, der die Zeugen nötigt, auf die Fragen zu antworten, die er ihnen vorlegt.

c) Der *Metaphysik,* einer ganz isolierten spekulativen Vernunfterkenntnis, die sich gänzlich über Erfahrungsbelehrung erhebt, und zwar durch bloße Begriffe (nicht wie Mathematik durch Anwendung derselben auf Anschauung), wo also Vernunft selbst ihr eigener Schüler sein soll, ist das Schicksal bisher noch so günstig nicht gewesen, daß sie den sichern Gang einer Wissenschaft einzuschlagen vermocht hätte; ob sie gleich älter ist, als alle übrige, und bleiben würde, wenn gleich die übrigen insgesamt in dem Schlunde einer alles vertilgenden Barbarei gänzlich verschlungen werden sollten . . .
Ich sollte meinen, die Beispiele der Mathematik und Naturwissenschaft, die durch eine auf einmal zu Stande gebrachte Revolution das geworden sind, was sie jetzt sind, wäre merkwürdig genug, um dem wesentlichen Stücke der Umänderung der Denkart, die ihnen so vorteilhaftgeworden ist, nachzusinnen, und ihnen, so viel ihre Analogie, als Vernunfterkenntnisse, mit der Metaphysik verstattet, hierin wenigstens zum Versuche nachzuahmen. Bisher nahm man an, alle unsere Erkenntnis müsse sich nach den Gegenständen richten; aber alle Versuche, über sie a priori etwas durch Begriffe auszumachen, wodurch unsere Erkenntnis erweitert würde, gingen unter dieser Voraussetzung zu nichte. Man versuche es daher einmal, ob wir nicht in den Aufgaben der Metaphysik damit besser fortkommen, daß wir annehmen, die Gegenstände müssen sich nach unserem Erkenntnis richten, welches so schon besser mit der verlangten Möglichkeit einer Erkenntnis derselben a priori zusammenstimmt, die über Gegenstände, ehe sie uns gegeben werden, etwas festsetzen soll. Es ist hiemit eben so, als mit den

ersten Gedanken des *Kopernikus* bewandt, der, nachdem es mit der Erklärung der Himmelsbewegungen nicht gut fort wollte, wenn er annahm, das ganze Sternheer drehe sich um den Zuschauer, versuchte, ob es nicht besser gelingen möchte, wenn er den Zuschauer sich drehen, und dagegen die Sterne in Ruhe ließ. In der Metaphysik kann man nun, was die *Anschauung* der Gegenstände betrifft, es auf ähnliche Weise versuchen. Wenn die Anschauung sich nach der Beschaffenheit der Gegenstände richten müßte, so sehe ich nicht ein, wie man a priori von ihr etwas wissen könne; richtet sich aber der Gegenstand (als Objekt der Sinne) nach der Beschaffenheit unseres Anschauungsvermögens, so kann ich mir diese Möglichkeit ganz wohl vorstellen. Weil ich aber bei diesen Anschauungen, wenn sie Erkenntnisse werden sollen, nicht stehen bleiben kann, sondern sie als Vorstellungen auf irgend etwas als Gegenstand beziehen und diesen durch jene bestimmen muß, so kann ich entweder annehmen, die *Begriffe,* wodurch ich diese Bestimmung zu Stande bringe, richten sich auch nach dem Gegenstande, und denn bin ich wiederum in derselben Verlegenheit, wegen der Art, wie ich a priori hievon etwas wissen könne; oder ich nehme an, die Gegenstände, oder, welches einerlei ist, die *Erfahrung,* in welcher sie allein (als gegebene Gegenstände) erkannt werden, richte sich nach diesen Begriffen . . .

25.7 I. Kant: Gott, Freiheit, Unsterblichkeit

Nun wollen wir annehmen, die durch unsere Kritik notwendiggemachte Unterscheidung der Dinge, als Gegenstände der Erfahrung, von eben denselben, als Dingen an sich selbst, wäre gar nicht gemacht, so müßte der Grundsatz der Kausalität und mithin der Naturmechanism in Bestimmung derselben durchaus von allen Dingen überhaupt als wirkenden Ursachen gelten. Von eben demselben Wesen also, z. B. der menschlichen Seele, würde ich nicht sagen können, ihr Wille sei frei, und er sei doch zugleich der Naturnotwendigkeit unterworfen, d. i. nicht frei, ohne in einen offenbaren Widerspruch zu geraten; weil ich die Seele in beiden Sätzen in *eben derselben Bedeutung,* nämlich als Ding überhaupt (als Sache an sich selbst) genommen habe, und, ohne vorhergehende Kritik, auch nicht anders nehmen konnte. Wenn aber die Kritik nicht geirrt hat, da sie das Objekt in *zweierlei Bedeutung* nehmen lehrt, nämlich als Erscheinung, oder als Ding an sich selbst; wenn die Deduktion ihrer Verstandesbegriffe richtig ist, mithin auch der Grundsatz der Kausalität nur auf Dinge im ersten Sinne genommen, nämlich so fern sie Gegenstände der Erfahrung sind, geht, eben dieselbe aber nach der zweiten Bedeutung ihm nicht unterworfen sind: so wird eben derselbe Wille in der Erscheinung (den sichtbaren Handlungen) als dem Naturgesetze notwendig gemäß und so fern *nicht frei,* und doch anderseits, als einem Dinge an sich selbst angehörig, jenem nicht unterworfen, mithin als *frei* gedacht, ohne daß hiebei ein Widerspruch vorgeht. Ob ich nun gleich meine Seele, von der letzteren Seite betrachtet, durch keine spekulative Vernunft (noch weniger durch empirische Beobachtung), mithin auch nicht die Freiheit als Eigenschaft eines Wesens, dem ich Wirkungen in der Sinneswelt zuschreibe, *erkennen* kann, darum weil ich ein solches seiner Existenz nach, und doch nicht in der Zeit, bestimmt erkennen müßte (welches, weil ich meinem Begriffe keine Anschauung unterlegen kann, unmöglich ist), so kann ich mir doch die Freiheit *denken,* d.i. die Vorstellung davon enthält wenigstens keinen Widerspruch in sich, wenn unsere kritische Unterscheidung beider (der sinnlichen und intellektuellen) Vorstellungsarten und die davon herrührende Einschränkung der reinen Verstandesbegriffe, mithin auch der aus ihnen fließenden Grundsätze, Statt hat. Gesetzt nun, die Moral setze notwendig Freiheit (im strengsten Sinne) als Eigenschaft unseres Willens voraus, indem sie praktische in unserer Vernunft liegende ursprüngliche Grundsätze als *Data* derselben a priori anführt, die ohne Voraussetzung der Freiheit schlechterdings unmöglich wären, die spekulative Vernunft aber hätte bewiesen, daß diese sich gar nicht denken lasse, so muß notwendig jene Voraussetzung, nämlich die moralische, derjenigen weichen, deren Gegenteil einen offenbaren Widerspruch enthält, folglich *Freiheit* und mit ihr Sittlichkeit (denn deren Gegenteil enthält keinen Widerspruch, wenn nicht schon Freiheit vorausgesetzt wird) dem *Naturmechanism* den Platz einräumen. So aber, da ich zur Moral nichts weiter brauche, als daß Freiheit sich nur nicht selbst widerspreche, und sich also doch wenigstens denken lasse, ohne nötig zu haben, sie weiter einzusehen, daß sie also dem Naturmechanism eben derselben Handlung (in anderer Beziehung genommen) gar kein Hindernis in den Weg lege: so behauptet die Lehre der Sittlichkeit ihren Platz, und die Naturlehre auch den ihrigen, welches aber nicht Statt gefunden hätte, wenn nicht Kritik uns zuvor von unserer unvermeidlichen Unwissenheit in Ansehung der Dinge an sich selbst belehrt, und alles, was wir theoretisch *erkennen* können, auf bloße Erscheinungen eingeschränkt hätte. Eben diese Erörterung des positiven Nutzens kritischer Grundsätze der reinen Vernunft läßt sich in Ansehung des Begriffs von Gott und der *einfachen Natur* unserer *Seele* zeigen, die ich aber der Kürze halber vorbeigehe. Ich kann also

Gott, Freiheit und *Unsterblichkeit* zum Behuf des notwendigen praktischen Gebrauchs meiner Vernunft nicht einmal *annehmen,* wenn ich nicht der spekulativen Vernunft zugleich ihre Anmaßung überschwenglicher Einsichten *benehme,* weil sie sich, um zu diesen zu gelangen, solcher Grundsätze bedienen muß, die, indem sie in der Tat bloß auf Gegenstände möglicher Erfahrung reichen, wenn sie gleichwohl auf das angewandt werden, was nicht ein Gegenstand der Erfahrung sein kann, wirklich dieses jederzeit in Erscheinung verwandeln, und so alle *praktische Erweiterung* der reinen Vernunft für unmöglich erklären. Ich mußte als das *Wissen* aufheben, um zum *Glauben* Platz zu bekommen, und der Dogmatism der Metaphysik, d.i. das Vorurteil, in ihr ohne Kritik der reinen Vernunft fortzukommen, ist die wahre Quelle alles der Moralität widerstreitenden Unglaubens, der jederzeit gar sehr dogmatisch ist. –

25.8 G. W. F. Hegel: Philosophie als System

a) Der Anfang der Bildung und des Herausarbeitens aus der Unmittelbarkeit des substantiellen Lebens wird immer damit gemacht werden müssen, Kenntnisse *allgemeiner* Grundsätze und Gesichtspunkte zu erwerben, sich nur erst zu dem *Gedanken* der Sache *überhaupt* heraufzuarbeiten, nicht weniger sie mit Gründen zu unterstützen oder zu widerlegen, die konkrete und reiche Fülle nach Bestimmtheiten aufzufassen und ordentlichen Bescheid und ernsthaftes Urteil über sie zu erteilen zu wissen. Dieser Anfang der Bildung wird aber zunächst dem Ernste des erfüllten Lebens Platz machen, der in die Erfahrung der Sache selbst hineinführt; und wenn auch dies noch hinzukommt, daß der Ernst des Begriffs in ihre Tiefe steigt, so wird eine solche Kenntnis und Beurteilung in der Konversation ihre schickliche Stelle behalten.
Die wahre Gestalt, in welcher die Wahrheit existiert, kann allein das wissenschaftliche System derselben sein. Daran mitzuarbeiten, daß die Philosophie der Form der Wissenschaft näherkomme, – dem Ziele, ihren Namen der *Liebe* zum *Wissen* ablegen zu können und *wirkliches Wissen* zu sein, – das ist es, was ich mir vorgesetzt. Die innere Notwendigkeit, daß das Wissen Wissenschaft sei, liegt in seiner Natur, und die befriedigende Erklärung hierüber ist allein die Darstellung der Philosophie selbst. Die *äußere* Notwendigkeit aber, insofern sie, abgesehen von der Zufälligkeit der Person und der individuellen Veranlassungen, auf eine allgemeine Weise gefaßt wird, ist dasselbe, was die *innere,* in

der Gestalt nämlich, wie die Zeit das Dasein ihrer Momente vorstellt. Daß die Erhebung der Philosophie zur Wissenschaft an der Zeit ist, dies aufzuzeigen würde daher die einzig wahre Rechtfertigung der Versuche sein, die diesen Zweck haben, weil sie dessen Notwendigkeit dartun, ja sie ihn zugleich ausführen würde.
Indem die wahre Gestalt der Wahrheit in diese Wissenschaftlichkeit gesetzt wird, - oder was dasselbe ist, indem die Wahrheit behauptet wird, an dem *Begriffe* allein das Element ihrer Existenz zu haben, - so weiß ich, daß dies im Widerspruch mit einer Vorstellung und deren Folgen zu stehen scheint, welche eine so große Anmaßung als Ausbreitung in der Überzeugung des Zeitalters hat. Eine Erklärung über diesen Widerspruch scheint darum nicht überflüssig; wenn sie auch hier weiter nichts als gleichfalls eine Versicherung wie das, gegen was sie geht, sein kann. Wenn nämlich das Wahre nur in demjenigen oder vielmehr nur als dasjenige existiert, was bald Anschauung, bald unmittelbares Wissen des Absoluten, Religion, das Sein - nicht im Zentrum der göttlichen Liebe, sondern das Sein desselben selbst - genannt wird, so wird von da aus zugleich für die Darstellung der Philosophie vielmehr das Gegenteil der Form des Begriffs gefordert. Das Absolute soll nicht begriffen, sondern gefühlt und angeschaut, nicht sein Begriff, sondern sein Gefühl und Anschauung sollen das Wort führen und ausgesprochen werden.

b) Es ist übrigens nicht schwer zu sehen, daß unsre Zeit eine Zeit der Geburt und des Übergangs zu einer neuen Periode ist. Der Geist hat mit der bisherigen Welt seines Daseins und Vorstellens gebrochen und steht im Begriffe, es in die Vergangenheit hinab zu versenken, und in der Arbeit seiner Umgestaltung. Zwar ist er nie in Ruhe, sondern in immer fortschreitender Bewegung begriffen. Aber wie beim Kinde nach langer stiller Ernährung der erste Atemzug jene Allmählichkeit des nur vermehrenden Fortgangs abbricht, - ein qualitativer Sprung - und jetzt das Kind geboren ist, so reift der sich bildende Geist langsam und stille der neuen Gestalt entgegen, löst ein Teilchen des Baues seiner vorhergehenden *Welt* nach dem andern auf, ihr Wanken wird nur durch einzelne Symptome angedeutet; der Leichtsinn wie die Langeweile, die im Bestehenden einreißen, die unbestimmte Ahnung eines Unbekannten sind Vorboten, daß etwas anderes im Anzuge ist. Dies allmähliche Zerbröckeln, das die Physiognomie des Ganzen nicht veränderte, wird durch den Aufgang unterbrochen, der, ein Blitz, in einem Male das Gebilde der neuen Welt hinstellt.

c) Es kommt nach meiner Einsicht, welche sich nur durch die Darstellung des Systems selbst rechtfertigen muß, alles darauf an, das Wahre nicht als *Substanz,* sondern ebensosehr als *Subjekt* aufzufassen und auszudrücken. Zugleich ist zu bemerken, daß die Substantialität so sehr das Allgemeine oder die *Unmittelbarkeit des Wissens* selbst, als auch diejenige, welche *Sein* oder Unmittelbarkeit *für das* Wissen ist, in sich schließt. - Wenn, Gott als die Eine Substanz zu fassen, das Zeitalter empörte, worin diese Bestimmung ausgesprochen wurde, so lag teils der Grund hievon in dem Instinkte, daß darin das Selbstbewußtsein nur untergegangen, nicht erhalten ist, teils aber ist das Gegenteil, welches das Denken als Denken festhält, die *Allgemeinheit* als solche, dieselbe Einfachheit oder unterschiedene, unbewegte Substantialität; und wenn drittens das Denken das Sein der Substanz mit sich vereint und die Unmittelbarkeit oder das Anschauen als Denken erfaßt, so kommt es noch darauf an, ob dieses intellektuelle Anschauen nicht wieder in die träge Einfachheit zurückfällt, und die Wirklichkeit selbst auf eine unwirkliche Weise darstellt.

Die lebendige Substanz ist ferner das Sein, welches in Wahrheit *Subjekt,* oder was dasselbe heißt, welches in Wahrheit wirklich ist, nur insofern sie die Bewegung des Sichselbstsetzens, oder die Vermittlung des Sichanderswerdens mit sich selbst ist. Sie ist als Subjekt die reine *einfache Negativität,* eben dadurch die Entzweiung des Einfachen, oder die entgegensetzende Verdoppelung, welche wieder die Negation dieser gleichgültigen Verschiedenheit und ihres Gegensatzes ist: nur diese sich *wiederherstellende* Gleichheit oder die Reflexion im Anderssein in sich selbst - nicht eine *ursprüngliche* Einheit als solche, oder *unmittelbare* als solche, ist das Wahre. Es ist das Werden seiner selbst, der Kreis, der sein Ende als seinen Zweck voraussetzt und zum Anfange hat, und nur durch die Ausführung und sein Ende wirklich ist.

25.9 G. W. F. Hegel: Philosophie - ihre Zeit in Gedanken erfaßt

Das *was ist* zu begreifen, ist die Aufgabe der Philosophie, denn das *was ist,* ist die Vernunft. Was das Individuum betrifft, so ist ohnehin jedes ein *Sohn seiner Zeit;* so ist auch die Philosophie *ihre Zeit in Gedanken erfaßt.* Es ist ebenso töricht zu wähnen, irgendeine Philosophie gehe über ihre gegenwärtige Welt hinaus, als, ein Individuum überspringe seine Zeit, springe über Rhodus hinaus. Geht seine Theorie in der Tat darüber hinaus, baut es sich eine Welt, *wie sie sein soll,* so existiert sie wohl, aber nur in seinem Meinen – einem weichen Elemente, dem sich alles Beliebige einbilden läßt.

Mit weniger Veränderung würde jene Redensart lauten:

Hier ist die Rose, *hier* tanze.

Was zwischen der Vernunft als selbstbewußtem Geiste und der Vernunft als vorhandener Wirklichkeit liegt, was jene Vernunft von dieser scheidet und in ihr nicht die Befriedigung finden läßt, ist die Fessel irgendeines Abstraktums, das nicht zum Begriffe befreit ist. Die Vernunft als die Rose im Kreuze der Gegenwart zu erkennen und damit dieser sich zu erfreuen, diese vernünftige Einsicht ist die *Versöhnung* mit der Wirklichkeit, welche die Philosophie denen gewährt, an die einmal die innere Anforderung ergangen ist, *zu begreifen* und in dem, was substantiell ist, ebenso die subjektive Freiheit zu erhalten sowie mit der subjektiven Freiheit nicht in einem Besonderen und Zufälligen, sondern in dem, was an und für sich ist, zu stehen.

Dies ist es auch, was den konkreteren Sinn dessen ausmacht, was oben abstrakter als *Einheit der Form und des Inhalts* bezeichnet worden ist, denn die *Form* in ihrer konkretesten Bedeutung ist die Vernunft als begreifendes Erkennen, und der *Inhalt* die Vernunft als das substantielle Wesen der sittlichen wie der natürlichen Wirklichkeit; die bewußte Identität von beidem ist die philosophische Idee. – Es ist ein großer Eigensinn, der Eigensinn, der dem Menschen Ehre macht, nichts in der Gesinnung anerkennen zu wollen, was nicht durch den Gedanken gerechtfertigt ist, – und dieser Eigensinn ist das Charakteristische der neueren Zeit, ohnehin das eigentümliche Prinzip des Protestantismus. Was *Luther* als Glauben im Gefühl und im Zeugnis des Geistes begonnen, es ist dasselbe, was der weiterhin gereifte Geist im *Begriffe* zu fassen und so in der Gegenwart sich zu befreien und dadurch in ihr sich zu finden bestrebt ist. Wie es ein berühmtes Wort geworden ist, daß eine halbe Philosophie von Gott abführe – und es ist dieselbe Halbheit, die das Erkennen in eine *Annäherung* zur Wahrheit setzt –, die wahre Philosophie aber zu Gott führe, so ist es dasselbe mit dem Staate. So wie die Vernunft sich nicht mit der Annäherung, als welche weder kalt noch warm ist und darum ausgespien wird, begnügt, ebensowenig begnügt sie sich mit der kalten Verzweiflung, die zugibt, daß es in dieser Zeitlichkeit wohl schlecht oder höchstens mittelmäßig zugehe, aber eben in ihr nichts Besseres zu haben und nur darum Frieden mit der Wirklichkeit zu halten sei; es ist ein wärmerer Friede mit ihr, den die Erkenntnis verschafft.

Um noch über das *Belehren,* wie die Welt sein soll, ein Wort zu sagen, so kommt dazu ohnehin die Philosophie immer zu spät. Als der *Gedanke* der Welt erscheint sie erst in der Zeit, nachdem die Wirklichkeit ihren Bildungsprozeß vollendet und sich fertig gemacht hat. Dies, was der Begriff lehrt, zeigt notwendig ebenso die Geschichte, daß erst in der Reife der Wirklichkeit das Ideale dem Realen gegenüber erscheint und jenes sich dieselbe Welt, in ihrer Substanz erfaßt, in Gestalt eines intellektuellen Reichs erbaut. Wenn die Philosophie ihr Grau in Grau malt, dann ist eine Gestalt des Lebens alt geworden, und mit Grau in Grau läßt sie sich nicht verjüngen, sondern nur erkennen; die Eule der Minerva beginnt erst mit der einbrechenden Dämmerung ihren Flug.

26. Referat- und Diskussionsthemen D

26.1 Die Rolle des Zweifels bei Descartes und bei Augustinus. (A. Schöpf: Augustinus. Einführung in sein Philosophieren; München / Freiburg 1970, S. 46–50. Descartes: Meditationen über die Grundlagen der Philosophie, 1. und 2. Meditation)

26.2 Descartes und die neuzeitliche Naturwissenschaft. (C. F. von Weizsäcker: Descartes und die neuzeitliche Naturwissenschaft; Hamburger Universitätsreden 23, Hamburg 1958)

26.3 John Locke als aktueller Sprachphilosoph. (H. W. Arndt: J. Locke - Die Funktion der Sprache; in: J. Speck: Grundprobleme der großen Philosophen, Philosophie der Neuzeit I, Göttingen 1979)

26.4 Humes Kritik der Kausalität. (D. Hume: Eine Untersuchung über den menschlichen Verstand; II–VII)

26.5 Das Grundanliegen der theoretischen Philosophie Kants. (I. Kant: Kritik der reinen Vernunft; Vorrede zur 2. Auflage)

26.6 Die Kritik der Gottesbeweise durch Kant (s. 26.5, Transzendentale Dialektik, 3. Hauptstück, 4.–6. Abschnitt)

26.7 Die Ethik-Konzeption bei Kant und bei Aristoteles. (I. Kant: Grundlegung der Metaphysik der Sitten, 1. Abschnitt; O. Gigon: Einleitung zur „Nikomachischen Ethik"; Zürich 1951)

26.8 Herrschaft und Knechtschaft bei Hegel und Marx. (G. W. F. Hegel: Phänomenologie des Geistes, B, IV, (A); K. Marx: Kommunistisches Manifest, in Frühschriften, Stuttgart 1971, S. 525 ff.)

26.9 Die dialektische Methode und ihre Problematik. (K. Wuchterl: Methoden der Gegenwartsphilosophie, Bern 1977, 5., 6.)

26.10 Hegel und das Problem der Evolution. (R. G. Collingwood: Philosophie der Geschichte, Stuttgart 1955, S. 122–124)

27. Zeittafel D

1492	Entdeckung Amerikas
um 1500	Höhepunkt der Renaissance
1517	Thesenanschlag Luthers; Beginn der Reformation
1618–1648	Dreißigjähriger Krieg
	Rationalisten:
1596–1650	René Descartes, Begründer der neuzeitlichen Philosophie
1632–1677	Baruch de Spinoza. Pantheismus
1646–1716	Gottfried Wilhelm Leibniz. Monadenlehre
	Empiristen und Naturforscher:
1561–1624	Francis Bacon. Begründer des Empirismus
1588–1679	Thomas Hobbes. Naturalismus. Lehre vom Staatsvertrag
1632–1704	John Locke. Erkenntnistheorie
1642–1722	Isaac Newton
1711–1776	David Hume. Skeptizismus
	Französische Aufklärer:
1694–1778	François Marie Voltaire
1712–1778	Jean Jacques Rousseau
1789	Französische Revolution
1804	Napoleon I., Kaiser der Franzosen
	Deutsche Idealisten:
1724–1804	Immanuel Kant. Transzendentalphilosophie
1762–1814	Johann Gottlieb Fichte. Wissenschaftslehre
1770–1831	Georg Wilhelm Friedrich Hegel. Philosophie als System
1775–1854	Friedrich Wilhelm Schelling. Romantik

E. Stationen auf dem Weg zur Gegenwart: Von Hegel bis Nietzsche

Überblick

Das 19. Jahrhundert ist eine Zeit der Nachfolge und des *Umbruchs.* Nach dem Zusammenbruch der napoleonischen Herrschaft bedurfte es einer Neuordnung Europas (Wiener Kongreß), die auf eine Wiederherstellung des Gleichgewichts der Großmächte hinauslief. Der Konflikt zwischen fortschrittlichen liberalen und restaurativen Kräften erzeugte innen- und außenpolitische Spannungen. Das Anwachsen der Bevölkerung, die Verschlechterung der Arbeitsbedingungen, das Wohnungselend in den rapid anwachsenden Großstädten waren die Ursachen für die revolutionären Brüche im gesellschaftlichen Bereich jener Tage (Sozialismus; Kommunistisches Manifest).

Parallel dazu entfalteten sich *Technik und Naturwissenschaften.* Unmittelbar nach Hegels Tod begann das eigentliche Zeitalter der Wissenschaften. Erfindungen wie die Dampfmaschine, die Eisenbahn und der Telegraph, später die elektrische Glühbirne, die Röntgenstrahlen, das Flugzeug usw. formten die Lebensbedingungen radikal um. In den Naturwissenschaften wurden die Entdeckungen methodisch vorbereitet und zu einem Weltbild integriert. Darwin in der Biologie, Helmholtz in der Physik und Liebig in der Chemie lieferten entscheidende Elemente zu dieser neuen Weltbetrachtung, die von materialistischen und mechanistischen Grundgedanken geprägt waren (Positivismus und Atheismus, besonders in Frankreich).

Als zweite beherrschende Macht des 19. Jahrhunderts entwickelte sich neben der Naturwissenschaft die *Geschichtswissenschaft.* In allen Kulturbereichen setzte sich die geschichtliche Betrachtungsweise des *Historismus* durch. Darunter versteht man einmal die Berufung der Geschichtsforscher auf reine wissenschaftliche Objektivität, welche die Fakten durch Quellenstudium wertfrei darstellt und spekulative Deutungen durch die Beschreibung des „wie es eigentlich gewesen"[68] ersetzt *(Geschichtspositivismus).* Zum anderen meint Historismus eine *relativistische* Komponente. Man war davon überzeugt, daß absolute Geltungsansprüche im Sinne Hegels der historischen Forschung nicht standhalten; denn alle kulturellen Erscheinungen sind geschichtlich bedingt und einer ständigen Veränderung unterworfen. Schließlich bezeichnet Historismus eine Grundhaltung, welche die *Geschichte zum Prinzip* erhebt und alle Erklärungen in der Berufung auf die Geschichtlichkeit des Individuellen enden läßt. Das Geschichtliche hat dann zugleich normative Kraft, das heißt, Gebote und Werte brauchen nicht metaphysisch oder religiös begründet zu werden, sondern sind aus den kulturellen Entwicklungen heraus verständlich und erhalten hier auch wirklich ihre Legitimation. Nicht der Geist, sondern das bewegte Leben läßt Sinnvolles entstehen; Organismen ähnlich entwickeln sich die historischen Phänomene. Bedeutende Vertreter des Historismus waren die Geschichtsschreiber Droysen, Ranke und Burckhardt. Dilthey hat am Ende des Jahrhunderts daraus eine „historische Weltanschauung" entwickelt. Die Weltgeschichte ist das große Buch, das in der Sprache der Vergangenheit über alles Auskunft erteilt.

Auch in der *Philosophie* ist das 19. Jahrhundert eine Epoche der Nachfolge und des Umbruchs. Sie war zunächst von dem Streit um die Möglichkeit einer sinnvollen Hegel-Nachfolge geprägt. Rechts- und Linkshegelianer gaben je verschiedene Antworten. Mit der Kritik an Hegels System zerbrach die Vermittlung von Gott und Welt, Individuum und Staat, Innerlichkeit und Äußerlichkeit, Wesen und Existenz. Der entscheidende „revolutionäre Bruch im Denken des 19. Jahrhunderts" war die „Umbildung und Verkehrung der Hegelschen Philosophie des absoluten Geistes durch *Marx* und *Kierkegaard* in Marxismus und Existenzialismus",[69] in denen sich der Wille zur Entscheidung für eines der Extreme manifestierte. Parallel zu dieser vor allem von Hegel her verständlichen Auseinandersetzung erfolgte eine Abwendung von der Philosophie überhaupt. Der Gedanke, daß Hegels Philosophie den Endpunkt der philosophischen Entwicklung markiert und damit alle Nachkommenden nur noch „Totengräber und Denkmalsetzer"[70] sein können, schlug um in die Verwerfung und Verachtung der gesamten Philosophie. Dabei wurden besonders naturwissenschaftliche und historische Argumente vorgebracht. Viele sahen die Philosophie aufgrund der „positiven" Naturforschung als widerlegt an („Positivismus"). Die Historiker, allen voran Ranke, wehrten sich gegen die Hegelsche Abwertung des historischen Augenblicks im Gesamtprozeß; nach Ranke ist „jede Epoche ... unmittelbar zu Gott".[71] Wissenschaftlichkeit wurde das prägende Element aller Erziehung und verdrängte die bis dahin führende Rolle der Philosophie aus dem allgemeinen Bildungsbewußtsein. An die Stelle der Naturphilosophie trat die messende Naturwissenschaft, an die Stelle der Geschichtsphiloso-

phie die positive Geschichtswissenschaft. Erst von *Nietzsche* wurde diese Position in Frage gestellt. In diesem Denker vereinigen sich schließlich die zahlreichen gegensätzlichen kritischen Strömungen zu einer universellen Kulturkritik, deren Auswirkungen bis in das 20. Jahrhundert hinein verfolgt werden können.
Philosophiegeschichtlich von Bedeutung ist die Feststellung, daß die drei genannten Denker, Marx, Kierkegaard und Nietzsche, die übrigens alle keine Berufsphilosophen waren, nicht unmittelbar auf ihre Zeit einwirkten, also im wörtlichen Sinne ,,unzeitgemäß" waren. Ihr Rang wurde erst rückwirkend im 20. Jahrhundert erkannt. Weil aber ihre Ideen die Gedanken ihrer Zeitgenossen, die innerhalb der Schulphilosophie direkt Einfluß gewannen, an Bedeutung für die Gegenwart weit überragen, liegt der Schwerpunkt unserer Darstellung auf der Philosophie von Marx, Kierkegaard und Nietzsche.

28. Karl Marx (1818–1883)

28.1 Die Hegel-Nachfolger

a) Rechts- und Linkshegelianer

Für Hegel waren seine Zeit und seine Philosophie der Höhe- und Schlußpunkt der Entwicklung des absoluten Geistes. Die sogenannten *Rechtshegelianer* bemühten sich, Hegels Philosophie als die einzig richtige Interpretation der politischen und religiösen Streitfragen jener Zeit darzustellen und in historischen Einzelentwürfen weiterzuführen. Ihre Deutungen repräsentierten den Konservativismus innerhalb der politischen und gesellschaftlichen Entwicklung Deutschlands nach den napoleonischen Kriegen. Auch die Hegelsche Religionsphilosophie deuteten sie konservativ; Hegels Verwandlung der Religion des bloßen Gefühls und der Vorstellung in eine Religion des Begriffs war für sie nur der zeitgemäße Ausdruck der tradierten Religiosität, die weiterhin an einem persönlichen Gott und an der individuellen Unsterblichkeit festhalten konnte.
Ganz anderes hatten die *Linkshegelianer* im Sinne, eine Reihe junger geistiger Rebellen, die zwar Hegelschüler waren, sich aber gegen die allgemeine und abstrakte Seite der Lehre ihres Meisters wandten. Dabei weiteten sie nicht nur die Hegelsche Religionskritik zu einer radikalen Destruktion des Christentums aus, sondern auch ihre Interpreta-

tionen der politischen und gesellschaftlichen Zustände gingen weit über Hegels Lehre hinaus. Dieser hatte einst in seinem System den Staat als Endform des objektiven Geistes betrachtet und dabei durchaus an den konkreten preußischen Staat um 1821 als höchste Wirklichkeit gedacht, in dem alle Vernunft und Moral verkörpert sei. Er selbst war bürgerlicher Beamter und verstand sich als „Priester des Absoluten“ [72] – zwar abhängig vom Staat, aber doch frei für die Wahrheit. Die Linkshegelianer dagegen lebten in der Überzeugung von der Unhaltbarkeit der politischen Zustände und protestierten in pathetischen Proklamationen, Programmen und Thesen gegen Hegels „Harmonisierungen“, die sie nicht mehr als echte Versöhnungen und Synthesen gelten lassen konnten. In ihren kritischen Aktivitäten eignete sich aber die Hegelsche Dialektik vorzüglich, um Veränderungen um jeden Preis verkünden und begründen zu können. Vernunft und Wirklichkeit wurden wieder auseinandergerissen. Versuchten die Rechtshegelianer zu zeigen, daß alles Wirkliche vernünftig ist, kehrten die Linkshegelianer die Aussage um und wollten alles Vernünftige in Wirklichkeit umsetzen.

Untereinander zerstritten, nur in der Opposition gegen Hegel einig, entzogen sich die Linkshegelianer durch ihre revolutionäre Tätigkeit jeder bürgerlichen Ordnung. Ihnen war die akademische Laufbahn verschlossen, daher standen sie meistens als freie Schriftsteller und Journalisten am Rande des Existenzminimums. Häufig befanden sie sich als gescheiterte Existenzen auf der Flucht vor den Staatsorganen und verbrachten ihr Leben in der Emigration oder gar im Gefängnis.

Aus den Linkshegelianern ragte neben Karl Marx vor allem Ludwig Feuerbach heraus. Konzentrierte der erstere seine Kritik auf Hegels Rechtsphilosophie, so richtete Feuerbach seine Angriffe vor allem auf die Religionsphilosophie und wurde so zum wichtigsten Bindeglied zwischen Hegel und dem dialektischen Materialismus.

b) Ludwig Feuerbach

Bei Feuerbach schlug die Hegelsche Religionskritik in materialistische Religionskritik um. Dabei blieb er nicht bei den aufklärerischen Thesen vom Priesterbetrug und bei der philologischen Bibelkritik stehen (B. Bauer, D. F. Strauß), sondern versuchte, das Wesentliche der christlichen Lehre in der Form einer „religiösen Anthropologie“ zu erhalten. Er wollte das „theologische Wesen“ der Religion aufheben und in ein „anthropologisches Wesen“ verwandeln. Dabei griff er auf das unmittelbare Gefühl zurück; dies sei das menschliche Wesen der Religion. Denn dieses eigene Gefühl wird wie ein anderes Wesen gedeutet und zu dessen Gott erklärt. So wird die Religion nichts anderes als das Verhalten des Menschen zu sich selbst oder zu seinem Wesen, das er fälschlicherweise als *anderes* Wesen auffaßt. Die Frage, ob das Absolute im menschgewordenen Gott oder im gottgewordenen Menschen lebt, entschied Feuerbach eindeutig im letzteren Sinn. Während Hegel das Endliche aus dem Unendlichen abgeleitet hatte, deduzierte Feuerbach das Unendliche aus dem Endlichen. Der Anfang aller Philosophie ist das Endliche, nicht das Absolute, und die endliche Wirklichkeit zeigt sich vor allem in der Vergänglichkeit des Menschen selbst. [73]

Religion wird zwar kritisch reduziert und die Philosophie zur Religion des Endlichen erklärt, aber beide Begriffe werden letztlich austauschbar. Trotz aller Religionskritik gilt deshalb Feuerbach noch als „frommer" Atheist. Er hat das Christliche in Anthropologie (hin)aufgehoben, obwohl es in der damaligen Zeit bei den Philosophen alle Glaubwürdigkeit eingebüßt hatte. Erst Marx, Kierkegaard und Nietzsche radikalisierten diese Kritik und wandten sich gegen harmonisierende Umdeutungen des christlichen Glaubens.

c) Marx als Vollender Hegels

Für Marx war Feuerbachs Anthropologie nur ein erster Schritt zu einer Kritik der menschlichen Lebensverhältnisse überhaupt. Während Feuerbach nicht erklären konnte, warum sich der Mensch mit dieser göttlichen Aura des mystifizierten Allgemein-Menschlichen umgibt, untersuchte Marx die Lebensumstände, welche die Menschen veranlassen, in die „verkehrte Welt" der Religion zu flüchten. Nur so glaubte Marx, Religion als unwesentlich entlarven und das Diesseits als Element der menschlichen Existenz begründen zu können. Religion ist deshalb nicht wie für Feuerbach Vergegenständlichung des menschlichen Wesens und Humanisierung des tradierten Glaubens, sondern Verdinglichung im Sinne der Selbstentfremdung. Deshalb entwickelte sich bei Marx die theologisch-anthropologische Kontroverse zu einem handfesten Kampf in der diesseitigen Welt: die Sehnsucht nach jenseitigem Seelenheil schlug um in die Forderung nach dem irdisch erfüllten Glück. Die religiöse Kritik mündete in der Grundlegung der materialistischen Lehre von Gesellschaft und Geschichte.

Diese neue Thematik bewirkte in einer Epoche naturwissenschaftlicher Erfindungen und des technischen Triumphes zusammen mit den zahlreichen positivistischen Bestrebungen eine vollkommene Abkehr von Hegel. Um 1850 war seine Philosophie im allgemeinen Bewußtsein so gut wie vergessen. Zwar lebte in der Gelehrtenwelt die Pflege der Hegelschen Philosophie weiter, aber als historisches Objekt, wie viele andere auch. Es ging dabei nicht mehr darum, selbst zu philosophieren, sondern nur noch zu erkennen, wie andere philosophiert haben. Hegels Philosophie der Geschichte war zu einer Geschichte der Philosophie entartet.

28.2 Der revolutionäre Bruch

a) Philosophie als gesellschaftliche Praxis: Der dialektische Materialismus

Marx erschien die Kritik der linken Hegelschüler am politischen Bewußtsein seiner Zeit nicht radikal genug. Ihre Interpretationen beschleunigten nur den „Verfaulungsprozeß des absoluten Geistes“;[74] aber es fehlte der revolutionäre Gedanke. Diesen entwickelte Marx in der Auseinandersetzung mit Hegel und dessen Schülern. Dabei ging es ihm nicht um eine weitere Interpretation der philosophischen Gedanken; der revolutionäre Bruch bestand vielmehr darin, daß er die Welt nicht nur neu *interpretieren,* sondern zugleich *verändern* wollte (11. Feuerbach-These).[75] Das bedeutete, daß die Philosophie praktisch werden mußte.

Man hat diese Forderung oft dahin mißverstanden, daß nach Hegel Philosophie nicht mehr möglich sei und daher zum bloßen Handeln übergegangen werden müsse, bei dem die Philosophie ausgespielt habe. Philosophie sei reiner „Überbau“ einer *praktischen* oder *materiellen* „Basis“ (Engels), die allein das Wesen der Wirklichkeit ausmache, wohingegen der Überbau Anhängsel und Nebensächliches bedeute. Aber Marx reduzierte die Philosophie zunächst nicht auf bloße Aktionen, sondern sie war ihm zugleich Kritik der Interpretation; denn das revolutionäre Denken betraf Sein und Bewußtsein zugleich. Die Philosophie wurde nicht ad absurdum geführt oder einfach ignoriert, sondern durch die Verwirklichung des Vernünftigen in der Welt „aufgehoben“, das heißt, sie wurde verstandene Praxis. Während Hegel glaubte, daß alles Wirkliche schon vernünftig sei und umgekehrt,

forderte Marx das Wirklichwerden des Vernünftigen, das heißt die Verwirklichung der philosophischen Theorie in der gesellschaftlichen Praxis der permanenten Veränderung.
Wie bei Feuerbach *Gott* als Entäußerung des Menschenwesens erschien, bedeutete bei Marx der *Staat* die Entäußerung des sozialen Menschen. Aus der Einsicht, daß die konkrete Gesellschaft wieder zum Subjekt der Geschichte werden müsse, folgerte er zugleich die Abschaffung des monarchischen Staates Hegels. So verwandelte Marx den prometheischen Aufstand gegen den christlichen Gott – er hatte schon in seiner Dissertation Prometheus als den vornehmsten Märtyrer im philosophischen Kalender bezeichnet – in eine Revolution gegen die weltliche Ordnung. Der alte Staat sollte der zukünftigen Polis Platz machen, in welcher der Mensch als zôon politikón Herr seiner selbst ist und seine Freiheit aus Entäußerung und Entfremdung – wie das Heilsbedürfnis neuerdings heißt – zurückgewonnen hat.
Im Laufe der Jahre wurde die Distanz zu Hegels Philosophie immer größer. Am Anfang stand nur der Zweifel an der Hegelschen Synthese von Vernunft und Wirklichkeit; die Idee als treibende Kraft des Geschehens verlor ihre Glaubwürdigkeit. Aus dem Glauben an das Absolute wurde ein Glaube an die Menschheit. Nicht die Entwicklung der Idee, in welcher die Natur nur in der Form des Außersichseins eben dieser Idee verstanden wurde, sondern die materiellen Tatsachen in all ihren gesellschaftlichen und politischen Ausprägungen bestimmten den Ablauf des Geschehens. So kam Marx zu einer „Umkehrung Hegels", indem er Hegel, der für ihn vorher auf dem Kopf stand, wieder auf die Füße gestellt hat, nämlich auf den Boden der materialistischen Weltauffassung. Durch die Überwindung der Metaphysik des Geistes wird die geschichtliche materielle Existenz der Menschheit zum einzigen Unbedingten in der marxistischen Philosophie. In einer letzten Metamorphose verwandelte sich diese schließlich in den dialektischen Materialismus des Kommunismus. Dort steht am Ende der „sozialisierte" Mensch. In ihm ist jede Entäußerung des Menschenwesens rückgängig gemacht. Er repräsentiert die Einheit von Gesellschaft und Individuum, weil die Privatangelegenheiten des Einzelnen in die öffentlichen Angelegenheit aufgegangen sind. Die wahre Demokratie erscheint als klassenlose Gesellschaft, in welcher das Privateigentum abgeschafft ist und so aller Egoismus und alle sozialen Ungerechtigkeiten verschwunden sind.
Am Ende verstand sich Marx nicht als Epigone Hegels, sondern als neuen Anfang einer geschichtlichen Entwicklung, die zwar äußerlich an Hegel anknüpfte und methodische Elemente von diesem übernahm,

aber durch das Praktischwerden der Philosophie und durch deren Verquickung mit Politik und Gesellschaftstheorie die Welt so veränderte, wie es keine theoretische Philosophie vor ihr je vermochte.

b) Die Ökonomie-Kritik: Der historische Materialismus

In den letzten Schriften, insbesondere im ,,Kapital'', seinem Hauptwerk, wandte sich Marx von den internen philosophischen Themen der Hegelnachfolger ab und konzentrierte sich im Sinne der neuen Praxis auf die gesellschaftliche und wirtschaftliche Basis. Die Philosophie verwandelte sich in Ökonomie-Kritik. Die wirkliche Existenz wurde aus der abstrakten Idee in die wirtschaftliche Existenz der Massen verlegt. Das eigentliche Geschehen vollzieht sich danach durch die Veränderungen der materiellen Produktionsverhältnisse und durch die wirtschaftlichen Klassenkämpfe. Die auf Privateigentum beruhende soziale Ordnung bedingt notwendigerweise, daß der Mensch nicht über seine Arbeitsprodukte verfügen kann. Der Mensch entfremdet sich im Arbeitsprozeß; denn die von ihm geschaffenen Reichtümer sind gar nicht seine eigenen, sondern ermöglichen dem anderen durch die Verwandlung des ,,Mehrwerts'' in akkumuliertes Kapital seine Ausbeutung. Dieser Zustand des permanenten Klassenkampfes ist nur durch das Proletariat in einer sozialen Revolution zu überwinden, weil allein dieses die Befreiung als Existenznotwendigkeit erfährt und so die notwendigen Impulse zur allgemeinen Emanzipation erhält. Der Zielpunkt der Entwicklung ist die klassenlose Gesellschaft.
Die Kernthesen dieses sogenannten *historischen Materialismus* lassen sich folgendermaßen zusammenfassen:

- ,,Es ist nicht das Bewußtsein der Menschen, das ihr Sein, sondern umgekehrt, ihr gesellschaftliches Sein, das ihr Bewußtsein bestimmt.''[76]
- Die ökonomischen Verhältnisse bestimmen als Basis das gesellschaftliche Bewußtsein, den Überbau, der sich in Staat, Recht, Moral, Wissenschaft, Kunst und Religion manifestiert.
- Die letzte Instanz, welche Geschichte macht, ist die Praxis des gesellschaftlichen Menschen als wirtschaftliche und politische Tätigkeit, die sich in Klassenkämpfen und Revolutionen vollzieht.
- Die geschichtliche Entwicklung nähert sich notwendigerweise dem Ideal der kommunistischen Gesellschaft, das heißt dem Zustand, in

welchem das Privateigentum abgeschafft ist und wegen der Überwindung der Entfremdung die Ziele des Individuums mit denen der Gesellschaft zusammenfallen.

Es waren vor allem diese Ideen des späten Marx, welche Geschichte gemacht und die gesellschaftliche und politische Welt verändert haben. Es gab und gibt immer wieder Versuche, auf den frühen Marx zurückzugreifen und damit einen neuen Humanismus zu begründen. Gerade durch solche Bestrebungen unterscheiden sich die meisten modernen Marxismen von den streng orthodoxen Lehren, welche die durch Engels und vor allem durch Lenin weiterentwickelten Kerngedanken Marxens dogmatisch zur unumstößlichen Heilswahrheit von Staatsdoktrinen und Weltanschauungen erstarren ließen.

29. Sören Kierkegaard (1813–1855)

29.1 Der existierende Denker

Der Däne Kierkegaard gehört zu den Philosophen, die erst Generationen später Einfluß gewannen. Den Zeitgenossen außerhalb Kopenhagens blieb seine meist unter Pseudonymen veröffentlichte Philosophie völlig unbekannt; es gab weder Kierkegaard-Anhänger noch Kierkegaard-Kritiker. Das heißt aber nicht, daß seine zunächst wirkungslosen Gedanken gegenwartsfern gewesen wären. Im Gegenteil, Kierkegaards Philosophie entstand in der Auflehnung gegen das System Hegels und zugleich gegen die Hegelnachfolger.
Der Hegelsche Wirklichkeitsbegriff als Versöhnung des göttlichen allgemeinen Wesens mit der konkreten irdischen Einzelexistenz hatte seine Glaubwürdigkeit eingebüßt. Die individuelle geschichtliche Existenz, der Einzelne und das egoistische Ich wurden zum philosophischen Thema und markierten einen Schwachpunkt der Hegelschen Synthese. Hier setzte Kierkegaard mit seinem radikalen Existenzbegriff ein: Das Allgemeine – sei es als Geist wie bei Hegel, sei es als Menschheit wie bei Marx – ist existentiell wesenlos. Kierkegaard reduzierte deshalb das Wissen einer vernünftigen Wirklichkeit auf ein einziges Phänomen, auf das Daß-Sein oder die Existenz des Einzelnen. Wenn der Einzelne denkt, dann muß es immer in bezug auf sein Selbst, aus Leidenschaft und Interesse für das sich selbst verstehende Dasein geschehen. Er soll – im Gegensatz zum „abstrakten Denker“ Hegel – der „existierende Denker“ oder das existierende Subjekt sein.

Der existierende Denker ist bei Kierkegaard nicht nur negativ bestimmt, durch Ablehnung des Systems, der geschichtlichen Allgemeinheit und der Äußerlichkeit; er lebt zugleich aus dem christlichen Glauben. Denn der Einzelne muß sich entscheiden: für oder gegen das Christentum. Denn nicht die politischen Aktivitäten, sozialen Reformen und gesellschaftlichen Umwälzungen sind die Forderungen der Zeit, sondern die Erinnerung an das Unbedingte, an die Wahrheit der Ewigkeit.

Während die Antithese zu *Hegel* schon immer als wesentlicher Bestandteil der Philosophie Kierkegaards angesehen wurde, hat man lange Zeit übersehen, daß Kierkegaard und *Marx* innerhalb der Hegel-Kritik ihrerseits Antipoden im strengsten Sinne des Wortes sind. Erst Löwith hat Marxens ökonomische Analyse und Kierkegaards experimentierende Psychologie oder „dialektische Lyrik" [77] als „zwei Seiten einer gemeinsamen Destruktion der bürgerlich-christlichen Welt" gedeutet und ausführlich dargestellt. [78] Dem *sozialen* Empörer Marx, der das *kapitalistische* Bürgertum gedanklich zerstört hat, stellt er den *religiösen* Empörer Kierkegaard gegenüber, dessen Angriffe sich auf das *christliche* Bürgertum konzentrierten. „Der Angriff von Marx und Kierkegaard trennt genau das auseinander, was Hegel vereint hat; beide kehren seine Versöhnung der Vernunft mit der Wirklichkeit um. Marx nimmt zum Gegenstand der Kritik die politische Philosophie und Kierkegaards Angriff richtet sich gegen das philosophische Christentum." [79] Während Marx von der Selbstentfremdung der Menschen spricht, welcher sie im Zeitalter des Kapitalismus ausgesetzt sind, findet man bei Kierkegaard eine Art Selbstentfremdung durch das bürgerliche Christentum, das zwar vorgibt, den christlichen Glauben zu repräsentieren und zu vermitteln, in Wirklichkeit aber Christus verrät und weit vom Glauben des existierenden Denkers entfernt ist. In seinen Tagebüchern schreibt Kierkegaard: „Die Christenheit hat auf eine schäbige Weise das Christentum verraten, indem sie, ohne in Wahrheit christlich sein zu wollen, den Schein des Christseins haben wollte". Denn „die jetzt übliche Christentumsverkündigung ist Unsinn". „Und das ist das Muster, nach dem die ganze amtliche Christentumsverkündigung gefertigt ist: gut von Gott reden, trompetend und posaunend und süßlich – je mehr desto besser: aber klug sich nicht mit ihm einlassen." Kierkegaard kommt schließlich zu der Überzeugung, daß es dadurch gelungen ist, „das Christentum ganz abzuschaffen". „Das Christentum hat man nun völlig in die menschliche Selbstsucht übersetzt", – aber „das Christentum verhält sich in Wahrheit wesentlich zum Leiden". [80]

Marx philosophierte *ohne* Gott und verwandelte das „Geisterreich" Hegels in eine Welt der Arbeit; Kierkegaard dagegen philosophierte *vor* Gott in einer Welt der Verzweiflung und der paradoxen Entscheidung; die Vielfalt der Hegelschen Geistbestimmungen hat er dabei auf ein einziges Faktum reduziert, die „Krankheit zum Tode", die Verzweiflung: nur der verzweifelte Mensch kann Gott begegnen. „Das kommt daher, daß die Verzweiflung eine Bestimmung von Geist ist, sich zum Ewigen im Menschen verhält."[81] Kierkegaards Philosophie enthält so einen dreifachen Bruch: er protestierte gegen die philosophische Vernunft Hegels, gegen die politische Praxis Marxens und zugleich gegen das Christentum seiner Zeit, das er auf das Paradoxon des Sprungs in den Glauben reduzierte und dabei alle Elemente der geschichtlichen Realität der Kirche ad absurdum zu führen versuchte.

29.2 Kierkegaard als Vorläufer der Existenzphilosophie

Kierkegaards Philosophie wurde erst bekannt, als seine Schriften um die Jahrhundertwende in die deutsche Sprache übersetzt wurden. Eine Generation später, als sich die dialektische Theologie und die Existenzphilosophie unter Aufnahme wichtiger Anregungen von Kierkegaard zu wirkungsmächtigen Strömungen unseres Jahrhunderts ausbildeten, erlangten seine Analysen schließlich allgemeinen Einfluß und die ihnen angemessene Bedeutung. Seitdem gilt Kierkegaard als Vorläufer der Existenzphilosophie, die bei ihm allerdings stets religiös geprägt ist, im Gegensatz zu den modernen Formen dieser Philosophie.

Schon der Begriff des „existierenden Denkers" ist charakteristisch. In ihm artikuliert sich eine geistige Gegenbewegung gegen die selbstherrliche Vernunft, gegen die weltliche Wissenschaft und die Möglichkeit, durch Erkenntnis die existentiellen Probleme des Menschseins lösen zu können. Der existierende Denker steht als freies Individuum der Masse, der Gesellschaft und dem Zeitgeist seiner Generation gegenüber. Kierkegaard reduziert dabei die Philosophie auf die nackte Existenzfrage und auf die sich als Gewissen entscheidende Einzelexistenz in ihrer konkreten Biographie.

Sein Leben aber war von Verzweiflung geprägt. Nicht der *theoretische* Zweifel der Metaphysiker plagte ihn, sondern es war die *bodenlose* Verzweiflung des von Gott Verfluchten. Kierkegaard lebte in der Überzeugung, durch die Sünde seines Vaters, der als Kind Gott verflucht hatte, von aller Lebensfreude und Glückserfahrung abgeschnitten zu sein. So erlebte er verzweifelt seine Uneigentlichkeit, d. h. daß er nicht

er selbst war. Deshalb bemühte er sich mit aller Energie um die Aussöhnung mit Gott, um wieder er selbst zu werden. Dieses Wieder-selbst-Werden vor Gott nennt Kierkegaard in einer eigenwilligen Terminologie die „Wiederholung", die Verwirklichung des Ewigen im Zeitlichen. Sie ist das eigentlich Wirkliche. Aber die Bemühungen um dieses Wiederzurückgeholtwerden bedürfen einer Dialektik, die sich in Reflexionen über Angst und Absurdität, „Furcht und Zittern", Entscheidung und Ohnmacht, Selbstsein und Stehen vor Gott entfaltet. Auch andere biographische Elemente sind in diese Gedankenbewegungen eingewoben. So deutete Kierkegaard den Verzicht auf die Heirat mit Regina Olsen, die er bis zu seinem Lebensende liebte, als notwendiges Opfer, um sich als Einsamer vor Gott behaupten zu können.
Solange die Verzweiflung nur als psychologische Zufälligkeit eines einzelnen verworrenen Menschen erschien, erweckten die darin aufbrechenden Erfahrungen kaum die Aufmerksamkeit der Zeitgenossen. Der Mensch des 20. Jahrhunderts dagegen, der die Verzweiflung durch grausame Kriege, durch den Einsturz seiner Gesellschaftsordnung und durch die Verunsicherung seiner Wertwelt tausendfach erfahren mußte, fand schnell den Zugang zu den inneren Leiden Kierkegaards. Die durch biographische Zufälligkeiten bestimmte Verzweiflung des einsamen Dänen spiegelte die Lebenserfahrung des modernen Menschen wider und wurde so zum Ausgangspunkt einer philosophischen Strömung der Gegenwart.
Für Marx wurde die alte Welt, in welcher Hegel noch die totale Versöhnung gefeiert hatte, zum Betätigungsfeld für revolutionäre Praktiken, für Kierkegaard zum Ausgangspunkt für den Absprung in die Transzendenz. Beiden aber war sie letztlich *fremd* geworden und nur noch ein *Übergang zur eigentlichen Wirklichkeit.* Die völlige Heimatlosigkeit, in der alle Wahrheit nur endlicher Übergang und sinnloser Untergang ist, erfuhr schließlich in einer letzten Stufe der Destruktion der abendländischen Kultur der „unzeitgemäße" Philosoph Friedrich Nietzsche.

30. Friedrich Nietzsche (1844–1900)

In Nietzsches Philosophie erreichte die destruktive Tendenz unserer Geistesgeschichte ihren absoluten Höhepunkt. Nie wieder wurde die Kritik der überkommenen Religion, der Wertvorstellungen und der abendländischen Metaphysik mit größerer Leidenschaft, mit glühenderem Haß und beißenderem Spott vollzogen als in den „Entlarvungen“ und Prophetien Nietzsches. Der Reichtum der bildhaften Formulierungen, die Gewagtheit der Metaphorik, der leidenschaftliche und zugleich durchdringende Stil seiner Darstellungen übten suggestive Kräfte auf Zeitgenossen und nachfolgende Generationen aus. Seine Texte gehören zur vollkommensten deutschen Prosa und haben oft eher durch ihre geniale Form als durch inhaltliche Argumente gewirkt. Sie trafen die Stimmung der neuen Zeit, des „Zeitalters des Nihilismus“, dessen Schatten auch auf unserer Gegenwart lasten. Aber Nietzsche war nicht nur der Prophet von der Heraufkunft des Nihilismus, sondern lehrte auch dessen Überwindung. Seine Destruktionen sollten zugleich den Weg für einen neuen Menschen frei machen, für den „Übermenschen“, der die Kraft aufbringt, die Vergänglichkeit mit Freude zu ertragen und zum Diesseits „Ja“ zu sagen.

30.1 Nietzsche als Prophet und Diagnostiker des Nihilismus

a) Anknüpfungen an Schopenhauer und Wagner: Nietzsches „Artistenmetaphysik“

Nietzsches umstrittenes Erstlingswerk „Die Geburt der Tragödie aus dem Geiste der Musik“, das der 27jährige Professor für klassische Philologie an der Universität Basel im Jahre 1871 veröffentlichte, enthält eine neue *Deutung des Griechentums,* die durch die *Metaphysik Schopenhauers* und durch die Begeisterung für *Wagners Kunst-Revolution* geprägt ist. Obwohl sich Nietzsche von seinem Jugendwerk später scharf distanzierte, findet man in diesem ersten Versuch bereits einige Grundelemente seiner Gesamtphilosophie.

(1) Das Tragische als Grundprinzip des Griechentums. Die Auseinandersetzung mit dem griechischen Geist erfolgt auf dem Boden der Kunstinterpretation. Die Kunst dient als Werkzeug, die wahre Natur der Wirklichkeit zu erfassen. Nietzsche begreift so das Schöne nicht als eine Seite des Seins, wie es die Griechen taten, sondern er verdrängt das Ontologische vollständig: *alles Sein ist werthaft.* Sein Entwurf enthält eine „Artisten-Metaphysik“, wie sie Nietzsche selbst genannt hat, eine Weltdeutung durch die Augen des Künstlers.
War in früheren Interpretationen des griechischen Geistes stets von der Manifestation des Klaren, Maßvollen und der harmonischen Gestal-

tung die Rede, finden wir bei Nietzsche eine ganz andere Stimmung: er entdeckte den Grundzug des Griechentums im *Tragischen,* das heißt, in der Unterordnung des Individuums unter die unerschöpfliche Kraft des Dionysischen. Aber weil ihm Kunstinterpretation zugleich Weltinterpretation ist, bedeutet das Tragische das Grundprinzip der Wirklichkeit. Die Analyse der griechischen Tragödie geht über in eine Darstellung des kosmischen Weltprinzips. Die Welt wird vom Widerspiel der Gegensätze bewegt. Alle Welt enthält Tragik, notwendiges Erscheinen und Vergehen, Aufgang und Untergang des Endlichen, ewige Wiederkehr des Gleichen (wie er es später nennen wird), ohne Ziel und ohne Erlösung. Trotzdem denkt Nietzsche im tragischen Vergehen zugleich die Heimkehr in den Lebensgrund mit. Im tragischen Lebensgefühl ist zugleich ein „Ja" zum *Leben* und eine Zustimmung zum Schicksalhaften verborgen. Dieser Lebensbegriff, der als metaphysisches Prinzip und nicht als biologische Kategorie im Sinne seines Zeitgenossen Darwin zu deuten ist, nimmt in Nietzsches Philosophie eine zentrale Stellung ein, so daß man Nietzsche als Begründer der sogenannten Lebensphilosophie betrachten kann.

Das Tragische erklärt Nietzsche aus dem Dualismus zweier Prinzipien, die er in den Kunsttrieben des Apollinischen und des Dionysischen repräsentiert sieht. *Apoll* ist der Gott des bildnerischen Triebes, der Klarheit und des Lichts, der schönen Gestalt, des harmonischen Maßes; *Dionysos* dagegen der Gott des brodelnden Lebens, der Finsternis und des Chaotisch-Maßlosen, der geschlechtlichen Raserei und der leidenschaftlichen Musik. Das Spiel aus Gestalt und Lebensflut, in welchem immer wieder endlich Seiendes aus dem unerschöpflichen dionysischen Urgrund entsteht und wieder vergeht, bestimmt die Wirklichkeit und erscheint uns im griechischen Schauspiel als tragisches Geschehen. Die griechische Tragödie stellt die höchste Vereinigung des Apollinischen und des Dionysischen dar.

Im Laufe der Entwicklung der Philosophie Nietzsches verlor das Apollinische an Eigenständigkeit. Zunächst bezeichnete es als gleichwertiges Gegenprinzip zum Dionysischen die Kraft der Bildgestaltung, die auch die Welt des Traumes hervorbringt, vor allem aber das Vermögen der Begriffsgestaltung, welche die sogenannte Wirklichkeit ausmacht. Die Ableitung des Traumes aus dem Apollinischen bedeutete zugleich dessen Abwertung; es repräsentierte nur noch eine abgeleitete Wirklichkeit. Am Ende stellten der Antichrist und Zarathustra den dionysischen Gott dar. Nietzsche selbst bezeichnete sich in seiner Spätphilosophie als Repräsentant des Dionysischen: „– ich, der letzte Jünger und Eingeweihte des Gottes Dionysos ..." [82]

Die Abkehr von Ratio, begründender Vernunft und Logos läßt sich schon in seiner ersten Schrift erkennen. Denn nach Nietzsche zerstört die Herrschaft des Logischen durch die Fixierung im Begrifflichen das wirkliche Leben. Die historische Herausbildung des Logischen schreibt Nietzsche *Sokrates* zu: durch Sokrates ging die griechische Tragödie unter, durch Sokrates kamen die Philosophie und die gesamte abendländische Denktradition auf die falsche Fährte des theoretischen Denkens, in Sokrates nahm die allgemeine Aufklärung, die den dionysischen Weltgrund verschüttete, ihren Anfang. Die große Gegengestalt des Sokrates ist Heraklit, der Philosoph des unschuldigen Spiels vom Werden und Vergehen.

(2) Arthur Schopenhauer (1788–1860). Nietzsches Artistenmetaphysik weist zahlreiche Bezüge zur Metaphysik Schopenhauers auf. Dessen Philosophie fand trotz des anschaulichen, lebensnahen und geistreichen Stils und der guten Lesbarkeit seiner Werke zunächst kaum Beachtung. Das hing einmal damit zusammen, daß Schopenhauer in der theoretischen Philosophie hauptsächlich an Kant anknüpfte, dagegen Hegel, der damals am Höhepunkt seiner Wirksamkeit stand, bekämpfte, wo er nur konnte; zum anderen war die Grundstimmung seiner Philosophie so negativ und weltverachtend, daß er letztlich gegen den optimistischen Zeitgeist und dessen Aufbruchseuphorie philosophierte. Erst mit den Enttäuschungen nach der mißglückten Revolution von 1848 und dem Zurückdrängen des Einflusses der Linkshegelianer wurde Schopenhauer berühmt. Er gewann in jener Zeit der Resignation vor allem in außerakademischen Kreisen Einfluß. Wagner und Nietzsche haben sich als Schopenhauerianer bezeichnet; im 20. Jahrhundert wirkte er vor allem auf Ludwig Wittgenstein und auf die Spätphilosophie Horkheimers.[83]
Wir beschränken uns auf *einige Aspekte der schopenhauerschen Philosophie,* die bei Nietzsche aufgegriffen und zum Teil umgeprägt wurden.

– Schopenhauer war Pessimist, das heißt, er betrachtete das Leben als Leiden, als Kampf und Vernichtung, als ruheloses Streben nach Glück. Erfüllung und Erlösung seien nur möglich, wenn wir den Trieben, dem Werk eines blinden Willens, entsagen können. Aus dem passiven Pessimismus einer allgemeinen Weltverneinung formte Nietzsche seinen Tragikbegriff als Liebe zum Schicksal der Endlichkeit (amor fati).

– Schopenhauer unterschied wie Kant die Welt der Dinge an sich und die Erscheinungen, allerdings in der eigenwilligen Interpretation der „Welt als Wille und Vorstellung“. [84] Das Kantische Ding an sich wird zum Willen. Die Welt ist in ihrem Innersten Wille, während die Vernunft unfähig ist, die von Menschen gesetzten Ziele zu erreichen. Nietzsche personifizierte den Willen und das leidenschaftliche Leben im Gott Dionysos und gab so dem dunklen Weltgrund anschauliche Inhalte.

– Schopenhauer bezeichnete die Vielheit des Seienden, wie sie sich in den raum-zeitlich gesonderten Dingen zeigt, nur als „Vorstellung“, das heißt letztlich als Schein für den Menschen. Wir werden vom „Schleier der Maja“ [85] getäuscht, hinter dem ein einheitlicher Weltwille verborgen ist. Während Schopenhauer hier Bilder aus dem Buddhismus verwendete, radikalisierte Nietzsche die Abwertung des nur Vorgestellten und nur Erscheinenden im Zerrbild des Sokratischen.

– Weil nicht nur der kategorische Imperativ, sondern auch die platonischen Ideen aus dem Willen begründet werden, spielt das *Kunstwerk* eine besondere Rolle. In der Kunst, dem Werk des Genius, erfahren wir den wahren Gehalt hinter allen Erscheinungen. Insbesondere die *Musik* ermöglicht den Zugang zur Wirklichkeit, weil sie uns von den endlichen Bedürfnissen befreit und damit den Schleier von Raum, Zeit und Kausalität zu durchbrechen hilft.

Diese Sonderrolle der Musik erhielt durch die Begegnung Nietzsches mit *Richard Wagner* noch besonderes Gewicht. Wagners Pathos in der Propagierung einer allgemeinen Kunstrevolution, die im musikalischen Gesamtkunstwerk gipfelte, machte Nietzsche zu einem glühenden Wagner-Anhänger. In der „Geburt der Tragödie“ setzte er die griechische Tragödie mit der Wagner-Oper gleich. Sein späterer Bruch mit Wagner konkretisierte die Absage an diese romantische Welt- und Kunstdeutung, die seinen späteren Attacken nicht standhalten konnten.

b) Die „Entlarvungspsychologie“ als erste Steigerung der Kritik

In den Veröffentlichungen nach der „Geburt der Tragödie“ steigerte sich die kritische Tendenz, die in seinem Erstlingswerk nur die falsche Kunstdeutung und den Sokratismus betroffen hatte. Der Bruch mit

Wagner ging mit der Loslösung von Schopenhauers Metaphysik und mit einer systematischen Entlarvungsstrategie einher, die sich im gleichen Maße auf Religion, Moral, Metaphysik und Kunst bezog. Als geeignetes Aufklärungs- und Befreiungsinstrument diente nicht mehr die Ästhetik, sondern die *positive Wissenschaft,* die er allerdings auch selbst der Kritik unterzog. Alles Große und Heilige im menschlichen Dasein löste er in „Menschliches-Allzumenschliches"[86] auf. Der Lebensbegriff wurde psychologisiert und in die Nähe des biologischen Denkens gestellt: Der Mensch ist das Tier mit Idealen. Aber in den metaphysischen Jenseitskonstruktionen verbergen sich nur verschlüsselte Wunschvorstellungen und ursprüngliche Triebe. Auch die Religion ist ein solches Traumgebilde, in das sich die Menschen in ihrem geschwächten Lebensgefühl flüchten. Alle Illusionen sind „höherer Schwindel", Fiktionen, um die Vergänglichkeit zu überlisten und dem menschlichen Dasein unendliche Bedeutung zu verleihen. Das metaphysische Verlangen nach Einheit, Wahrheit und Seinssinn ist das Bedürfnis alles Lebendigen nach Konstanz, um sich mitteilen zu können und um die Umwelt zu beherrschen und überschaubar zu machen. Auch die Berufung auf Werte bedeutet nichts anderes als ein Herausstellen von Gesichtspunkten und Perspektiven in der Äußerung des Lebendigen.

Die *Methode* in Nietzsches Entlarvungspsychologie verwendet nicht die in der Philosophie übliche *Argumentation,* sondern beschreibt die psychologische *Genealogie,* die „Entstehungsgeschichte des Denkens", das heißt genauer, die angebliche Entstehungsweise jener Illusionen aus ihrem Gegenteil:

- das Heilige entsteht aus unheiligen, verklemmten und rachsüchtigen Trieben,
- das Humane aus egoistischen Wunschvorstellungen,
- Recht und Moral aus dem gemeinen Nutzen,
- die Wahrheit schließlich aus dem Trieb zur Täuschung; das Ding an sich ist nur eines „homerischen Gelächters"[87] wert.

Da es für Nietzsche keine andere Wahrheit gibt als die perspektivische Einsicht in die Illusion und in den tragischen Weltgrund, bedeutet ihm die Genealogie der Phänomene zugleich den Beweis ihrer Wertlosigkeit; durch die Entlarvung sind Religion, Moral und Metaphysik „widerlegt".

Wie in jedem Stadium des Denkens Nietzsches diente auch hier die Kritik einem positiven Ziel: der Mensch soll in den Mittelpunkt des Interesses gestellt werden, indem er sich von den jenseitigen Fesseln befreit und sich für die Bewältigung des Diesseits stärkt; der Mensch wird in der desillusionierten tragischen Welt zugleich zum „freien Geist".[88] Die Entwicklung Nietzsches läßt sich so in die lange Reihe der Versuche einordnen, aus der Entfremdung des Menschen herauszufinden. Der „freie Geist" und die anderen Metaphern, in die sich Nietzsche verkleidet (z. B. als Prinz Vogelfrei oder als Zarathustra), verkünden die Wahrheit des sich aus der Illusion von Religion, Moral, Kunst und Metaphysik befreiten Lebens der diesseitigen Welt. Überwindung der Entfremdung heißt Zurücknahme der Transzendenz in die Immanenz des endlichen Lebens. So kann die Wert*zersetzung* zugleich eine neue Wert*setzung* werden.

c) Der Höhepunkt der Destruktion: Der Tod Gottes

Die berühmte These Nietzsches „Gott ist tot"[89] enthält zwei Aspekte. Sie kann *einerseits* deskriptiv aufgefaßt werden als Feststellung der Tatsache, daß das Christentum seine Glaubwürdigkeit eingebüßt hat. Gott als ens perfectissimum, als summum bonum und als höchste moralische Instanz hat seine Rolle ausgespielt. Sein göttliches Wesen hat sich in Anthropologie (Feuerbach) oder in ein überflüssiges abstraktes Prinzip der Wissenschaften aufgelöst. *Andererseits* wollte Nietzsche mit dem Tode Gottes aber die historische Notwendigkeit ausdrücken, daß die Entwicklung des europäischen Denkens ein Stadium erreicht hat, in welchem der Mensch als freiheitliches Wesen sich vollständig selbst bestimmen muß und deshalb Gott als Inbegriff religiöser, moralischer und metaphysischer Transzendenz abgedankt hat. Die Aufklärung, insbesondere in der Person Nietzsches selbst, hat Gott als Hindernis für die menschliche Selbstbestimmung und vor allem als Personifizierung des Bezugs zur Transzendenz und der Verleumdung des Diesseits entlarvt. Der Tod Gottes ist die Formel für die endgültige Destruktion der Wertvorstellungen von zwei Jahrtausenden europäischen Denkens, für die Mitte der Zeit, den „großen Mittag",[90] nach dem eine neue Epoche anbricht.

Hatte Descartes einst zu Beginn der Neuzeit in seiner systematischen Vereinsamung des ego cogito den Zweifel zum methodischen Prinzip erhoben, um den Weg frei zu machen für eine neue Zeit des menschlichen Bewußtseins, so wiederholt sich dieser Rückzug auf das Ich bei Nietzsche, um den Weg für den Übermenschen zu ebnen. Aber diesmal ist es der *radikale Zweifel,* der die absolute Vereinsamung des Men-

schen ohne Gott und ohne Wahrheit bewirkt. Denn auch das cartesische Bewußtsein, dieser Rettungsanker der neuzeitlichen Philosophie, kann der Kritik Nietzsches nicht entgehen: Bewußtsein und Sprache, Logik und Wissenschaft führen nicht zur Wahrheit; sie verstellen den eigentlichen Weltprozeß des sich jenseits des Bewußtseins entfaltenden Lebens.
Die Verkündigung des Todes Gottes geschieht *direkt* schon in der „Fröhlichen Wissenschaft", der Schrift, die seinem Hauptwerk „Also sprach Zarathustra" vorausging, und *indirekt* in den zahllosen Angriffen auf das Christentum der späteren Jahre, vor allem in „Jenseits von Gut und Böse" und im „Antichrist". Hier hat er seinen ureigensten Stil und seine sophistische Denkform vollendet. Neben der Brillanz und dem Bilderreichtum seiner formvollendeten Sprache finden sich immer wieder die „Hammerschläge" seiner maßlosen Leidenschaftlichkeit: eine permanente Aggressivität, krasse Entstellungen und Vergröberungen durch die Inbrunst seines Hasses, lächerliche Selbstüberheblichkeit, in der er sich mit den größten abendländischen Dichtern vergleicht („Warum ich so weise bin", „Warum ich so klug bin", „Warum ich so gute Bücher schreibe" heißen die Kapitel-Überschriften im „Ecce homo") [91] und ein blasphemischer Hochmut, in welchem sein „Zarathustra" die Gegenfigur zu Jesus von Nazareth wird. In zahllosen Variationen formuliert er seinen Abscheu vor dem Christentum; es ist ihm

- der Aufstand des Sklaven gegen den Herren,
- der Sieg des plebejischen Mittelmaßes über die Aristokratie des Geistes,
- die Ersetzung der Herrenmoral durch die dekadente Sklavenmoral,
- die Umkehrung der griechischen Freiheit in die orientalische Despotie,
- die Krankheit des Neurotikers gegen die Gesundheit des „freien Geistes" und
- das raffinierte Instrument der Züchtigung und Beherrschung der Massen.

Der Tod Gottes ist so keine individuelle Schicksalsfrage, sondern betrifft die Existenzform der gesamten Menschheit. Was Nietzsche verkündet „ist die Geschichte der nächsten zwei Jahrhunderte". Er schreibt weiter: „Ich beschreibe, was kommt, was nicht mehr anders kommen kann: *die Heraufkunft des Nihilismus*". Er prophezeit damit ein weltgeschichtliches Ereignis: „Unsere ganze europäische Kultur bewegt sich seit langem schon mit einer Tortur der Spannung, die von Jahrzehnt zu Jahrzehnt wächst, wie auf eine Katastrophe los: unruhig, gewaltsam, überstürzt..."[92] Denn wenn der Glaube an Gott verloren geht, ist alles erlaubt und das Dasein sinnlos - zwei Konsequenzen, die Dostojewski in dichterischer Form und Schopenhauer in metaphysischer Abstraktheit dargestellt haben. Nietzsche führt diesen Gedankengang radikal zu Ende. Die Ideen von Freiheit, von der kulturellen Vervollkommnung des Menschengeschlechts, vom Guten und von der Humanität verlieren ihren Sinn, weil sie in der Transzendenz begründet sind. Mit dem Wegfall des Grundes bleibt nur der Abgrund: das Nichts, der Nihilismus, „d. h. die radikale Ablehnung von Wert, Sinn, Wünschbarkeit".

Der Mensch der Zukunft, der *„letzte Mensch"*, wird über die fürchterliche Leere erschrecken, die ihm nach der Tötung Gottes entgegenstarrt. Im Nihilismus durchschaut er seine eigenen Erdichtungen der „Hinterwelt" und entwirft bewußt neue, auf den Menschen als endliches Wesen bezogene Ideale und Werte. Er lebt in einer Welt der großen verzweifelten Sehnsucht, des großen Ekels und des großen Überdrusses. Diese Vision vom „letzten Menschen", der am Nihilismus leidet, vermischte Nietzsche mit einer allgemeinen Kulturkritik, einer Kritik der„Zeitgötzen" der Moderne. In „Jenseits von Gut und Böse", wo sich Nietzsche jenseits von Wahr und Falsch versteht, attakkierte er die modernen Wissenschaften, den Lebensstil, die Kunst und gelegentlich auch die politischen Strömungen seiner Zeit (gegen Sozialismus und Demokratie).

Aber der „letzte Mensch" war für Nietzsche nur ein Wesen, das überwunden werden mußte. Später nannte Nietzsche ihn den „höheren Menschen", der sich in der Not verzweifelt an den Verkünder des Übermenschen wendet. Das eigentliche Ziel aller Entlarvungen und Angriffe ist die Befreiung zu eben diesem „Übermenschen", der freudig den Nihilismus erträgt und auf dessen Basis ein neues Wirklichkeitsverständnis aufbaut.

30.2 Nietzsche als Prophet eines neuen Menschen

Nietzsches Bedeutung als Kritiker und Diagnostiker ist unbestritten. Häufig wird aber übersehen, daß seine Philosophie nicht nur destruktive Elemente enthält. Wir finden bei ihm auch eine positive Philosophie, die sich in der Lehre vom Übermenschen konkretisiert.

a) Die Lehre vom Übermenschen

Die Verkündigung des Übermenschen erfolgt in Nietzsches Hauptwerk ,,Also sprach Zarathustra''. Das Buch ist eine Komposition von Gleichnisreden aus dem Munde des Eremiten Zarathustra, der großen Gegenfigur zu Jesus von Nazareth. Die Dichtung steht in lockerem Bezug zur historischen Gestalt des Zarathustra oder Zoroaster, einem altiranischen Religionsstifter, der um 600 v. Chr. den ewigen Kampf zwischen zwei grundlegenden Weltprinzipien, dem Gott des Lichtes und dem der Finsternis, gelehrt hatte (,,Parsismus'').
Der Übermensch ist das Wesen der Zukunft, das den Nihilismus im Gegensatz zum ,,letzten Menschen'' mit Freuden erträgt. Voraussetzung der ,,Frohen Botschaft'' vom Übermenschen ist der Tod Gottes, das heißt der bewußte Verzicht auf jede Begründung durch Transzendenz. Damit ist er der ,,Sinn der Erde'', das spielende Wesen der Endlichkeit, des Nichtfestgestelltseins, der dionysischen Ungebundenheit und des ewigen Wagnisses.
Die erste Gleichnisrede Zarathustras ,,Von den drei Verwandlungen''[93] gibt das Grundthema: den Weg vom gegenwärtigen Menschen zum Letzten Menschen der Zukunft und von diesem zum Übermenschen als eigentliches Ziel. Nietzsche verwendet dabei die Symbole Kamel-Löwe-Kind.

- Das *Kamel,* der Mensch, ächzt ohne Aufbegehren unter der ihm aufgeladenen Last der Transzendenz: ,,so kniet er nieder, dem Kamele gleich, und will gut beladen sein'', er will ,,seine Torheit leuchten lassen, um seiner Weisheit zu spotten'', ,,krank sein und die Tröster heimschicken'', ,,die lieben, die uns verachten, und dem Gespenst die Hand reichen, wessen es uns fürchten machen will''.

- Der *Löwe,* der aufbegehrende ,,letzte Mensch'', erkämpft sich die (negative) Freiheit *von* Gott, *von* der Moral und *von* der Metaphysik; er stellt dem ,,Du sollst!'' sein herrisches ,,Ich will!'' entgegen: er will ,,Herr sein in seiner eigenen Wüste'', feind will er ,,seinem letzten Gotte'' sein; ,,ein heiliges Nein auch vor der Pflicht''. Aber ,,neue Werte schaffen - das vermag auch der Löwe noch nicht.''.

- Das *Kind,* der Übermensch, ist das spielende Wesen: im Spiel entwirft es neue Werte, im Spiel erlangt es die positive Freiheit, die Freiheit *für* eine schöpferische Grundhaltung. ,,Unschuld ist das Kind und Vergessen, ein Neubeginn, ein Spiel, ein aus sich rollendes Rad, eine erste Bewegung, ein heiliges Ja-Sagen''.

Die eigentlichen Kerngedanken der Lehre vom Übermenschen sind der „Wille zur Macht" und „die ewige Wiederkunft".

b) *Der Wille zur Macht und die Ewige Wiederkunft*

Nietzsches Versuch, die Selbstentfremdung des Menschen zu überwinden, läuft auf eine Neubestimmung des Lebens hinaus. Die zwei wesentlichen Züge des Lebens sind der Wille zur Macht und die ewige Wiederkehr.

Unter *Wille zur Macht* versteht man nicht etwa die Beherrschung oder Ausrottung des Schwächeren, sondern einmal ganz allgemein die inhaltlich schwer zu bestimmende Grundtendenz des sich im ständigen Auf und Ab befindlichen Endlichen, die Bewegtheit des Seienden und die Dynamik, aus der alles in der Zeit entsteht. Wille zur Macht ist das Geschichtliche als ewiges Werden, als Bewegung und Zeit. Zum anderen gibt Nietzsche aber auch eine inhaltliche Deutung: das *Leben* als letzter, auf das Ganze zielender metaphysischer Begriff wird nach Stärke und Schwäche, nach historisch-tragischer Größe und krankhafter Dekadenz bewertet. Während es Nietzsche keine Mühe macht, mit Hilfe dieser inhaltlichen Unterscheidungen seine destruktive Kritik zu formulieren, mißlingt ihm eine genauere Charakterisierung des Lebens als Wille zur Macht. Es ist die Rede vom „spielenden Kind" (Heraklit), von der Selbstübersteigerung, aber nicht im Sinne eines Entwurfes transzendenter Phantasmen, sondern im Sinne des Sich-Einfügens in das große Spiel des Werdens. Der Übermensch lebt geschichtlich, ohne Absicherung im ontologisch Unveränderlichen überholter Platonismen. Vergänglichkeit, Erde, Leib, Endlichkeit sind die Kategorien, in denen er sich „Ja" sagend verwirklicht.

Als „höchste Formel der Bejahung" bezeichnet Nietzsche den *„Ewigen-Wiederkunfts-Gedanken"*, „die Grundkonzeption des Werkes".[94] Auch hier fehlt die begriffliche Explikation; alles bleibt Andeutung, Gleichnis und Ahnung. Der Wille zur Macht ist an die Zeit gebunden, weil alle Bewegung des Lebens sich in der Zeit vollzieht. Angesichts der unendlichen Zeit wird diese Bewegung sinnlos; alles scheint umsonst. Daher denkt Nietzsche die Zeit als Ewigkeit, die sich in der „Ewigen Wiederkunft" zusammenschließt: „Muß nicht, was laufen *kann* von allen Dingen, schon einmal diese Gasse gelaufen sein? Muß nicht, was geschehen *kann* von allen Dingen, schon einmal geschehen, getan, vorübergelaufen sein?" „Und diese langsame Spinne, die im Mondschein kriecht, und dieser Mondschein selber, und ich und du im

Torwege, zusammen flüsternd, von ewigen Dingen flüsternd - müssen wir nicht alle schon dagewesen sein?“ [95]
Durch den Gedanken der Ewigen Wiederkunft des Gleichen glaubt Nietzsche, die Geschehnisse und alles Leid in fröhlicher Gleichgültigkeit ertragen zu können. Freiheit und Notwendigkeit versöhnen sich in der „großen Sehnsucht“ der Weltoffenheit des Übermenschen. Im Gedanken der Ewigen Wiederkunft denkt Nietzsche wieder die Ganzheit der Welt, die ihm durch die Ablehnung der Metaphysik aus dem Blick verloren war. Die Zeit wird ihm zur Ewigkeit, das Vergängliche zum Beständigen, das sinnlos Einmalige zum Wiederholten, die Lust zur „Weltlust“ der Erfahrung der Ewigkeit. Mit dem Ausruf „Denn ich liebe dich, o Ewigkeit!“ schließen die Strophen des „Ja- und Amen-Lieds“.

c) Wirkungen

Nietzsches Faszination ist ungebrochen. Jeder Kritiker und Ankläger findet in den Schriften Nietzsches sein Zitat; sogar den Nationalsozialisten ist dies zur Genüge gelungen. Die Sinnlosigkeit und Absurdität im modernen Lebensgefühl - in Dichtung und Philosophie tausendfach wiederholt - bestätigen die Visionen vom „Letzten Menschen“. Die Verkündigung des Übermenschen dagegen fand weder im politischen, noch im gesellschaftlichen oder philosophischen Leben einen positiven Niederschlag. Marxisten kritisierten seine Verhöhnung des Sozialismus („Der Sozialismus - als die zu Ende gedachte *Tyrannei* der Geringsten und Dümmsten, d. h. der Oberflächlichen, Neidischen und der Dreiviertels-Schauspieler ...“) [96] und nannten seine Lehre eine Pseudorevolution. Die Neomarxisten vermißten bei ihm den Sinn für die gesellschaftliche Totalität (A. Schmidt). [97] Christen versuchten, durch die Modernisierung ihres Glaubensgutes die Glaubwürdigkeit des Christentums wieder herzustellen und damit die Grundprämisse, daß Gott tot sei, zu widerlegen.
In neueren Nietzsche-Interpretationen, die weniger über die direkten Einflüsse auf Trieb- und Instinktlehre, auf Psychoanalyse und Existenzialismus reflektieren, tritt der Gedanke eines radikalen Neubeginns in den Vordergrund. Während die einen glauben, daß Nietzsche trotz seiner Metaphysik-Kritik noch in metaphysischen Kategorien denke - das klassische Grundschema Sein-Werden wird einfach umgekehrt und das Seiende als bewegtes Endliches und unreflektiertes Leibliches bestimmt - vermuten andere, daß sein Ansatz über die Metaphysik als

solche hinausweise. Nietzsches Philosophie muß danach als Vorstufe zu Heideggers grundsätzlicher Metaphysik-Kritik aufgefaßt werden. In dieser Interpretation bedeutet Nietzsches Ohnmacht, seine eigentlichen Gedanken über Sein und Zeit, über Wille und Freiheit genauer ausdrücken zu können, die Konsequenz seiner Abkehr von Vernunft und Logik, vom Logos und damit vom Sagbaren überhaupt. In seiner Dichtung artikuliert sich weniger ein Unvermögen Nietzsches als vielmehr die Unzulänglichkeit der tradierten Denkmethoden und Darstellungsformen. „Zwei Wege kommen hier zusammen: die ging noch niemand zu Ende",[98] so klagt Nietzsche selbst.
Es sind vor allem die folgenden Gesichtspunkte, welche die neuere Nietzsche-Interpretation bestimmen:

- Nietzsche hat die Geschichte der abendländischen Philosophie als einen Weg beschrieben, auf dem die Wahrheit über die Wahrheit ans Licht kam: unsere Epoche ist das erste Zeitalter, das keine Wahrheit mehr kennt!

- Nietzsche ist der Philosoph der Endlichkeit. Alle Einsicht des endlichen Bewußtseins ist wesentlich Perspektive und Ausdruck geschichtlicher und individueller Lebenszustände.

- Der Mensch ist - den Monaden Leibnizens ähnlich - ein in seiner ursprünglichen Leiblichkeit ganz auf sich gestelltes Wesen, das in Eigenverantwortung zu sich selbst finden muß.

- Nietzsches Philosophie demonstriert die existenzielle Verwobenheit von Philosophie und Leben. Sie realisiert einen Anspruch, der seit jeher das abendländische Denken bestimmte, nämlich die durch Einsicht geleitete Selbstverwirklichung des Menschen.

31. Texte E

31.1 K. Löwith: Links- und Rechtshegelianer

Die Spaltung der Hegelschen Schule in Rechts- und Linkshegelianer war sachlich ermöglicht durch die grundsätzliche Zweideutigkeit von Hegels dialektischen „Aufhebungen", die ebensogut konservativ wie revolutionär ausgelegt werden konnten. Es bedurfte nur einer „abstrakten" Vereinseitigung von Hegels Methode, um zu dem für alle

Linkshegelianer bezeichnenden Satz von F. Engels zu kommen: „Der Konservatismus dieser Anschauungsweise ist relativ, ihr revolutionärer Charakter ist absolut", nämlich deshalb, weil der Prozeß der Weltgeschichte eine Bewegung des Fortschritts ist und somit eine beständige Negation des Bestehenden. Engels demonstriert den revolutionären Charakter an Hegels Satz, daß das Wirkliche auch das Vernünftige sei. Er ist dem Anschein nach reaktionär, in Wahrheit aber revolutionär, weil Hegel mit der Wirklichkeit ja nicht das zufällig gerade Bestehende meint, sondern ein „wahres" und „notwendiges" Sein. Darum kann sich die scheinbar staatserhaltende These der Rechtsphilosophie „nach allen Regeln" der Hegelschen Denkweise in ihr Gegenteil umkehren: „Alles was besteht, ist wert, daß es zu Grunde geht". Hegel selbst habe freilich diese Konsequenz seiner Dialektik nicht in solcher Schärfe gezogen, ihr vielmehr durch den Abschluß seines Systems widersprochen und die kritisch-revolutionäre Seite mit der dogmatisch-konservativen verdeckt. Man müsse ihn daher von sich selbst befreien und die Wirklichkeit in der Tat zur Vernunft bringen, durch die methodische Negation des Bestehenden. Die Spaltung der Hegelschen Schule beruht also beiderseits darauf, daß die bei Hegel in *einem* metaphysischen Punkt vereinigten Sätze von der Vernunft des Wirklichen *und* der Wirklichkeit des Vernünftigen nach rechts und nach links vereinzelt wurden - zunächst in der Frage der Religion und dann in der der Politik. Die Rechte betonte, daß nur das Wirkliche auch das Vernünftige und die Linke, daß nur das Vernünftige auch das Wirkliche sei, während bei Hegel der konservative und revolutionäre Aspekt, formell mindestens, gleichgültig sind.

31.2 K. Marx: Die Akkumulation des Kapitals

Man hat gesehen, wie Geld in Kapital verwandelt, durch Kapital Mehrwert und aus Mehrwert mehr Kapital gemacht wird. Indes setzt die Akkumulation des Kapitals den Mehrwert, der Mehrwert die kapitalistische Produktion, diese aber das Vorhandensein größerer Massen von Kapital und Arbeitskraft in den Händen von Warenproduzenten voraus. Diese ganze Bewegung scheint sich also in einem fehlerhaften Kreislauf herumzudrehen, aus dem wir nur hinauskommen, indem wir eine der *kapitalistischen Akkumulation* vorausgehende *„ursprüngliche"* Akkumulation (*„previous accumulation"* bei *Adam Smith*) unterstellen, eine Akkumulation, welche nicht das *Resultat* der kapitalistischen Produktionsweise ist, sondern ihr *Ausgangspunkt*.

Diese *ursprüngliche Akkumulation* spielt in der politischen Ökonomie ungefähr dieselbe Rolle wie der *Sündenfall* in der Theologie. Adam biß in den Apfel und damit kam über das Menschengeschlecht die Sünde. Ihr Ursprung wird erklärt, indem er als Anekdote der Vergangenheit erzählt wird. In einer längst verflossenen Zeit gab es auf der einen Seite eine fleißige, intelligente und vor allem sparsame Elite und auf der andren faulenzende, ihr alles, und mehr, verjubelnde Lumpen. Die Legende vom theologischen Sündenfall erzählt uns allerdings, wie der Mensch dazu verdammt worden sei, sein Brot im Schweiß seines Angesichts zu essen; die Historie vom ökonomischen Sündenfall aber enthüllt uns, wieso es Leute gibt, die das keineswegs nötig haben. Einerlei. So kam es, daß die ersten *Reichtum akkumulierten* und die letztren schließlich nichts zu verkaufen hatten als ihre eigne Haut. Und von diesem Sündenfall datiert *die Armut der großen Masse,* die immer noch, aller Arbeit zum Trotz, nichts zu verkaufen hat als sich selbst, und der *Reichtum der wenigen,* der fortwährend wächst, obgleich sie längst aufgehört haben zu arbeiten. Solche fade Kinderei kaut Herr *Thiers* z. B. noch mit staatsfeierlichem Ernst, zur Verteidigung der *propriété* (des Eigentums), den einst so geistreichen Franzosen vor. Aber sobald die Eigentumsfrage ins Spiel kommt, wird es heilige Pflicht, den Standpunkt der Kinderfibel als den allen Altersklassen und Entwicklungsstufen allein gerechten festzuhalten. In der wirklichen Geschichte spielen bekanntlich Eroberung, Unterjochung, Raubmord, kurz: Gewalt, die große Rolle. In der sanften politischen Ökonomie herrschte von jeher die Idylle. Recht und „Arbeit" waren von jeher die einzigen Bereicherungsmittel, natürlich mit jedesmaliger Ausnahme von „*diesem* Jahr". In der Tat sind die Methoden der ursprünglichen Akkumulation alles andre, nur nicht idyllisch.

Geld und Ware sind nicht von vornherein Kapital, so wenig wie Produktions- und Lebensmittel. Sie bedürfen der *Verwandlung in Kapital.* Diese Verwandlung selbst aber kann nur unter bestimmten Umständen vorgehn, die sich dahin zusammenspitzen: zweierlei sehr verschiedne Sorten von Warenbesitzern müssen sich gegenüber und in Kontakt treten, einerseits *Eigner von Geld, Produktions- und Lebensmitteln,* denen es gilt, die von ihnen geeignete Wertsumme zu *verwerten* durch Ankauf fremder Arbeitskraft; andrerseits *freie Arbeiter,* Verkäufer der eignen Arbeitskraft und daher Verkäufer von Arbeit. *Freie Arbeiter* in dem Doppelsinn, daß weder sie selbst unmittelbar zu den Produktionsmitteln gehören, wie Sklaven, Leibeigene usw., noch auch die Produktionsmittel ihnen gehören, wie beim selbstwirtschaftenden Bauer usw., sie davon vielmehr frei, los und ledig sind. Mit dieser *Po-*

larisation des Warenmarktes sind die Grundbedingungen der kapitalistischen Produktion gegeben. Das Kapitalverhältnis setzt die *Scheidung zwischen den Arbeitern* und *dem Eigentum an den Verwirklichungsbedingungen der Arbeit* voraus. Sobald die kapitalistische Produktion einmal auf eignen Füßen steht, *erhält* sie nicht nur jene Scheidung, sonder *reproduziert sie auf stets wachsender Stufenleiter.* Der Prozeß, der das Kapitalverhältnis *schafft,* kann also nichts andres sein als der *Scheidungsprozess des Arbeiters vom Eigentum an seinen Arbeitsbedingungen,* ein Prozeß, der einerseits die gesellschaftlichen Lebens- und Produktionsmittel in *Kapital verwandelt,* andrerseits die unmittelbaren Produzenten in *Lohnarbeiter.* Die sogenannte *ursprüngliche Akkumulation* ist also nichts als der *historische Scheidungsprozeß von Produzenten und Produktionsmittel.* Er erscheint als ,,ursprünglich'', weil er die *Vorgeschichte des Kapitals* und der ihm entsprechenden Produktionsweise bildet.
Die ökonomische Struktur der kapitalistischen Gesellschaft ist hervorgegangen aus der ökonomischen Struktur der feudalen Gesellschaft. Die Auflösung dieser hat die Elemente jener freigesetzt.

31.3 S. Kierkegaard: Von der Leidenschaft des Glaubens

Die Liebe hat doch in den Dichtern ihre Priester, und zuweilen hört man eine Stimme, die sie in Ehren zu halten weiß; aber über den Glauben hört man kein Wort, wer spricht dieser Leidenschaft zu Ehren? Die Philosophie geht weiter. Die Theologie sitzt geschminkt am Fenster und buhlt um ihre Gunst, bietet ihre Schönheit der Philosophie feil. Es soll schwierig sein, Hegel zu verstehen, aber Abraham zu verstehen, das ist ein leichtes Ding. Über Hegel hinausgehen, das ist ein Wunderwerk; aber über Abraham hinauskommen, das ist das leichteste von allem. Ich für meinen Teil habe etliche Zeit darauf verwendet, die Hegelsche Philosophie zu verstehen, glaube, sie auch einigermaßen verstanden zu haben, bin tollkühn genug, zu meinen, daß, wenn ich ihn, trotz angewandter Mühe, an einzelnen Stellen nicht verstehen kann, er selber wohl nicht ganz klar gewesen ist. All dies tue ich leicht, natürlich, mein Kopf leidet nicht darunter. Wenn ich mich indessen daranmachen soll, über Abraham nachzudenken, dann bin ich wie vernichtet. Jeden Augenblick gewahre ich jenes ungeheure Paradoxon, das der Inhalt von Abrahams Leben darstellt, jeden Augenblick werde ich zurückgestoßen, und mein Gedanke vermag, trotz all seiner Leidenschaft, nicht in es einzudringen, nicht um Haaresbreite weiterzukommen. Ich strenge jeden Muskel an, um die Sicht zu erlangen, im gleichen Augenblick werde ich paralytisch.

Mir ist nicht unbekannt, was in der Welt als groß und großmütig bewundert worden ist, meine Seele fühlt sich dem verwandt, sie ist in aller Demut dessen gewiß, daß es auch meine Sache war, für die der Held gestritten hat, im Augenblick der Betrachtung rufe ich mir selber zu: *jam tua res agitur.* In den Helden *denke* ich mich *hinein,* in Abraham kann ich mich nicht hineindenken, wenn ich den Gipfel erreicht habe, stürze ich herab, weil das, was mir geboten wird, ein Paradoxon ist. Deshalb meine ich jedoch keineswegs, der Glaube sei etwas Geringes, sondern ganz im Gegenteil, er sei das Höchste, sowie es sei unredlich von der Philosophie, statt dessen etwas anderes zu geben und den Glauben gering zu schätzen. Die Philosophie kann und soll nicht den Glauben geben, sondern sie soll sich selbst verstehen und wissen, was sie bietet, und den Menschen nichts nehmen und am allerwenigsten ein Etwas abschwindeln, als ob es ein Nichts sei.

31.4 S. Kierkegaard: Christentum und Reflexion

Beständig hat man gemeint, die Reflexion müsse das Christentum zunichte machen und sei sein natürlicher Feind. Ich hoffe nun doch, daß es sich mit Gottes Hilfe zeigen soll, daß die gottesfürchtige Reflexion Knoten wieder knüpfen kann, an denen eine oberflächliche Reflexion so lange Zeit herumgezupft hat. Die göttliche Autorität der Bibel und alles, was dazu gehört, hat man abzuschaffen vermocht, und es sieht so aus, als warte man bloß auf die letzte Abteilung der Reflexion, um das Ganze fertig zu bekommen. Doch siehe da –: die Reflexion leistet nun umgekehrte Dienste, indem sie dem Christlichen wieder Springfedern verleiht und zwar so, daß es sich halten kann – wider die Reflexion! Das Christentum bleibt natürlich unverändert dasselbe, – nicht ein einziges Jota wird geändert. Aber was anders wird, ist der Kampf: bisher bestand er zwischen der Reflexion und dem unmittelbar einfältigen Christentum; aber jetzt wird es ein Kampf zwischen der Reflexion und der in der Reflexion bewaffneten Einfalt.

Darin, meine ich, ist Sinn. Die Aufgabe ist nicht, das Christentum zu begreifen, sondern vielmehr zu begreifen, daß man es nicht begreifen kann. Das ist die heilige Sache des Glaubens, und die Reflexion ist durch solche Anwendung geheiligt.

31.5 F. Nietzsche: Die Entlarvung des Heiligen

Kunst und Kraft der falschen Interpretation. – Alle die Visionen, Schrecken, Ermattungen, Entzückungen des Heiligen sind bekannte Krankheits-Zustände, welche von ihm, auf Grund eingewurzelter religiöser und psychologischer Irrtümer, nur ganz anders, nämlich nicht als Krankheiten, *gedeutet* werden. – So ist vielleicht auch das Dämonion des Sokrates ein Ohrenleiden, das er sich gemäß seiner herrschenden moralischen Denkungsart nur anders, als es jetzt geschehen würde, *auslegt.* Nicht anders steht es mit dem Wahnsinn und Wahnreden der Propheten und Orakelpriester; es ist immer der Grad von Wissen, Phantasie, Bestrebung, Moralität in Kopf und Herz der *Interpreten,* welcher daraus so viel *gemacht* hat. Zu den größten Wirkungen *der* Menschen, welche man Genies und Heilige nennt, gehört es, daß sie sich Interpreten erzwingen, welche sie zum Heile der Menschheit *mißverstehen.*

31.6 F. Nietzsche: Gott ist tot

Der tolle Mensch. – Habt ihr nicht von jenem tollen Menschen gehört, der am hellen Vormittage eine Laterne anzündete, auf den Markt lief und unaufhörlich schrie: „Ich suche Gott! Ich suche Gott!“ – Da dort gerade viele von denen zusammenstanden, welche nicht an Gott glaubten, so erregte er ein großes Gelächter. Ist er denn verlorengegangen? sagte der eine. Hat er sich verlaufen wie ein Kind? sagte der andere. Oder hält er sich versteckt? Fürchtet er sich vor uns? Ist er zu Schiff gegangen? ausgewandert? – so schrien und lachten sie durcheinander. Der tolle Mensch sprang mitten unter sie und durchbohrte sie mit seinen Blicken. „Wohin ist Gott?“ rief er, „ich will es euch sagen! *Wir haben ihn getötet* – ihr und ich! Wir alle sind seine Mörder! Aber wie haben wir dies gemacht? Wie vermochten wir das Meer auszutrinken? Wer gab uns den Schwamm, um den ganzen Horizont wegzuwischen? Was taten wir, als wir diese Erde von ihrer Sonne losketteten? Wohin bewegt sie sich nun? Wohin bewegen wir uns? Fort von allen Sonnen? Stürzen wir nicht fortwährend? Und rückwärts, seitwärts, vorwärts, nach allen Seiten? Gibt es noch ein Oben und ein Unten? Irren wir nicht wie durch ein unendliches Nichts? Haucht uns nicht der leere Raum an? Ist es nicht kälter geworden? Kommt nicht immerfort die Nacht und mehr Nacht? Müssen nicht Laternen am Vormittage angezündet werden? Hören wir noch nichts von dem Lärm der Totengräber, welche Gott begraben? Riechen wir noch nichts von der göttlichen Verwesung? - auch Götter verwesen! Gott ist tot! Gott bleibt tot! Und wir haben ihn getötet! Wie trösten wir uns, die Mörder aller Mörder? Das Heiligste und Mächtigste, was die Welt bisher besaß, es ist unter unsern Messern verblutet - wer wischt dies Blut von uns ab? Mit welchem Wasser könnten wir uns reinigen? Welche Sühnefeier, welche heiligen Spiele werden wir erfinden müssen? Ist nicht die Größe dieser Tat zu groß für uns? Müssen wir nicht selber zu Göttern werden, um nur ihrer würdig zu erscheinen? Es gab nie eine größere Tat - und wer nur immer nach uns geboren wird, gehört um dieser Tat willen in eine höhere Geschichte, als alle Geschichte bisher war!" - Hier schwieg der tolle Mensch und sah wieder seine Zuhörer an: auch sie schwiegen und blickten befremdet auf ihn. Endlich warf er seine Laterne auf den Boden, daß sie in Stücke sprang und erlosch. „Ich komme zu früh", sagte er dann, „ich bin noch nicht an der Zeit. Dies ungeheure Ereignis ist noch unterwegs und wandert - es ist noch nicht bis zu den Ohren der Menschen gedrungen. Blitz und Donner brauchen Zeit, das Licht der Gestirne braucht Zeit, Taten brauchen Zeit, auch nachdem sie getan sind, um gesehn und gehört zu werden. Diese Tat ist ihnen immer noch ferner als die fernsten Gestirne - *und doch haben sie dieselbe getan!*" - Man erzählt noch, daß der tolle Mensch desselbigen Tages in verschiedene Kirchen eingedrungen sei und darin sein *Requiem aeternam deo* angestimmt habe. Hinausgeführt und zur Rede gesetzt, habe er immer nur dies entgegnet: „Was sind denn diese Kirchen noch, wenn sie nicht die Grüfte und Grabmäler Gottes sind?"

31.7 F. Nietzsche: Die ewige Wiederkehr

„Singe und brause über, o Zarathustra, heile mit neuen Liedern deine Seele: daß du dein großes Schicksal tragest, das noch keines Menschen Schicksal war!

Denn deine Tiere wissen es wohl, o Zarathustra, wer du bist und werden mußt: siehe, *du bist der Lehrer der ewigen Wiederkunft* –, das ist nun *dein* Schicksal!

Daß du als der erste diese Lehre lehren mußt - wie sollte dies große Schicksal nicht auch deine größte Gefahr und Krankheit sein!

Siehe, wir wissen, was du lehrst: daß alle Dinge ewig wiederkehren und wir selber mit, und daß wir schon ewige Male dagewesen sind, und alle Dinge mit uns.

Du lehrst, daß es ein großes Jahr des Werdens gibt, ein Ungeheuer von großem Jahr: das muß sich, einer Sanduhr gleich, immer wieder von neuem umdrehn, damit es von neuem ablaufe und auslaufe: -

- so daß alle diese Jahre sich selber gleich sind, im Größten und auch im Kleinsten, so daß wir selber in jedem großen Jahre uns selber gleich sind, im Größten und auch im Kleinsten.

Und wenn du jetzt sterben wolltest, o Zarathustra: siehe, wir wissen auch, wie du da zu dir sprechen würdest - aber deine Tiere bitten dich, daß du noch nicht sterbest!
Du würdest sprechen und ohne Zittern, vielmehr aufatmend vor Seligkeit: denn eine große Schwere und Schwüle wäre von dir genommen, du Geduldigster! -
‚Nun sterbe und schwinde ich', würdest du sprechen, ‚und im Nu bin ich ein Nichts. Die Seelen sind so sterblich wie die Leiber.
Aber der Knoten von Ursachen kehrt wieder, in den ich verschlungen bin -der wird mich wieder schaffen! Ich selber gehöre zu den Ursachen der ewigen Wiederkunft.
Ich komme wieder, mit dieser Sonne, mit dieser Erde, mit diesem Adler, mit dieser Schlange - *nicht* zu einem neuen Leben oder besseren Leben oder ähnlichen Leben:

- ich komme ewig wieder zu diesem gleichen und selbigen Leben, im Größten und auch im Kleinsten, daß ich wieder aller Dinge ewige Wiederkunft lehre, -

- daß ich wieder das Wort spreche vom großen Erden- und Menschen-Mittage, daß ich wieder den Menschen den Übermenschen künde.

Ich sprach mein Wort, ich zerbreche an meinem Wort: so will es mein ewiges Loos -, als Verkündiger gehe ich zugrunde!
Die Stunde kam nun, daß der Untergehende sich selber segnet. Also - *endet* Zarathustras Untergang'."

32. Referat- und Diskussionsthemen E

1. Charakterisieren Sie die Positionen der Rechtshegelianer, der Linkshegelianer, Feuerbachs, Marxens und Nietzsches als verschiedene Etappen einer Abkehr von Hegel. (K. Löwith: Von Hegel zu Nietzsche, Stuttgart 1964, 5. Aufl., besonders 1. Teil, II, III und IV).

2. Die 11. Feuerbach-These von Marx und die Weiterentwicklung des Marxismus durch Lenin. (Autorenkollektiv der Akademie der Wissenschaften der UdSSR: Grundlagen der marxistisch-leninistischen Philosophie, Frankfurt 1974, 3. Aufl., II. 2. und 5.).

3. Vergleichen Sie die ökonomischen Voraussagen von Marx mit der tatsächlichen Entwicklung des „Kapitalismus". (W. Theimer: Der Marxismus; München 1976, 7. Aufl., Kap. 10).

4. Untersuchen Sie die sogenannte Wissenschaftlichkeit des dialektischen Materialismus. Wie erklärt sich dessen Erfolg, obwohl sich viele seiner Thesen auf überholte Vorstellungen des 19. Jahrhunderts beziehen? (I. M. Bocheński: Der sowjetrussische dialektische Materialismus, München 1956, 2. Aufl., S. 115 f.).

5. Inwiefern läßt sich Kierkegaard nachträglich als Denker seiner Zeit verstehen? (K. Löwith, siehe 1.; 1. Teil III).

6. Kierkegaard kontra Hegel: eine Antithese oder ein großes Mißverständnis? (O. F. Bollnow: Existenzphilosophie, Stuttgart 1955, 4. Aufl. II., und H. F. Fulda / D. Henrich: Materialien zu Hegels „Phänomenologie des Geistes", Frankfurt 1973; Vorwort).

7. Inwiefern bestätigt Kierkegaards Sprung in den Glauben und dessen Vorstellung vom Kirchenchristen Nietzsches These vom Tode Gottes? (S. Kierkegaard: Die Leidenschaft des Religiösen, Stuttgart 1953, S. 81 ff. und W. Weischedel: Der Gott der Philosophen, Band 1, München 1979, § 81).

8. Vergleichen Sie das Sokrates-Bild Nietzsches mit dem Sokrates-Bild der philosophischen Tradition. (E. Fink: Nietzsches Philosophie, Stuttgart 1973, 3. Aufl., 1. Kap. 4.).

9. Zeigen Sie, inwiefern im Begriff des Tragischen bei Nietzsche Elemente enthalten sind, die dem christlichen Erlösungsgedanken widersprechen. Suchen Sie weitere Gründe für Nietzsches antichristliche Einstellung. (Siehe 32.6, 1. Kap. 2).

10. Stellen Sie die zwei Formen von Nihilismus gegenüber, die sich aus den Grundhaltungen des „Letzten Menschen“ und des Übermenschen ableiten lassen. (F. Nietzsche: Jenseits von Gut und Böse, Werke IV, München / Wien 1980. Der freie Geist).

11. Wie läßt sich der metaphysische Lebensbegriff Nietzsches vom biologischen Lebensbegriff unterscheiden? Zeigen Sie Berührungspunkte auf, die insbesondere in der positivistischen Aufklärungsperiode Nietzsches feststellbar sind. (F. Nietzsche: Menschliches – Allzumenschliches, Werke II, München / Wien 1980, 1. Band 5, Hauptstück).

33. Zeittafel E

1814/15	Wiener Kongress. Neuordnung Europas. Beginn der Restauration
1817	Deutsche Burschenschaften. Nationale und liberale Bewegungen im Bürgertum
1819	*A. Schopenhauer* (1788–1860): „Die Welt als Wille und Vorstellung“
1825	Erste Eisenbahn. Aufschwung der Technik und revolutionäre Umgestaltung der Wirtschaft durch zahlreiche Erfindungen
1827	Tod Beethovens. Hochblüte der Musik. Romantik
1841	L. Feuerbach (1804–1877): „Das Wesen des Christentums“. Religionskritik, Materialismus
1843	Erste Veröffentlichungen *S. Kierkegaards* (1813–1855)
1848	*K. Marx* (1818–1883) und F. Engels (1820–1895): „Das kommunistische Manifest“. Sozialismus; Klassenkampf; Revolution in Frankreich und anderen Staaten
1849	R. Wagner: Das Kunstwerk der Zukunft
1857	Tod A. Comtes, des Begründers des Positivismus. Metaphysikfeindlichkeit
1859	Ch. Darwin: „Die Entstehung der Arten durch natürliche Zuchtwahl“
Ab 1870	H. Ibsen: Gesellschaftsdramen
1870/71	Deutsch-französischer Krieg; Proklamation des deutschen Kaiserreiches. Bismarck
1900	Tod *F. Nietzsches*

F. Die Philosophie im 20. Jahrhundert: Repräsentanten und Grundformen der neueren Philosophie

Überblick

Das 20. Jahrhundert ist ein Jahrhundert der Spannungen, Verunsicherungen und Krisen. Die imperialistische und diktatorische Machtpolitik einiger Staaten und deren übertriebener Nationalismus, die Gewalt irrationaler Ideologien sowie die Auswirkungen der industriellen und technologischen Entwicklungen in der Massengesellschaft waren die Ursachen der vielfältigen Konflikte, die sich schließlich in weltweiten Kriegen und katastrophalen Zerstörungsaktionen entluden. Auf den revolutionären Bruch im *Denken* des 19. Jahrhunderts war durch die beiden großen Kriege in unserem Jahrhundert ein weltgeschichtlicher Umbruch in der *konkreten Lebensform* der Völker erfolgt, der alle politischen und kulturellen Bereiche umfaßte.
In den geistigen Auseinandersetzungen verlor die Philosophie mehr und mehr an Einfluß. Zur internen Metaphysikkritik kam durch die Verwissenschaftlichung unseres Lebens die Entfremdung von der philosophischen Tradition. Zu Beginn des Jahrhunderts standen die positiven Naturwissenschaften mit ihrem Fortschrittsoptimismus sowie die historische und methodische Forschung mit ihren liberalen Aufklärungsideen im Mittelpunkt des Interesses.
In dieser kritischen Zeit wurde noch einmal ein großangelegter Versuch unternommen, alle geistigen Phänomene durch Vernunft zu begründen. Es war die sogenannte *Phänomenologie,* welche die Philosophie zur Universalwissenschaft erklärte. Aus ihr sollten alle Einzelwissenschaften abgeleitet und sämtliche Kulturleistungen verständlich gemacht werden. Sie markiert den Ausgangspunkt bedeutender Entwicklungen innerhalb der Philosophie und ihrer Nachbarbereiche, die noch bis in die Gegenwart hineinreichen.
Parallel zur Phänomenologie, die vor allem auf dem europäischen Kontinent ihre Anhänger gewann, bildete sich in England die *analytische Philosophie* heraus, die sich unmittelbar an den Methoden der

empirischen Wissenschaften orientierte und zur ständigen Herausforderung für die Phänomenologie und der aus ihr hervorgegangenen Strömungen der philosophischen Hermeneutik und der Existenzphilosophie wurde.
Die sogenannte *sprachliche Wende* (linguistic turn) in der analytischen Philosophie führte zu einem unübersehbaren *Bruch* innerhalb der philosophiegeschichtlichen Tradition. Formal äußerte sich diese Neubesinnung in einem verantwortlicheren Umgang mit der Sprache, in strenger Begrifflichkeit und in konsequenter logischer Stimmigkeit; inhaltlich betraf sie die Abwendung von der kontinentalen Idealismustradition, die von Descartes bis Heidegger das Bewußtsein und die Subjektivität an den Anfang aller Überlegungen gestellt hatte. Für die analytische Philosophie waren dagegen Sprache, Logik und die Annahme objektiver Gegebenheiten Grundvoraussetzungen jeder philosophischen Reflexion.
Demgegenüber versuchte die *philosophische Hermeneutik,* die neue Situation mit den Mitteln der Geisteswissenschaften zu bewältigen. Die extreme Gefährdung des Individuums aktivierte in der sogenannten *Existenzphilosophie* die letzten Möglichkeiten der Eigentlichkeit und führte im Rückgriff auf Marx zur Propagierung neuer gesellschaftlicher Existenzformen *(„Neue Linke“).*
In der Philosophie der Gegenwart sind die Konfrontationen dieser verschiedenartigen Strömungen in den Hintergrund getreten. In einer Zeit der Desillusionierung von Fortschritt und prometheischer Selbstsicherheit beschränkt man sich auf realistische und praktikable Versuche, unsere Existenznöte zu bewältigen („pragmatische Wende“ der Gegenwartsphilosophie).

34. Edmund Husserl und die Phänomenologie

34.1 Philosophie als Wesenswissenschaft

a) Husserls „Logische Untersuchungen“

(1) Der Psychologismus. Der Aufschwung der empirischen Wissenschaften drängte den Einfluß der Philosophie auf allen Gebieten zurück. Nicht nur die Probleme der Metaphysik, der Naturphilosophie und Erkenntnislehre verwandelten sich in Fragestellungen der Einzel-

wissenschaften und machten die Philosophie dort überflüssig, sondern auch die neu entstandene wissenschaftliche Disziplin der Psychologie erhob den Anspruch, sogar die Logik und die Mathematik empirisch zu erklären. So wurden die folgenden Thesen vertreten:

- Logik folgt aus einem System empirischer und induktiver Verallgemeinerungen;
- Logik ist vom psychologischen Denkapparat des Menschen abhängig;
- Logik ist eine praktische Kunstlehre; der Logiker gibt an, wie richtig gedacht werden *soll* (normativer Gesichtspunkt).

Nach der Auffassung des Psychologismus,[99] wie man diese Lehre nannte, liegt beispielsweise die logische Notwendigkeit im Schluß „Wenn A, dann B; nun aber A; also B" nicht in dem logischen Sachverhalt, sondern sie ist nur in unserem Bewußtsein und hat sich durch wiederholte Anwendung so eingeprägt, daß sie schließlich als allgemeines logisches Gesetz angenommen wurde.
Gegen diesen Psychologismus kämpften in der Philosophie vor allem Edmund Husserl (1859–1938) und in der Mathematik Gottlob Frege. Beiden war klar, daß mit der Aufweichung des Notwendigkeitsgedankens in Logik und Mathematik nicht nur die Idee einer Wissenschaft, sondern das gesamte, auf Wahrheit zielende Denken infragegestellt wird. Logik und Mathematik sind ja keine Spezialgebiete wie Geologie oder Rhetorik, deren Probleme nicht über ihren Anwendungsbereich hinausreichen. Sie wirken vielmehr als notwendige Bedingungen für das Denken auf allen Gebieten. Im Streit um den Psychologismus ging es daher um die grundsätzliche Möglichkeit, in den Wissenschaften und in der Philosophie überprüfbares Wissen zu erlangen. Dieses Anliegen veranlaßte Husserl zu einer neuen Interpretation des Wesens der Logik, die zugleich den Anfang der Phänomenologie bedeutete.

(2) Die phänomenologischen Gegenthesen. In seinem ersten philosophisch folgenreichen Werk „Logische Untersuchungen"[100] arbeitete der Mathematiker Husserl die Gegenposition zum Psychologismus heraus. Danach besagen logische Gesetze nichts über das *Sollen,* sondern stets etwas über das *Sein.* Sie betreffen Gesetzmäßigkeiten eines bestimmten Seienden, nämlich einer existierenden idealen Wirklichkeit. Ein logischer Widerspruch besagt nicht, daß wir Widersprüchliches nicht denken sollen, sondern daß (ideelle) Sachverhalte faktisch keine widersprüchlichen Eigenschaften aufweisen. Nur weil die Not-

wendigkeit im ideellen Bereich existiert, kann sie in einer darauf aufgebauten Kunstlehre erscheinen und praktisch angewandt werden.
Daraus ergeben sich die Gegenthesen zum Psychologismus:

- Logik ist ein System ideeller Sachverhalte, die im Bewußtsein aller Menschen gleich erscheinen;
- Logik ist vom menschlichen Denkapparat und damit von der empirischen Psychologie unabhängig;
- Logik ist als formale und beweisbare Wissenschaft Bedingung aller praktischen Kunstlehren.

b) Die eidetische Phänomenologie

(1) Das Phänomen als Eidos - Ausdruck und Bedeutung. Aus der Klärung der Existenzweise des der Logik zugrundeliegenden Ideellen ist die Phänomenologie hervorgegangen. Später bezeichnete Husserl diese ideellen Gegenständlichkeiten mit dem Terminus „Eidos". Er wollte sie damit von Kants Ideen als regulative Prinzipien und zugleich von Platons transzendenten Ideen abheben.
Die wichtigsten Einsichten über die eidetischen Phänomene gewann Husserl bei der Untersuchung sprachlicher Ausdrücke und deren Bedeutungen im zweiten Band der „Logischen Untersuchungen". Diese phänomenologische Analyse des Sinnbegriffs nennt Bocheński „eine der großen Bereicherungen der Philosophie des 20. Jahrhunderts und gleichzeitig eine Rückkehr zu den großen ontologischen Gedanken der Antike und des Mittelalters". [101]
Husserl fragt, was geschieht, wenn wir einem sprachlichen Ausdruck Sinn entnehmen, ihn also verstehen. Dabei erfassen wir offensichtlich einen sinnlich gegebenen Einzelinhalt als Zeichen für etwas. Aber wofür? Ein Zeichen ohne Bedeutung kann Anzeichen für etwas sein, wie z. B. die Flagge als Zeichen für eine Nation. Wenn ein Zeichen dagegen eine Bedeutung hat, dann ist es Ausdruck von etwas. Ein sprachlicher Ausdruck wie „Tisch" vermittelt etwas Allgemeines, das von drei Dingen unterschieden werden muß:

- vom Zeichenträger, das heißt von dem in Anführungszeichen gesetzten Wort beziehungsweise vom hörbaren Laut;
- vom zufällig durch das Wort repräsentierten konkreten Gegenstand, an den man sich stoßen kann;

- und schließlich vom Vorstellungsobjekt im Gehirn einer Einzelperson.

Was der Ausdruck ,,Tisch" meint oder - in Husserls Terminologie - das mit ,,Tisch" Vermeinte ist ein Sich-gleich-Bleibendes, das in all den Erlebnissen anderer Individuen auch gemeint ist, die mit dem Wort ,,Tisch" etwas ausdrücken wollen. Es ist also ein Identisches jenseits der Mannigfaltigkeit einzelner konkreter Erlebnisse. In verschiedenen psychologischen Akten wird also ein Identisches, ein Eidos *vermeint* oder ,,intendiert", das über die einzelnen empirischen Inhalte hinausgeht, sie transzendiert.
Genauer unterscheidet Husserl drei Akte oder Erlebnisse:

- erstens Akte, welche das physische Phänomen konstituieren (z. B. den gehörten Laut);
- zweitens Akte, welche diesem Bedeutung verleihen;
- drittens Akte, die den Bedeutungen anschauliche Fülle geben (wenn etwas, das als Tisch gemeint ist, auch als Tisch und nicht als Fata Morgana identifiziert wird).[102]

(2) Die Idee einer Wesenswissenschaft. An den Beispielen des Psychologismus und der Sprachdeutung hat Husserl gezeigt, wie falsch verstandene wissenschaftliche Theorien das eigentliche Wesen der Sache verstellen können. Die Aufgabe der ,,eidetischen Phänomenologie" ist es, das jeweils Vermeinte, das Wesen oder Eidos einer Sache oder eines Sachverhaltes, von den sinnlich gegebenen Teilaspekten und von den aus Vorurteilen stammenden Elementen zu befreien. Sie muß *,,zu den Sachen selbst"* vorstoßen, wie das Schlagwort der Phänomenologie hieß. Die eidetische Phänomenologie ist letztlich deskriptiv. Sie lebt von einer Methode des geistigen Schauens von Wesenstatsachen, von Phänomenen, die sich unserem Bewußtsein zeigen und die wir eigentlich vermeinen. Die Wesensschau erfolgt intuitiv, durch Erfassen des unmittelbar und evident im Bewußtsein Gegebenen. Jeder Mensch erkennt unmittelbar, daß z. B. Farben ausgedehnt sind; es gehört zum Wesen der Farbe, zusammen mit Ausgedehntem zu erscheinen. Dieser Wesenszusammenhang kann weder empirisch erfaßt noch deduktiv hergeleitet werden, sondern ist apriorisch und selbstevident. Nach Husserl gibt es demnach nicht nur ein formales Apriori wie bei Kant, sondern auch ein materiales oder inhaltliches Apriori, das gewisse Wesensformen und Wesensgesetze als allgemeingültig und denknotwendig ausweist.

Die Ausarbeitung der eidetischen Grundlagen aller Wissenschaften stellte den letzten großen Versuch in der abendländischen Philosophie dar, den Sinn alles Seienden aus evidenten Quellen zu begründen, wie es seit Platons Ideenschau sowohl in rationalistischen als auch in empirischen Philosophie-Entwürfen immer wieder geschehen ist (vergleiche Descartes cogito sum oder Comtes Positivum).

34.2 Philosophie als reine Phänomenologie

a) Die Wende zur transzendentalen Phänomenologie

(1) Der Rekurs auf das Bewußtsein. 1913 veröffentlichte Husserl sein Werk „Ideen zu einer reinen Phänomenologie und phänomenologischen Philosophie", das die eidetische Phänomenologie als Transzendentalphilosophie interpretierte und damit zugleich die Phänomenologie zur Vernunftwissenschaft erklärte. Das Hauptthema der neuen Phänomenologie war der Rekurs auf das Bewußtsein, von dem aus eine völlig neue „Kritik der Vernunft" unternommen werden sollte.
Husserl, der inzwischen in Göttingen als außerplanmäßiger Philosophie-Professor lehrte, hatte seit 1907 in seinen Vorlesungen versucht, die Einwände gegen eine kritiklose Annahme von Evidenzen zu entkräften. Er betonte, daß die Phänomenologie nicht nur die Beschreibung der Bewußtseinsinhalte zu leisten habe, sondern sie müsse vor allem zeigen, daß dem Beschriebenen Denknotwendigkeiten zukomme. Nicht mehr die ideelle Gegenständlichkeit als solche, sondern auch und vor allem das Studium der Bewußtseinsweisen, in denen uns diese Gegenständlichkeiten als Wesen gegeben sind, müßten zum Thema der Phänomenologie werden. Husserls Bemühen ging um die Aufdeckung des Ursprungs der Sinngebungen, also auf das Verhältnis von Bewußtsein und Sein.

(2) Die Urteilsenthaltung oder Epoché. Der Prozeß der „phänomenologischen Auflösung" des Seins in Bewußtsein beginnt bei der Überwindung der natürlichen Einstellung. Für Husserl ist die Phänomenologie „eine wesentlich neue, vermöge ihrer prinzipiellen Eigentümlichkeit dem natürlichen Denken fernliegende und daher erst in unseren Tagen nach Entwicklung drängende Wissenschaft". [103]
Wenn wir wissen wollen, was wir in einem Bewußtseinsakt wirklich meinen, müssen wir alle Vorurteile und alle durch wissenschaftliche

Bildung angelernten Theorieelemente ausschalten. Deshalb beginnt die phänomenologische Analyse mit einer Urteilsenthaltung (Epoché, gr. Zurückhaltung). Man reduziert das unreflektiert Gedachte auf das wirklich Vermeinte, indem man gewisse Reduktionen vornimmt. Im einzelnen geht es um folgende vorläufige Einschränkungen:

- Aussagen aus den theoretischen Wissenschaften werden infragegestellt;
- alles nur durch Tradition Vermittelte wird eingeklammert;
- bloß Subjektives bleibt außer Betracht;
- auch Autoritäten zählen nicht, es sei denn, ihre Erfahrungen lassen sich im eigenen Bewußtsein nachvollziehen;
- Verzicht auf Unklarheiten, Ungereimtheiten; jeder Argumentationsschritt muß in völliger Klarheit vollzogen werden.
- Weil nur das Wesen gesucht wird, muß sogar die Existenz des Vermeinten außer acht gelassen werden. Diese letzte Reduktion ist für die Phänomenologie besonders wichtig, weil etwas erkannt werden soll, was nicht an Raum und Zeit gebunden ist und eine ganz andere Seinsweise als die konkreten Dinge hat. Im wirklichen und im geträumten Tisch erscheint ja das gleiche Eidos.

Der nach dieser „eidetischen Reduktion" verbleibende Rest, das „phänomenologische Residuum", betrifft die Sache selbst, das Eidos in seiner Realität. Im Anschluß daran erfolgt die „phänomenologische Reduktion". Es muß klar werden, daß das Eidos Leistung des Bewußtseins ist. An die Stelle der Transzendenz, der Gegenständlichkeit im naiv-alltäglichen oder wissenschaftlichen Sinne, tritt die Transzendentalität, das heißt, das Wissen von der Bewußtseinskorrelation.
Sobald die Reduktionen ausgeführt sind und das absolute Bewußtsein erreicht ist, muß die zweite Aufgabe der Phänomenologie, die Erklärung des Sinnes aus dem Bewußtsein erfolgen, die sogenannte Konstitution alles Sinnhaften. Zum Verständnis der Konstitutionsleistungen ist der Begriff der Intentionalität von Bedeutung.

b) Die Intentionalität

Bewußtsein ist stets *Bewußtsein von etwas.* Dieses Faktum, die sogenannte Intentionalität, hatten schon Philosophen der Scholastik und kurz vor Husserl Franz Brentano herausgestellt. Die Intentionalität wurde geradezu zum Grundcharakteristikum des Psychischen erklärt. Versucht man, physikalische von psychischen Phänomenen zu unterscheiden, so stößt man auf die Intentionalität: psychische Akte wie Vorstellen, Fühlen, Denken, Lieben, Wollen usw. haben immer ihren Gegenstand. Während die Psychologie die intentionalen Erlebnisse als empirische Fakten zu beschreiben suchte, wandte sich die Phänomenologie der Struktur des „Erlebnisses überhaupt" zu. Bewußtseinserlebnisse überschreiten das von der Psychologie thematisierte, im subjektiven Bewußtsein unmittelbar Gegebene und meinen einen transzendenten Gegenstand; zu jedem Bewußtseinsakt gehört ein intentionaler Gegenstand. Husserl bezeichnete den Bewußtseinsakt als Noesis (gr. Erkennen), das untrennbar Mitgemeinte als Noema (gr. Gedanke, Sinn). Diese Unterscheidung ermöglichte die Klärung zahlreicher Mißverständnisse. Der Fehler der empirischen Psychologie war die Beschränkung auf die Noesis und die Vernachlässigung des Noema. Andererseits hat das Noema nichts mit den an geheimnisvollem Ort „wesenden" Ideen Platons zu tun, wie immer wieder vermutet wurde. Das Noema ist etwas Ideelles, das von der Noesis faktisch abhängt. Es existiert also nicht irgendwo in Raum und Zeit, sondern nur als Vermeintes. Als solches hat es aber eine allgemeine Struktur, die von der Phänomenologie entdeckt und analysiert wird.

Husserl gelang es, mit Hilfe solcher Überlegungen die Konstitution von raum-zeitlichen Gegenständen aus dem Zusammenwirken von empirischen Daten und noematischen Bewußtseinsleistungen zu erklären. Wenn wir z. B. „Tisch" meinen, bilden wir aus den empirischen Perspektiven („Abschattungen") des Gesehenen eine Synthese, die erst den Gegenstand mit seiner Rückseite und den unendlichen Möglichkeiten seines Gegebenseins ermöglicht. Gegenstandserlebnisse enthalten also differenzierte Bewußtseinsleistungen, die vom phänomenologisch Ungeschulten übersehen oder mißverstanden werden.

Der intuitive Akt, Gegenstände zur leibhaften Gegebenheit zu bringen und sie zugleich als Leistungen des Bewußtseins zu verstehen, ist der Vernunftakt. In seiner Spätphilosophie bemühte sich Husserl vergebens, auch die Intersubjektivität aus Vernunftakten zu konstituieren. Wie Descartes bereitete es auch Husserl Schwierigkeiten, den Solipsismus in der Phänomenologie zu überwinden und vom je erlebenden ego zum alter ego, dem anderen Subjekt oder Du, vorzudringen. [104] Auch der Rückgriff auf „verborgene Intentionalitäten" in den Lebenswelten und die Einbeziehung von Geschichte und Zeitlichkeit in die phänomenologische Betrachtung brachten keine Lösung. [105] Diese Versuche bildeten aber zugleich den Anknüpfungspunkt seiner Schüler, insbesondere Heideggers, welche die genannten Probleme neuen Lösungen zuführten.

34.3 „Die phänomenologische Bewegung"

a) Wirkungen der Frühphänomenologie

(1) Apriorische Grundlagen der Wissenschaften. Obwohl der Begründer der Phänomenologie den wenigsten Laien bekannt ist, zählt die Phänomenologie zu den einflußreichsten Strömungen des 20. Jahrhunderts. Sie wirkte vor allem in ihrem ersten Stadium, als eidetische Phänomenologie. Husserl beklagte die Unfähigkeit seiner Schüler, die transzendentale Wende nachzuvollziehen. Er schreibt in einem Brief von 1913: „Fast alle meine alten Schüler sind in Halbheiten steckengeblieben und haben den der Phänomenologie notwendigen Radikalismus gescheut ... Alle fast haben sich verendlicht, sind in den ‚Realism' und Anthropologism zurückgefallen, dem Todfeind der wissenschaftlichen Philosophie." [106]

Die wichtigsten Vertreter dieser neuen Ontologie, vor allem die Münchner und Göttinger Schule um Pfänder, Reinach und Conrad-Martius, vernachlässigten den Konstitutionsgedanken und gingen streng eidetisch vor. Ihre Gedanken strahlten auf Ethik und Rechtslehre aus. Die Grundtendenz in allen diesen Bemühungen läßt sich am Beispiel der Rechtsphilosophie verdeutlichen. Reinach schreibt in seinem 1913 erschienenen Werk „Phänomenologie des Rechts; die apriorischen Grundlagen des bürgerlichen Rechts": „Wir werden zeigen, daß die Gebilde, welche man allgemein als spezifisch rechtliche bezeichnet, ein Sein besitzen, so gut wie Zahlen, Bäume oder Häuser; daß dieses Sein unabhängig davon ist, ob es Menschen erfassen oder nicht, daß es insbesondere unabhängig ist von allem positiven Recht ... Das positive Recht findet die rechtlichen Begriffe, die in es eingehen, *vor; es erzeugt sie mitnichten.*" [107] Nur unter der Annahme einer apriorischen Grundlage ist es nach Reinach möglich, daß positives Recht überhaupt Recht sein kann.

Die neue Ontologie wirkte über die Grenzen der eigentlichen phänomenologischen Bewegung hinaus. Besonders bei *Nicolai Hartmann* findet man eine auf phänomenologische Befunde aufgebaute Seinslehre, welche die allgemeine Phänomenologie und eine realistische Deutung der Kantischen Philosophie zu versöhnen suchte. Für die neuere Philosophie und für die moderne Naturwissenschaft wurde besonders seine ontologische Schichtenlehre [108] von Bedeutung, auf die sich z. B. der bekannte Verhaltensforscher Konrad Lorenz in seinen Theorien ausdrücklich beruft. [109] In Hartmanns Ontologie werden die Seinsschichten des Anorganischen, Organischen, Seelischen und Geistigen kategorial beschrieben und ihre gegenseitige Abhängigkeit untersucht.

(2) Max Schelers Phänomenologie der Sittlichkeit. Besonders einflußreich wurden die genialen Gedanken Max Schelers, des ,,katholischen Nietzsche", dessen Analysen nicht nur eine systematische Ethik, sondern auch Phänomene wie Liebe und das Sympathiegefühl, das Religiöse, das geistige Ressentiment, das Schamgefühl, den menschlichen Geist, ,,die Stellung des Menschen im Kosmos" [110] und vieles andere umfaßt. Er war der Phänomenologe, der die Aufmerksamkeit von der theoretischen auf die praktische Vernunft lenkte.
In seinem Hauptwerk ,,Der Formalismus in der Ethik und die materiale Wertethik", 1913, versuchte Scheler in der Ethik, was Reinach in seiner Rechtsphilosophie vorschwebte: eine Grundlegung auf apriorisch verbindliche Inhalte und damit die Abwehr von Skeptizismus und Relativismus im moralischen Bereich. Nach Scheler kann Sittlichkeit nur objektiv sein, wenn sie durch allgemein zugängliche evidente Werte fundiert ist. Er übertrug Husserls intuitive Wesensschau auf den emotionalen Bereich und behauptete, daß der Mensch über ein intuitives Wertgefühl verfüge: ,,Werte sind klar erkennbare Phänomene". [111] Alle Normen, Imperative, Forderungen usw. gründen in einem selbständigen Sein, dem Sein der Werte. Im Reich der Werte existiert eine Wertordnung. Besonders wichtig war für Scheler die überragende Rolle der Personenwerte. Diese ermöglichten die Grundlegung eines ethischen Personalismus, der für Metaphysik und Religion bedeutsam wurde.

b) Wirkungen der transzendentalen Phänomenologie

Die eigentliche Bedeutung der Husserlschen Wende zur transzendentalen Phänomenologie wurde erst durch die Wirkungen der späteren Schüler Husserls aus der Freiburger Zeit deutlich. Husserl bezog in den letzten Jahren die Frage nach der transzendentalen Subjektivität mehr und mehr auf den konkreten Menschen in seiner Lebenswelt. Dabei stieß er auf das Phänomen der Zeit. Das Bewußtsein konsti-

tuiert eine spezifische Zeit und wird dadurch geschichtlich. Dabei tauchte die These auf, daß die Neuzeit eine Krisenzeit der Menschheit darstellt, weil die Wissenschaften ein falsches Verhältnis zur natürlichen Lebenswelt haben. Die Philosophie müsse die Bedeutsamkeit der unmittelbaren Lebenswelt wieder herausstellen. Dabei blieb vieles im Programmatischen stecken. Erst bei seinem Schüler Heidegger wird deutlich, wie diese Krisenbewältigung im einzelnen aussehen kann (vgl. 36.). So geht die Phänomenologie im Laufe der Zeit in die Existenzphilosophie über.
Die Phänomenologie blieb in keinem Stadium unangefochten. Den einflußreichsten Antipoden stellte die analytische Philosophie dar. In ihrer logischen Form (vgl. Russell in 35.) kämpfte sie gegen die phänomenologischen Kernthesen des materialen Apriori und gegen die Möglichkeit von Evidenz; in der späteren Form der sprachanalytischen Schule (vgl. Wittgenstein in 38.) konzentrierten sich die Angriffe zusätzlich auf den phänomenologischen Bedeutungsbegriff und auf die introspektive Intentionalität, die durch kommunikative Funktionen ersetzt wurden. Zudem verlor die These an Glaubwürdigkeit, Philosophie müsse durch Letztbegründungen abgesichert sein.

35. Bertrand Russell und die Anfänge der analytischen Philosophie als logische Analyse

Während sich die Philosophen in der Nachfolge des deutschen Idealismus um eine sinnvolle Fortführung ihrer Reflexionen stritten, hatte sich die Masse der Gebildeten in einem unreflektierten Vernunftoptimismus längst den neuen geistigen Mächten zugewandt, die im Umkreis der fortschreitenden Naturwissenschaften zu den Idolen der Zeit geworden waren. In Frankreich wirkte der *Positivismus Auguste Comtes* aus dem 19. Jahrhundert in das neue Jahrhundert hinein. Dieser hatte allein auf die Tatsachen der strengen Wissenschaften gebaut, die als sichere und unbezweifelbare Basis aller Überlegungen dienen sollten; als einziges „Positives“ disqualifizierte diese Basis die religiösen Mythologien und die Metaphysik als überholte Denkweisen. Auf allen Gebieten breitete sich der Materialismus aus. In Deutschland verband sich dieser mit dem Evolutionsgedanken. Ernst Haeckels „gemeinverständliche Studien über biologische Philosophie“, „Die Welträtsel“

(1899), fanden weite Verbreitung und gaben vor, die Geheimnisse der Natur restlos in naturwissenschaftliche Fragestellungen und Antworten auflösen zu können.

Der Positivismus rief zahlreiche Gegenströmungen hervor: in *Frankreich* die Lebensphilosophie um Henri Bergson, in *Deutschland* den Neukantianismus und die Phänomenologie. Während in der Lebensphilosophie das Schöpferische und intuitiv Erlebbare als das innerste Wesen der Wirklichkeit gedacht wurden, versuchten die Neukantianer (Cohen, Natorp in der Marburger Schule; Rickert, Windelband in der Badischen Schule) unter Verwendung der begrifflichen Mittel des Königsberger Philosophen die Verengung des Wissenschaftsbegriffs zu überwinden, indem sie die Werte des Wahren, Guten, Schönen und Heiligen als Grundlage eines allgemeinen ethisch fundierten Kulturverständnisses entdeckten. Die Phänomenologen charakterisierten diese Phänomene als allgemeine Seinsbestimmungen, in denen alle abgeleiteten Begriffe des allgemeinen Weltverständnisses, der Wissenschaften und der Religion fundiert gedacht werden müssen (siehe 34.).

In *England* kämpften um die Jahrhundertwende Idealisten aus der Hegelschen Tradition gegen die Vertreter der skeptischen, naturalistischen und antimetaphysischen Lehren, die mit dem Aufschwung der Naturwissenschaften immer größeren Einfluß gewonnen hatten. Aber dieser Versuch, die Philosophie auf dem Boden des Idealismus zu erneuern, blieb nur eine Episode. Die vielgerühmte realistische Denkart der Briten setzte sich im sogenannten Neorealismus durch. Ihre Hauptvertreter, Moore, Whitehead und *Russell,* vertrauten eher auf den gesunden Menschenverstand (common sense) als auf waghalsige Spekulation. Sie bezogen sich ausdrücklich auf die Methoden der Naturwissenschaften, der Mathematik und der neuen Logik, um damit neue Wege zur Philosophie zu finden. Das Ergebnis war kein Bewußtwerden eines entworfenen Seins (Idealismus), auch keine praktische Konsequenz eines Nützlichkeitsaspektes (Pragmatismus), sondern eine unabhängige Außenwelt, deren eigentliches Wesen unseren Sinneserfahrungen zwar unzugänglich ist, deren logische Struktur aber durch die Vermittlung von Symbolen so weit erfaßt werden kann, daß in ihr sinnvolle Handlungen möglich sind.

35.1 Russell und die neue Logik

a) Zu Russells Persönlichkeit

Bertrand Russell (1872–1970) wurde fast ein Jahrhundert alt und vollzog in der Auseinandersetzung mit seiner bewegten Zeit mehrere innere Wandlungen, die ihn mehr und mehr von den eigentlichen philosophischen Themen entfernten. Als er 1950 den Nobelpreis erhielt, bezog sich diese Auszeichnung auf seine literarischen Leistungen, die seit dem ersten Weltkrieg nur noch selten die Philosophie betrafen. Er wurde zum liberalen Abgeordneten und revolutionären Politiker, zum Kulturkritiker und Journalisten, zum Pädagogen einer selbst gegründeten Bildungsanstalt und zum Erzieher der Menschheit. Als mutiger Pazifist, der für seine Überzeugung auch die Gefängnisstrafe in Kauf nahm, kämpfte er ein Leben lang für den Frieden.
Russell nennt drei Leidenschaften, die sein Leben geprägt haben, „das Verlangen nach Liebe, den Drang nach Erkenntnis und ein unerträgliches Mitgefühl für die Leiden der Menschheit". [112] Der Drang nach Erkenntnis prägte seine ersten Lebensjahrzehnte. Schon 1910 erlangte er durch die Veröffentlichung der „Principa Mathematica" Weltruhm und begründete durch seine logischen Überlegungen einen neuen philosophischen Denkstil. Die zweite Leidenschaft, das Verlangen nach Liebe, verwickelte den dreimal Geschiedenen, der mit 80 Jahren nochmals geheiratet hatte, in spannungsreiche Beziehungen und Affairen, die ihn oft Jahre lang belasteten. Sein Mitgefühl für die Leiden der Menschheit schließlich trieb ihn zwei Generationen lang durch die verschiedensten Länder von Ost und West. Er diskutierte mit Lenin, dessen Rußland dem Sozialisten Russell einen Schock versetzte, er besuchte und rühmte das vorrevolutionäre China, er begegnete Ghandi, Albert Schweitzer, Eisenhower, Chruschtschow, U Thant, Kennedy und veröffentlichte zusammen mit Einstein das „Einstein-Russell-Manifest", in welchem zur friedlichen Zusammenarbeit aller Völker aufgerufen und die Gefahr der atomaren Selbstvernichtung durch ein fortwährendes Wettrüsten angeprangert wurde. Die Popularität als Pazifist und Kulturkritiker stellte seine philosophische Bedeutung etwas in den Schatten, obwohl er durch die Ausarbeitung der analytischen Methoden auch in der Philosophie großen Einfluß gewonnen hatte.

b) Russells „Principia Mathematica“

Die wachsende Bedeutung der Naturwissenschaften lenkte die Aufmerksamkeit philosophisch Interessierter immer wieder auf die Mathematik, von der letztlich alles wissenschaftliche Denken seine Rechtfertigung und Sicherheit zu erhalten schien. Die Antwort Kants auf die Frage, warum Mathematik möglich ist und warum in ihr absolute Sicherheit herrscht, hatte durch die Entdeckung nichteuklidischer Geometrien an Glaubwürdigkeit verloren. *Gottlob Frege* schlug daher einen völlig neuen Weg ein, indem er Mathematik auf Logik zurückzuführen suchte. Zur Verwirklichung dieses sogenannte logizistischen Programms hatte er die Logik auf eine moderne Form gebracht. Diese Verbesserungen stellten seit Aristoteles den ersten entscheidenden Fortschritt in der Entwicklung der Logik überhaupt dar.
Die traditionelle Logik zielte stets auf die Analyse der Subjekt-Prädikat-Struktur von Aussagen ab. Frege gelang es nun, mit Hilfe des Funktions- und Relationsbegriffs auf der einen und dem Gegenstandsbegriff auf der anderen Seite hinter der grammatischen Subjekt-Prädikat-Form eine logisch-semantische Struktur anzugeben, welche die wissenschaftlichen Aussagen in einem strengen logischen Zusammenhang erscheinen ließen. In einer eigens für diese Bemühungen erfundenen „Begriffsschrift“ arbeitete er erstmals eine völlig neue Logik aus, die bis heute in ihren Grundzügen Geltung hat und auf welche die Mathematik zurückgeführt werden sollte. Weil Logik unbezweifelbar ist, wäre damit auch die Mathematik und die mathematisierende Wissenschaft absolut sicher begründet.
Russell, der den genialen Entwurf Freges kennengelernt und analysiert hatte, stieß dabei auf einen Widerspruch: mit der gleichen Methode, mit der bei Frege Zahlen als bestimmte Begriffsumfänge oder Mengen definiert wurden, konnte er eine Menge angeben, die in sich widerspruchsvoll war, die Menge aller Mengen, die sich selbst nicht als Element enthalten. Diese sogenannte Russellsche Antinomie bedeutete nicht nur einen kleinen Schönheitsfehler, sondern entpuppte sich als Ausdruck eines fehlerhaften Grundansatzes in den Begriffsbildungen der Mengenlehre. Mit dieser Entdeckung entstand eine regelrechte „Grundlagenkrise der Mathematik“; selbst das sicherste aller Gebäude schien ins Wanken zu geraten. Damit war aber nicht nur die Mathematik in ihrer Selbstsicherheit erschüttert; auch die Philosophie war betroffen, sofern sie sich in ihrem neuen Selbstverständnis auf die strengen Methoden der Logik und Mathematik berief. Daher setzte nun eine intensive Grundlagenforschung ein, die fruchtbare Forschungs-

ergebnisse erbrachte und zur Herausbildung einer eigenständigen philosophischen Disziplin, der Wissenschaftstheorie, führte.
Einen der wichtigsten Vorschläge zur Überwindung der Grundlagenkrise brachte Russell zusammen mit Whitehead mit den „Principia Mathematica" in die Diskussion. Mit Hilfe einer Typentheorie, in welcher die Mengen in bestimmte kategorische Stufen eingeteilt wurden, gelang es den beiden Forschern, die Antinomie zu vermeiden und eine neue Form von Logizismus zu propagieren. Die beiden Kernthesen dieses Logizismus lauten:

- Alle mathematischen Begriffe sind als rein logische Begriffe definierbar. Die Zahlen werden als bestimmte Mengen eingeführt.
- Alle mathematischen Lehrsätze lassen sich mit Hilfe der logischen Definitionen als rein logische Theoreme beweisen.

Mit diesem Programm wäre die gesamte Mathematik endgültig abgesichert, sofern man die Logik als unhinterfragbare Selbstverständlichkeit versteht, - nur leider konnte die zweite Forderung bis heute von den Logikern nicht realisiert werden. So entscheidend die Leistung Russells zunächst war, die Grundlagenkrise war damit noch lange nicht aus der Welt geschafft und ist trotz weiterer Lösungsvorschläge von Seiten der Formalisten, Intuitionisten und Konstruktivisten letztlich bis heute ungelöst. [113]

35.2 Russell als Mitbegründer der analytischen Philosophie

a) Bekanntschaft und Beschreibung als Quellen eines neuen Empirismus

Russells aus dem Jahre 1900 stammender Ausspruch, „daß alle vernünftige Philosophie mit einer Analyse von Aussagen beginnen sollte", [114] markiert den Anfang der analytischen Philosophie. In ihr steht die Klärung des *Sinnes* einer Aussage vor der Entscheidung ihres *Wahrheitsgehaltes.* Nur wenn man weiß, worüber man spricht und ob die Fragestellung überhaupt sinnvoll ist, kann man zu sicheren inhaltlichen Erkenntnissen kommen. Die strengen logischen Methoden bedürfen klarer Objekte. Diese erscheinen uns in sprachlicher Vermittlung. Daher ist die Analyse der sprachlichen Objekte und deren Beziehung zu den Gegenständen der wirklichen Welt von größter Wichtigkeit.

Diesem Problem widmete Russell seine ganze Aufmerksamkeit. In der Durchführung seines Programms griff er außer auf Freges Logik auf den traditionellen englischen Empirismus zurück: alle Erkenntnis muß von Bekanntem ausgehen. *,,Bekanntschaft"* haben wir mit den Dingen durch unsere Sinnesdaten und den zugehörigen Vorstellungen, die im Gedächtnis aufbewahrt werden und als Gedanken in der Reflexion wiederkehren können. Aber Russells Empirismus geht weit über diese Vorstellungen Humes hinaus. Für ihn sind auch allgemeine Begriffe (Universalien) und Relationen selbstverständliche Gegebenheiten, mit welchen der Wissenschaftler arbeiten kann.

Zudem ist die Bekanntschaft nicht die einzige Art der Erkenntnisgewinnung. Viel häufiger noch gelangen wir zur Erkenntnis durch *Beschreibung* (description). Eine einfache Beschreibung ist ,,der Verfasser des Dramas ,Faust'". Ist das ein anderer Name für Goethe, oder versteht man den Ausdruck nicht auch, wenn man gar nicht weiß, daß Goethe dieses Drama gedichtet hat? Während Erkenntnis durch Bekanntschaft wenige Probleme aufkommen läßt, verstrickt man sich bei Beschreibungen ständig in Widersprüchen. So täuscht der von Russell analysierte Satz ,,Der gegenwärtige König von Frankreich ist glatzköpfig" eine Erkenntnis durch Beschreibung vor. Aber was wird da erkannt? Kann man von gedanklichen Gegenständen (dem ,,gegenwärtigen König von Frankreich") sprechen, die gar nicht existieren? Handelt es sich um einen unsinnigen Satz? Warum ist er unsinnig? – man versteht ihn doch. Russell gibt im angeführten Beispiel folgende logische Analyse: Es wird hier behauptet, daß es ein und nur ein Wesen gibt, das heute König von Frankreich und zugleich glatzköpfig ist. Damit ist der Satz sinnvoll, aber falsch. Solche ,,Kennzeichnungen", wie der ,,gegenwärtige König von Frankreich", sind also keine Namen, obwohl sie grammatisch als solche erscheinen. Auch Namen wie Bismarck und London sind für Russell letztlich komplizierte Beschreibungen. Subjektausdrücke werden also sinnvoll verwendet, obwohl sie keinen Gegenstand (und keine ,,Substanz") bezeichnen. [115]

Der *philosophische Sinn* dieser Analysen, in denen die Fregesche Logik und eine ausgefeilte Idealsprache verwendet werden, läßt sich in folgenden Punkten zusammenfassen:

- Da die Erkenntnis durch Sprache vermittelt wird, muß vor allen Überlegungen inhaltlicher Art das Hilfsmittel Sprache auf seine Eignung untersucht werden.
- Da zwischen der Grammatik der Umgangssprache und der logischen Struktur des Gedachten eine Diskrepanz besteht, bedarf es einer

Idealsprache, welche bei Mißverständnissen die Klärung der Frage- und Aufgabenstellung ermöglicht.

- Die analytische Philosophie hat die Aufgabe, hinter die „Oberflächenstruktur" der natürlichen Sprache zu blicken und ihre „Tiefenstruktur" zu finden. Dabei sollten irreführende Formen eliminiert werden. Beispielsweise läßt sich der oben analysierte Satz auch ohne Kennzeichnung formulieren.
- Wir müssen uns im klaren sein, daß solchen mißverständlichen Sprachformen philosophische Fragestellungen zugrundeliegen können.

b) Radikalisierungen des analytischen Ansatzes

(1) Der bedeutendste Schüler Russells war *Ludwig Wittgenstein.* Dieser radikalisierte in seinem „Tractatus logico-philosophicus" (1921) die Gedanken der Analyse zur philosophischen Methode schlechthin. Bei Frege war die logische Idealsprache allein als Instrument für die Wissenschaften gedacht, bei Russell sollte sie in wissenschaftlichen und philosophischen Einzelfragen weiterhelfen; Wittgenstein dagegen behauptete, daß in der logischen Struktur zugleich die Struktur der Welt sichtbar wird. Danach ersetzt die logische Analyse die ontologischen und metaphysischen Methoden früherer Zeiten, und alle Philosophie löst sich in Sprachkritik auf. Diese Auflösung hat aber nichts mit einer aufklärerischen Offenbarung zu tun; denn die damit verbundene Beantwortung der wissenschaftlichen Fragen berührt nach Wittgenstein keineswegs unsere eigentlichen Lebensprobleme. Sie macht uns frei für eine wortlose Religiosität und für das gute moralische Handeln.[116]

(2) Der „Traktat" Wittgensteins wurde vom *„Wiener Kreis"* (M. Schlick, O. Neurath, R. Carnap u. a.) zur Grundlage eines logischen Empirismus uminterpretiert. Wittgenstein hatte gezeigt, daß alle Aussagen auf atomare Aussagen und deren logische Kombinationen (Wahrheitsfunktionen) zurückgeführt werden können. Die atomaren Aussagen ihrerseits wurden als Zusammensetzungen von Namen gedeutet, die den Bezug zur Wirklichkeit herstellen. Nach der Vorstellung der Anhänger des „Wiener Kreises" war dieser Bezug nichts anderes als die empirische Bekanntschaft im Sinne Russells. Damit löste sich die Kernfrage der analytischen Philosophie, die Sinnfrage, von

selbst: der Sinn einer Aussage liegt in der Methode ihrer Verifikation (Wahrheitsfindung) und diese geschieht durch Bezugnahme auf empirische Bekanntschaft. Alle metaphysischen Fragen entpuppten sich mit dieser Antwort als Scheinfragen. Dagegen war man überzeugt, mit Hilfe der neuen Logik endlich die von Leibniz geforderte Universalwissenschaft aufbauen zu können. Die Physik diente als Vorbild für die im Aufstieg begriffene „wissenschaftliche Philosophie" (H. Reichenbach), die sich nur noch auf unbezweifelbare „Protokollsätze" bezog, in denen das empirische Material für die logische Weiterentwicklung zum wissenschaftlichen System bereitgestellt wurde.
Obwohl Wittgensteins Hinweise auf das Mystische und Religiöse andere Interpretationen nahelegten und sich der Philosoph ausdrücklich von der empirischen Deutung distanzierte, wurde der „Traktat" zur „Bibel des logischen Empirismus". In einer „vom mystischen Blütenstaub"[117] gereinigten Form beeinflußte das Frühwerk Wittgensteins die wissenschaftstheoretische Weiterentwicklung in den dreißiger Jahren entscheidend. Bald stellte sich allerdings heraus, daß die Sinnfrage viel differenzierter betrachtet und der Empirismus durch konstruktive rationale Prinzipien ergänzt werden mußte.

(3) In diesem Zusammenhang entwickelte *Karl Popper* den *kritischen Rationalismus.* Hier schlug der passive Empirismus in einen schöpferischen Rationalismus um, der zwar nicht mehr selbstsicher auf ein letztes „Gegebenes" pochen, aber in einer „Logik der Forschung" die Methoden der Wissenschaft realistischer erklären konnte. An die Stelle der Verifikation trat die Methode der Falsifikation: eine wissenschaftliche Aussage ist dann sinnvoll, wenn man weiß, wann sie widerlegt ist, das heißt, wenn man die Bedingungen kennt, unter denen sie falsch ist. Damit stellt sich jede Behauptung offen der Möglichkeit der Kritik, und alles Wissen erhält hypothetischen und damit stets überholbaren Charakter („Fallibilismus").[118] Die möglichst gewagten und einfallsreichen Hypothesen der Forscher stehen unter ständigem Bewährungsdruck, weil alle aus ihnen deduzierbaren Sätze mit der Erfahrung in Einklang gebracht werden müssen. Nur was dieser permanenten Kritik widersteht, bildet den Inhalt der sich der Wahrheit annähernden Wissenschaften.

(4) Die Entwicklung der analytischen Philosophie zeigt die Schwierigkeiten einer Orientierung der Philosophie an den Prinzipien der exakten Wissenschaften. Schon das Exaktheitsideal selbst, wie es von Leibniz und Frege in der Logik gefordert worden ist, läßt sich nur mit Ein-

schränkungen begründen. Sobald es auf die Realwissenschaften angewandt wird, verliert es wegen des Hypothesencharakters der Aussagen an Geltung. Bei der Übertragung auf die Philosophie schließlich bleibt von der vielgepriesenen Selbstsicherheit nicht mehr viel übrig; denn Spekulativität, Originalität und Reflexivität gewinnen wieder ihre Bedeutung zurück. Der Metaphysikverdacht im ,,Wiener Kreis" kehrt sich in den Vorwurf um, selbst eine undurchschaute Metaphysik zu vertreten. Diese Einsicht hatte die Abwendung der analytischen Philosophie von den Methoden der exakten Wissenschaften zur Folge. In der sogenannten sprachanalytischen Schule sah man nicht mehr die logischen Idealsprachen als letzte Grundlage für die Klärung des Gedachten an, sondern berief sich auf die Struktur der unmittelbar wirksamen Umgangssprache (,,Sprachanalyse", siehe 38.).

Diese *methodologische Ernüchterung* wirkte sich auch auf die allgemeinen Erwartungen aus, die man in die neue ,,wissenschaftliche Philosophie" in der Zeit des Fortschrittsglaubens gesetzt hatte. Wissenschafts- und Aufklärungsoptimismus relativierten sich zum Pluralismus von Meinungen, wobei vor allem die Ambivalenz des wissenschaftlichen Fortschritts durchschaut wurde. Die Verunsicherungen, welche die weltgeschichtlichen Ereignisse längst erfaßt hatten, wirkten sich mit einiger Verzögerung auch im Denken der philosophierenden Wissenschaftler aus. Es bestätigte sich die Feststellung Wittgensteins, daß mit den wissenschaftlichen Antworten unsere eigentlichen Lebensprobleme noch gar nicht berührt sind. Eben dieses Eigentliche, an dem die Wissenschaften vorbeigegangen sind, wurde zur Thematik der Existenzphilosophie.

36. Martin Heidegger und die Philosophie der Existenz

36.1 Zur Existenzphilosophie im allgemeinen

a) Anknüpfung an Kierkegaard

Die geistige Verunsicherung durch Skeptizismus, Relativismus und Nihilismus, die Erschütterungen der politischen Ordnung und die Erfahrung der Sinnlosigkeit in folgenreichen Weltkriegen verbreiteten eine Grundstimmung der Ungeborgenheit, Angst und Verzweiflung. Die ,,existentiellen Anliegen", das heißt die das innerste Wesen des

einzelnen Menschen betreffenden Nöte, verdrängten die unverbindlichen Spekulationen der Metaphysik und die sachliche, das Subjekt ausklammernde Beweisführung der Wissenschaften. Der Mensch fühlte sich auf seine nackte Existenz zurückverwiesen, ohne Hilfe von außen und ohne Halt an fremden Mächten. Als Antwort auf die Einseitigkeiten einer von Verstand, Wissenschaft und Technik geprägten Welt erfüllte die Existenzphilosophie im 20. Jahrhundert dieselbe Funktion, die der „Sturm und Drang" im 18. Jahrhundert, die Romantik in der ersten Hälfte des 19. Jahrhunderts und die Lebensphilosophie um die letzte Jahrhundertwende ausgeübt hatten.
Die Anfänge der Existenzphilosophie reichen bis in die Zeit vor dem ersten Weltkrieg zurück. In Gabriel Marcels „Journal métaphysique" 1912–1913 (erschienen 1927) findet man bereits existenzphilosophische Gedanken formuliert. Aber erst nach dem ersten und dann wiederum nach dem zweiten Weltkrieg beherrschte existentialistisches Denken die philosophische Reflexion. Wie der Terminus „analytische Philosophie" eine Abkürzung für eine vielfältige und methodologisch nur schwer charakterisierbare allgemeine Denkform ist, so bedeutet auch der Ausdruck „Existenzphilosophie" keine einheitliche philosophische Lehre. Doch ist allen Ausprägungen gemeinsam, daß sie sich auf irgendeine Weise auf Kierkegaards Begriff des „Existentiellen" und auf dessen Grundstimmung von Angst und Verzweiflung beziehen. Wie dies im einzelnen geschah und welche Folgerungen daraus gezogen wurden, hing von den einzelnen Vertretern ab.

b) Ausprägungen der Existenzphilosophie

(1) *Karl Jaspers* charakterisiert in einer „Existenzerhellung" den Menschen als Wesen, das trotz der Unbegreifbarkeit und Absurdität der Welt eine umgreifende Transzendenz erfahren kann. Das „Umgreifende" kann allerdings nicht in der Vergegenständlichung eines Gottes oder Absoluten erfaßt werden, sondern begegnet uns nur in den Chiffren der Natur, der Kunst und der Geschichte. Der Mensch ist trotz aller Weltorientierung und Existenzerhellung zum Scheitern verurteilt. Aber die menschliche Existenz hat als Freiheit und Offenheit für den Anderen die Aufgabe, in Grenzsituationen wie Krankheit, Leid, Schuld und Tod das Bewußtsein vom Unbedingten immer wieder neu zu denken und sich engagiert zu bewähren. Dieser Form der Existenzphilosophie stehen Ausprägungen des *„christlichen Existentialismus"* nahe, auf evangelischer Seite als „dialektische Theologie"

(K. Barth, E. Brunner, R. Bultmann), auf katholischer Seite Vertreter wie G. Marcel, P. Wust und R. Guardini.

(2) Dem gegenüber versteht sich *Jean Paul Sartre* als Repräsentant einer atheistischen Existenzphilosophie. Bei ihm finden wir auch den Terminus „Existentialismus", unter welchem man seitdem die hier aufgeführten philosophischen Bemühungen zusammenfaßt. Der Mensch wird von Sartre als absolut frei betrachtet, der sich bewußt von jeder umgreifenden Transzendenz abhebt und sich allein dem Nichts gegenübergestellt sieht. Angst ist dann nichts anderes als Angst vor der eigenen Freiheit. Alle Wesensbestimmungen (Essenzen) des Menschen, die über die bloße Existenz als Freiheit hinausgehen, sind nachträgliche Konstruktionen, denn „die Existenz geht der Essenz voraus". Weil der Mensch keinen Gesetzgeber außer sich kennt, ist der Existentialismus ein „Humanismus", das heißt eine Lehre vom Menschen als Wesen, das nichts anderes ist, als wozu es sich macht.[119] – Eine ähnliche Position nimmt Albert Camus ein, der die Absurdität des Daseins in allen ihren Konsequenzen bis zum Selbstmord hin beleuchtet; sein gesamtes Denken kreist um die eine Frage, „ob das Leben die Mühe, gelebt zu werden, lohnt oder nicht".[120]

(3) Bei *Martin Heidegger* (1899–1973) wurde die Existenzphilosophie zur allgemeinen Frage nach dem Sinn von Sein umgedeutet. Trotz der Ablehnung des Terminus „Existenzphilosophie" durch Heidegger, der sich mehr der strukturellen Seite des Daseins, dem „Existenzialen", zuwandte, tritt uns seine Philosophie im historischen Rückblick durchaus als charakteristische Variante des existentiellen Bemühens entgegen. Vor allem die Fundamentalontologie, die er in seinem Hauptwerk „Sein und Zeit" (1927) entwickelte, enthält Daseinsanalysen, welche die Nähe zu Kierkegaards Erfahrungen nicht verleugnen können. In seiner Spätphilosophie, die sich nach seiner sogenannten „Kehre" herausgebildet hatte, traten die existenzphilosophischen Tendenzen in den Hintergrund (siehe 36.3).

(4) Worauf die Existenzphilosophen in abstrakter Begrifflichkeit hinzuweisen versuchten, das drückten eine Reihe von Dichtern mit ihren bildlichen Mitteln aus. Besonders die Spätwerke *Rainer Maria Rilkes* und die Romane *Franz Kafkas* zeigen deutliche Bezüge zu Kierkegaard. Die Ungeborgenheit des Menschen, sein Gefühl der Fremdheit und Verlassenheit in einer bedrohlichen Welt bestimmen bei Rilke geradezu den Wesensunterschied von Tier und Mensch. Bei Kafka ver-

dichtet sich diese Fremdheit zum Ekel und zur quälenden Weltangst in der absurden Gottverlassenheit.

36.2 Heideggers Daseinsanalyse in „Sein und Zeit"

a) Die Frage nach dem Sinn von Sein

Heidegger knüpfte als Schüler Husserls an die phänomenologische Forschung der zwanziger Jahre an. Deren Programm „Zu den Sachen selbst!" hatte eine Reihe tiefschürfender Untersuchungen ausgelöst, die der Frage nachgingen, was unserem Bewußtsein eigentlich ursprünglich gegeben ist und wie aus den Bewußtseinselementen die Gegenständlichkeiten unseres Alltags, der Wissenschaften und der Philosophie aufgebaut werden. Wir begegnen den verschiedenartigsten Bewußtseinsgegenständen, wie materiellen Objekten, idealen Zahlengrößen, inneren Vorstellungsinhalten, anderen Personen und schließlich dem Absoluten. Alles ist „Seiendes", das heißt, alles hat am „Sein" teil. Was heißt das genauer, und was ist jeweils der Sinn von Sein? – so fragt Heidegger zu Beginn der Untersuchung.
Heidegger versteht seine Frage nicht als Wiederholung der Problemstellung in der klassischen Ontologie, wie sie etwa Aristoteles oder in Heideggers Zeit die eidetischen Phänomenologen oder Nicolai Hartmann gestellt hatten. Diese Ontologien haben in seinen Augen nur das *Seiende* behandelt und das *Sein* „vergessen". Heidegger will aber in seiner „Fundamentalontologie" gerade gegen diese „Seinsvergessenheit" ankämpfen, welche die gesamte Philosophiegeschichte seit Platon geprägt habe. Aus der Rückbesinnung auf dieses Sein erhofft er sich eine Befreiung von der modernen Fixierung auf die vordergründige Weltbeherrschung und auf einen blinden Aktivismus.
Zur Realisierung seines Programmes muß Heidegger auf das menschliche Dasein zurückgreifen; denn nur in diesem findet man Seinsverstehen. Das erweckt den Anschein, als ob er – ganz im Sinne der Existenzphilosophie – nur die menschliche Situation, die condition humaine, beschreiben wolle. Dieser Eindruck verstärkt sich noch durch den Umstand, daß Heidegger den zweiten Teil von „Sein und Zeit", der die eigentliche Ursprungsfrage wieder aufnehmen sollte, nie veröffentlich hat. So wirkt das Fragment bis heute als Standardwerk der „Existenzial-Ontologie", in welcher das seinsverstehende Denken und das Weltgefühl des modernen Menschen auf den Begriff gebracht wurden.

b) Existenzialien als Grundformen des Daseins

Der Mensch in seiner alltäglichen Verfaßtheit, in welcher er schlicht und einfach ,,da ist", erscheint bei Heidegger terminologisch als *,,Dasein"* und bezeichnet ausschließlich die menschliche Seinsweise. Dasein kann sich alltäglich oder eigentlich verhalten; letzteres bedeutet, daß es sich zu sich selbst verhält. Die Alltäglichkeit betrifft ein sich Vorfinden, das vom Dasein nicht gewollt, nicht beeinflußt und auch nicht verstanden ist. Wenn der Mensch sich zu sich selbst verhalten kann, dann bedeutet dies, daß das Dasein noch auf etwas anderes verweist, auf die *Existenz:* auf ,,das Sein selbst, zu dem das Dasein sich so oder so verhalten kann, und immer irgendwie verhält." In dieser Existenzialität hat das Dasein seine Eigentlichkeit gefunden, ,,Das Wesen des Daseins liegt in seiner Existenz." [121] Die begrifflichen Bestimmungen des Daseins nennt Heidegger *Existenzialien.* Sie spielen in der Fundamentalontologie eine ähnliche Rolle wie die Kategorien in der klassischen Ontologie. Der neue Terminus soll den Unterschied betonen. Kategorien sind Analoga zu objektiven Aussageformen eines Vorgegebenen; Existenzialien dagegen betreffen die Formen des seinsverstehenden Daseins, aus denen jene Bestimmungen des Vorgegebenen erst verstanden werden können. Genau das besagt ,,Fundamentalontologie": Verstehensfundament für alle uns objektiv erscheinenden Seinsbestimmungen.

Ein zentrales Existenzial ist das *,,In-der-Welt-Sein".* Mit diesem Begriff macht Heidegger deutlich, daß der cartesische Zweifelsweg ungangbar ist. Denn das Ich kann sich nicht von der Welt isolieren. Das zweifelnde Ich läßt sich nur verstehen, wenn es schon in der Welt steht. Mensch und Welt sind eine ursprünglich gegebene Einheit, die nur nachträglich und oberflächlich in Subjekte und Objekte aufgespalten werden kann. Die Einheit äußert sich als Intentionalität, dem unverstandenen und nur deskriptiv ausgewiesenen Zentralbegriff der Phänomenologie, wonach zu jedem Bewußtseinsakt ein Bewußtseinsinhalt gehört. Das Existenzial des In-der-Welt-Seins macht verständlich, daß Heidegger das Da-sein als Verstehen charakterisieren kann. Verstehen ist Erschlossenheit der umgebenden Welt. Dieses Erschließen bedeutet wiederum nichts anderes, als daß es darin dem Dasein um sich selbst geht: ,,Dasein ist Seiendes, dem es als In-der-Welt-Sein um es selbst geht". [122] So enthüllt sich Dasein letztlich als *,,Sorge":* Dasein ist das Seiende, dem es in seinem Sein um dieses Sein selbst geht, das sich um dieses sein Sein Sorge macht.

Wenn alles Seinsverstehen vom Menschen her betrachtet werden muß, so kann das Welthafte, das den Menschen umgibt, nicht einfach als *Vor*handenes gedeutet werden. Durch das Existenzial Sorge wird dieses vielmehr zum *Zu*handenem, zum „Zeug" (vergleiche Werk-zeug, Schreib-zeug). Objektivität ist also aus dem ursprünglichen Zuhandensein abstrahiert, sie ist ein abkünftiger oder defizienter Modus. Wissenschaftliches Denken verstellt so in der Verwandlung des Zuhandenen in Vorhandenes den tieferen Sinn von Sein. In-der-Welt-Sein ist aber noch mehr als nur weltverstehendes Eingebundensein. Es bestimmt Dasein auch als *Mit-Sein.* Mit diesem Existenzial bezeichnet Heidegger den Umstand, daß jemeiniges Dasein noch anderem Dasein begegnet. Man findet den anderen nicht vor, sondern man entdeckt ihn in einer spezifischen Seinsform, die in der Tradition mit Personalität, Freiheit, Würde usw. bezeichnet wurde. Deren Gewißheit blieb aber in den traditionellen Lehren trotz komplizierter Analogieschlüsse stets problematisch. Der Solipsismus, das heißt die Vorstellung, auf der Welt allein zu sein und die anderen nur als Bewußtseinsbestimmungen anzuerkennen, war fast unüberwindbar.

Das enge Eingebundensein in die Welt bedingt aber auch die beunruhigende Grundstimmung: Dasein ist letztlich Geworfenheit in das Da („Faktizität"), in welcher zwar die Möglichkeit des Daseins aufscheint, sich zu sich selbst verhalten zu können, die aber zugleich die *Angst* als Grundbefindlichkeit des Daseins offenbart. Das „Wesen der Angst" ist für Heidegger nichts anderes als das In-der-Welt-Sein selbst. Angst unterscheidet sich von Furcht dadurch, daß sie kein Objekt hat. Man fürchtet sich vor dem Gewitter oder vor der Krankheit, aber man erfährt Angst vor dem Nichts, also dann, wenn man kein Seiendes als Grund angeben kann. Angst ist genauer Zurückschrecken vor dem Nichts, das der Mensch in seiner Eigentlichkeit entdeckt. So kommt das Nichts in die Welt, der Mensch ist der „Platzhalter des Nichts", – ein Gedanke, den Heideggers Schüler Sartre zu einer eigenwilligen Form der Existenzphilosophie ausgebaut hat („Das Sein und das Nichts").

Das Dasein ist auf einer ständigen Flucht vor der Angst. Dabei verfällt es dem „Man", der Seinsart des Alltagsmenschen: er lebt, wie „man" lebt, er denkt, wie „man" denkt usw. Es gibt drei Formen des *Verfallenseins an das Man:* das Gerede, die Neugier und die Zweideutigkeit aller Seinsbestimmungen. In diesen Verhaltensweisen kann sich der Mensch vor seinem eigenen Wesen immer wieder verstecken. Dabei bricht hie und da das Gewissen als Ruf der Sorge durch, vor allem im Bewußtsein des sicheren Todes. Gerade das „Sein zum Tode", das

heißt die Einsicht, daß das Ganze unseres Daseins erst durch das ausstehende Nichtsein bestimmt ist, versetzt uns in unsere Eigentlichkeit. Der Tod ist damit kein zukünftiges Nicht-mehr-Vorhandensein, sondern Element unserer Existenz; er gehört „in einem ausgezeichneten Sinne zum Sein des Daseins“, er ist „die *eigenste* Möglichkeit des Daseins“.[123]
Im zweiten Abschnitt von „Sein und Zeit“ wendet sich Heidegger dem zweiten Zentralbegriff, der *Zeitlichkeit* zu. Hier soll das Sein selbst noch *interpretiert* werden, das im ersten Abschnitt als Dasein *analysiert* wurde. „Als der Sinn des Seienden, das wir Dasein nennen, wird die *Zeitlichkeit* aufgewiesen“.[124] Wenn wir bisher den Sinn von Sein durch Zuhandensein, Vorhandensein, Mitsein, durch das In-der-Welt-Sein, Verfallensein, Eigentlichkeit, Möglichsein, Freiheit, Verstehen und Sein-zum-Tode charakterisiert haben, so verbergen sich dahinter bestimmte Zeitmodi. Die Zeit ist der „Horizont des Seinsverständnisses“. So gründet beispielsweise der eigentliche Sinn der in-die-Welt-Geworfenheit im Modus der Gegenwart, das Verfallensein an das Man im Modus der Vergangenheit und die Existenzialität des Daseins als Entwurfsmöglichkeit im Modus der Zukunft. Auch die Probleme der traditionellen Philosophie werden aus der Perspektive der Zeitlichkeit gedeutet. Der cartesische Ansatz enthüllt sich – ähnlich wie das Denken Platons – als Identifikation von Sein und ewiger Vorhandenheit. Das Ungenügen der Lehre Descartes' liegt in der Verdeckung der Zeitstruktur des Seins, die sich an dem Status mathematischer Ideen orientiert. Durch solche Zeitanalysen glaubte Heidegger viele Wurzeln des verhängnisvollen und ausweglos erscheinenden Weges des abendländischen Denkens bloßlegen zu können. Aber die eigentliche Deutung des Sinnes von Sein aus dieser ursprünglicheren Zeit, wie sie im zweiten Teil von „Sein und Zeit“ gegeben werden sollte, steht bis heute aus. Heidegger erkannte, daß der ursprüngliche Ansatz, alles Seinsverstehen zunächst aus der Existenzweise des menschlichen Daseins abzuleiten, nicht weiterführte. Deshalb vollzog er eine „Kehre“ im Denken, in welcher er sich dem Sein unmittelbar zuwandte.

36.3 Heideggers Spätphilosophie

a) Die Kehre

In seinem neuen Versuch ersetzt Heidegger die transzendentale Fundamentalontologie durch ein „An-Denken des Seins". Denken und Verstehen werden nicht mehr als Leistungen des Menschen, sondern als Ereignisse des Seins gedeutet; nicht der Mensch denkt, sondern Es denkt im Menschen. Was wir als bewußtes Erleben deuten, ist in Wirklichkeit Ereignis des Seins, „Seinsgeschichte". Über das Sein läßt sich nichts mehr aussagen; es ist einfach es selbst, das Heile. Es offenbart sich dem Menschen, der in der „Lichtung des Seins" steht, genauer in das Sein hinaussteht, ek-sistiert. Das beängstigende In-der-Welt-Sein wird zum „Haus des Seins", in dem uns das uns Zukommende zugeschickt wird („Seins-Geschick").[125] Aus der Freiheit des Sein-*Könnens,* wird ein dankendes Sein-*Lassen.* Es geht um das Offenbarwerden, um die Unverborgenheit (= Wahrheit!) des Seins, die sich als geschichtliche Faktizität, nicht als kritische Einsicht in immer geltende Wahrheiten zeigt.
Die Kehre drückt sich auch im Wandel der Terminologie aus.

- Dasein ist nicht mehr ein spezifisches Seiendes, dem es um sein Sein geht, sondern es ist das „Da" des Seins, die Lichtung des Seins.
- Existenz bedeutet nicht mehr die Eigentlichkeit eines auf sich gestellten Seins zum Tode, sonder „ekstatisches Wohnen" im „Haus des Seins", eine vom Sein ereignete Ek-sistenz.
- Angst und Sorge weichen der Stimmung des „Dankes" für die „Huld", Sein begegnen zu können. Aus der Stimmung des Daseins wird die „Stimme des Seins".
- Die Geschichte gründet nicht mehr im Zeitmodus des endlichen Daseins, sondern bedeutet Unterwegssein in der Erwartung der endgültigen „Parusie des Seins". Wahrheit ist Wahrheitsgeschehen einer Seinsgeschichte, „Eschatologie des Seins".
- Aus dem Sein, um dessen Sinnbestimmung sich die Frühphilosophie Heideggers bemühte, wird ein geheimnisvolles SEYN, dessen Sinn nicht durch Zeitanalysen verständlich gemacht werden kann, sondern das sich wie ein Gott verbirgt und offenbart und dessen Tiefe nur in der Dichtung erahnt werden kann.

b) Der philosophiegeschichtliche Anspruch Heideggers

Heidegger hatte schon in „Sein und Zeit" die These aufgestellt, die gesamte Metaphysik seit Platon sei von der „Seinsvergessenheit" geprägt und daher gelte es, wieder von vorne, nämlich bei den Vorsokratikern, anzufangen, um den eigentlichen Sinn von Sein erfassen zu können. Dieser Anspruch verschärfte sich noch weiter. Die gesamte Geschichte der abendländischen Philosophie sei ein Irrweg gewesen und das Geschick des Abendlandes hänge von der Klärung der Seinsfrage ab.

Den neuen Weg beschrieb Heidegger vor allem durch Abgrenzungen: weder in der Liebe zur Weisheit, noch in der aristotelischen Theoria oder gar in der östlichen Meditation wird der Anspruch des Seins erfüllt; am allerwenigsten aber in der Wissenschaft und Technik. Letztere charakterisierte Heidegger als „Gestell", in welchem die Seinswahrheit durch Hinstellen, Verfügen und Berechnen verfehlt werde.

Wenn sich Heideggers Seinsverständnis so fundamental von dem aller früheren Generationen unterscheidet, dann kann es nicht verwundern, daß die überlieferte Begrifflichkeit nicht ausreichte, um die neue Lehre adäquat auszudrücken. Deshalb mußte Heidegger sich oft darauf beschränken zu sagen, was das Sein *nicht* ist. Positive Aussageversuche führten zu eigenwilligen Sprachprägungen, die nur ahnen lassen, was sie besagen sollen. Trotzdem hat sich eine Art Heideggersches Sprachspiel - der „Jargon der Eigentlichkeit", wie es Adorno nannte[126] - herausgebildet. Aber nur wer der religiösen Gedankenwelt nahesteht, wird sich in Heideggers „Geviert von Erde und Himmel, Göttlichem und Sterblichem" zurechtfinden. Er wird in der ontisch-ontologischen Differenz von Sein und Seiendem die christliche Differenz vom ewigen Schöpfer und endlichem Geschöpf, im SEYN das schlechthin Andere und im Vertrauen auf die Huld des Seins den Glauben des Religiösen wiederentdecken, auch wenn sich Heidegger gegen solche Analogien gewehrt hat. Eigentlich hätte der Philosoph durch die „Kehre" zum schweigenden Mystiker werden müssen. Jedenfalls führte der Weg Heideggers nach der „Kehre" von der kritischen phänomenologischen Daseinsanalyse zur Selbstauflösung der Philosophie, nach der nur noch die Dichter sprechen können.

36.4 Gadamers Hermeneutik als Vollendung der Heideggerschen Lehre vom Verstehen

a) Die neue Hermeneutik Heideggers

(1) „Sein und Zeit" enthält eine Neuorientierung in der Hermeneutik, die Heidegger in seiner Spätphilosophie noch weiter vertiefte. In Hans-Georg Gadamers „Wahrheit und Methode" wurde die neue Hermeneutik in ihren Konsequenzen weiterverfolgt und zur Rehabilitierung der Denkbemühungen um Wahrheit außerhalb des Kontrollbereichs wissenschaftlicher Methodik herangezogen, das heißt insbesondere in Kunst, Literatur, Geschichte und Philosophie. Sowohl Heideggers als auch Gadamers Lehre sind nur auf dem Hintergrund der Entwicklung der Hermeneutik im allgemeinen verständlich.

(2) Hermeneutik ist die Lehre des Verstehens von Texten und anderen Manifestationen des menschlichen Geistes, vor allem in Religion, Kunst, Literatur, Jurisprudenz und Geschichte. Die *ältere Hermeneutik* entstand aus dem Bemühen der Theologen, die Heilige Schrift und die Texte der Kirchenväter zu verstehen. Man versuchte, die unverständlichen Stellen dadurch verständlich zu machen, daß man sie beispielsweise allegorisch (das heißt „anderssagend") deutete und so hinter dem Wortlaut einen Sinn entdeckte, der dem vom Heiligen Geist erleuchteten Schreiber gar nicht bewußt gewesen sein kann, als er die Worte schrieb. Auf diese Weise wurde die dogmatisch geforderte Einheit der Texte garantiert. Dabei war stets der *Inhalt* des zu Verstehenden Gegenstand der Interpretation. Die Hermeneutik stand im Dienste der Pädagogik, der Hinführung zur sachlichen Wahrheit.
In der *romantischen Hermeneutik* Schleiermachers erfolgte eine Wende zum *Psychologischen:* der Interpret soll sich – parallel zur grammatischen Konstruktion – in die Verfassung des Schriftstellers, Künstlers oder Staatsmannes versetzen und den ursprünglichen schöpferischen Akt durch eine Art Einfühlung reproduzieren. Das war für die Romantiker möglich, weil sie im Kosmos einen umfassenden Organismus sahen, in den die Interpreten und die zu Interpretierenden gleichermaßen eingeordnet seien. So verschob sich das Interesse vom Wortlaut und objektiven Sinn zur Individualität des Autors oder Handelnden.
Die romantische Hermeneutik wirkte auch auf die *historische Schule.* Diese rückte an die Stelle der dogmatisch garantierten Ganzheit, wie sie bei religiösen Autoritäten gesetzt worden war, die Totalität der geschichtlichen Wirklichkeit. Man verglich die Weltgeschichte mit einem

großen Buch, dessen Text es zu verstehen gelte. Beide Tendenzen der Hermeneutik des 19. Jahrhunderts, die Hinwendung zum Individuellen einerseits und die Einbeziehung des historischen Zusammenhangs andererseits führten zu *Diltheys Konzept* einer Hermeneutik als geisteswissenschaftliche Methodologie. Während man in den Naturwissenschaften ,,erklärt", das heißt, Phänomene auf allgemeine Gesetzmäßigkeiten zurückführt und aus den allgemeinen Gesetzen Vorhersagen ableitet, werden in den Geisteswissenschaften die Erscheinungen im Verstehensprozeß erfaßt. Dieser vermag Individuelles und historisch Gewachsenes zu erkennen, zu bewerten und in die Gesamtheit der kulturellen Objekte einzufügen, die unsere geistige Welt prägt. Für Dilthey war die Darstellung dieser Methode, die Reflexion ihres Sinnes und ihrer Reichweite zugleich Inhalt der *philosophischen* Hermeneutik, die der Hermeneutik als Kunstlehre von Verstehensregeln an die Seite trat.

(3) Heidegger wandte sich gegen die Deutung des Verstehens als methodologische Disposition; für ihn war Verstehen ein Existenzial, das heißt, die Existenzweise des Menschen (das ,,Dasein") ist wesensmäßig Verstehen. Wenn Dasein ein Seiendes ist, dem es als In-der-Welt-Sein um es selbst geht, dann heißt das, daß wir im Existieren vorgängig stets Verstehensprozesse einbezogen haben. Verstehen ist ,,erschließendes Seinkönnen". ,,Das Verstehen ist, als Entwerfen, die Seinsart des Daseins, in der es seine Möglichkeiten als Möglichkeiten ist". [127] Aus dem Entwurfscharakter begründete Heidegger die Geschichtlichkeit des Daseins. ,,Zum Geschehen des Daseins gehört wesenhaft Erschließung und Auslegung. Aus dieser Seinsart des Seienden, die geschichtlich existiert, erwächst die existenzielle Möglichkeit einer ausdrücklichen Erschließung und Erfassung von Geschichte". [128] Während Heidegger diese Struktur in ,,Sein und Zeit" ausführlich und in enger Beziehung zu seiner Fundamentalontologie beschrieb, zog Gadamer für die eigentliche Geschichtsbetrachtung die Konsequenzen: er erkannte die Tragweite der These, daß das Verstehen die Geschichte konstituiert, und erläuterte diese Konstitution an der Funktion der Begriffe *Vorurteil, Tradition* und *Autorität.*

b) ,,Wahrheit und Methode"

(1) ,,Wahrheit und Methode" ist zum Standardwerk der philosophischen Hermeneutik geworden. Die Reichhaltigkeit des historischen

Materials zur Hermeneutik im allgemeinen und zur philosophischen Hermeneutik im besonderen machen diese Wirkung verständlich.
In der eigenen Hermeneutik-Konzeption rückte Gadamer die folgenden Gesichtspunkte in den Vordergrund:

- das eigentliche hermeneutische Prinzip ist die *Geschichtlichkeit* des Verstehens;
- das hermeneutische Kriterium ist die *Wirkungsgeschichte,* die sich durch Vorverständnis („Vorurteil"), Tradition und Autorität verwirklicht;
- das hermeneutische Medium, in welchem sich Wahrheit ereignet, ist die *Sprachlichkeit.*

(2) Wer einen Text verstehen will, muß schon ein Ganzes voraussetzen, zu welchem der Text gehört und innerhalb dessen gewisse Erwartungen in Erfüllung gehen können. Dieses Vorverständnis nennt Gadamer (nicht sehr glücklich) *Vorurteil.* Es betrifft die Gesamtheit der Bedingungen, die im Verstehen vorausgesetzt werden muß und sich zugleich im Fortgang der Textauslegung in bestimmten Einzelaspekten korrigiert („hermeneutischer Zirkel"). Die „Vorurteilshaftigkeit alles Verstehens" bedeutet die Tatsache, daß wir vor der Reflexion auf unsere Existenzbedingungen, die wir im Verstehensakt voraussetzen müssen, stets schon sich bewährende Lebensformen in Familie, Gesellschaft und Staat verwirklichen. In diesen manifestiert sich der geschichtliche Zusammenhang. Insofern beobachtet der Historiker in der Textauslegung nicht die Geschichte, sondern wir selbst sind - verstehend - Geschichte. „In Wahrheit gehört die Geschichte nicht uns, sondern wir gehören ihr" [129] (Geschichtlichkeit des Verstehens).
Gadamer rehabilitiert mit der Aufwertung des Vorurteils zugleich *Autorität* und *Tradition.* Meistens wird Autorität als blinder Gehorsam mißverstanden. Aber es gibt auch eine Autorität, die auf besserer Einsicht und größerem Erfolg beruht („Sachautorität"). Insbesondere kann die Tradition als Autorität gedeutet werden. Was zur Tradition geworden ist, hat sich bewährt und wirkt durch die Zeiten. Die geschichtliche Wirksamkeit zeigt, daß eine *Sache* und kein *Phantom* im Geiste eines historischen Individuums gemeint ist. Der Mensch als endliches Wesen steht so in der Autorität des Überkommenen, aus der sich Wahrheit versteht, auch wenn sie nicht in jeder Hinsicht durch spekulative Begründung abgesichert werden kann. In der Übernahme von sachgerechter Autorität vollzieht sich eine Teilhabe am gemeinsamen Sinn, dem „Wunder des Verstehens". Nicht die „Kommunion der

Seelen", wie es die Romantiker glaubten, sondern das sprachlich vermittelte Einverständnis in die Sache konstituiert das geschichtliche Objekt. Gadamer betont, „daß Verstehen primär heißt: sich in den Sachen verstehen, und erst sekundär: die Meinung des anderen als solche verstehen". Die Sache ist eine Synthese aus dem Gemeinten und dem heute Verstandenen; sie ergibt sich aus der „Horizontverschmelzung" der Perspektiven des Interpreten und des Interpretierten. [130]
Gadamer behauptet nicht etwa, daß die beiden Horizonte strukturgleich wären; sie sind vielmehr wirkungsgeschichtlich vermittelt: der Interpretierte sagt uns etwas, das uns in die Lage versetzt, uns mit dem Autor über eine Sache zu verständigen. Der objektive Überschuß über das subjektiv Gemeinte beruht darauf, daß der Interpretierende sich als vom Autor wirkungsgeschichtlich abhängig versteht.
Nachdem Heidegger schon in „Sein und Zeit" die Rede - neben Befindlichkeit und Verstehen - als Element des Daseinsvollzugs erkannt hat und später die Sprache von ihm als Weise des „Seinsgeschehens" gedeutet worden ist, interpretiert Gadamer nun das Verstehen als Gespräch. Im Gespräch geschehe Verstehen, Auslegung und Anwendung (Applikation) in einem. Schließlich beherrsche Sprachlichkeit nicht nur das Verfahren der historischen Interpretation, sondern zugleich die Lebensform, in der das Vergangene überliefert wurde. Aber nicht Grammatik und strenge Methode seien gemeint, sondern eher das Spielerische und dessen Realisierung in der Dichtung. So endet Gadamers Reflexion wieder dort, wo sie begonnen hat: in der Wahrheit der Kunst, die zugleich Vorbild und ontologische Richtschnur für die philosophische Wahrheit ist.

37. Herbert Marcuse und die Neue Linke

37.1 Die Hinwendung zur Gesellschaftsphilosophie in der „Kritischen Theorie"

a) Der Neomarxismus

Die Etablierung eines kommunistischen Herrschaftssystems in der Sowjetunion, die Ausbreitung des Nationalsozialismus in Deutschland und die allgemeinen Gefährdungen der tradierten geistigen, politischen und wirtschaftlichen Institutionen konfrontierten die Philosophie des 20. Jahrhunderts mehr und mehr mit Problemen der gesellschaftlichen Wirklichkeit. Dies führte zugleich zu einer geistigen Auseinandersetzung mit dem Marxismus, das heißt mit den gesellschaftsphilosophischen und wirtschaftstheoretischen Lehren, die sich in ihren Kernthesen ausdrücklich auf Karl Marx berufen. Schon nach dem Ersten Weltkrieg hatte der ungarische Philosoph Georg Lukács in seinem einflußreichen Werk „Geschichte und Klassenbewußtsein" (1923) die sogenannte Frühphilosophie von Marx in den Mittelpunkt seiner Deutung gestellt und damit das *philosophische* Interesse an Marx betont, das vorher ganz und gar soziologisch orientiert war. Durch die Veröffentlichung der Frühschriften und später (1932) der ökonomisch-philosophischen Manuskripte von Marx waren die Voraussetzungen für eine neue Marxismus-Deutung gegeben, die vor allem nach dem Zweiten Weltkrieg große Verbreitung fand. Der Marxismus wurde hier nicht mehr als spezifische materialistische Wirtschafts- und Gesellschaftsdoktrin und als praktische Handlungsanleitung zur revolutionären Agitation abqualifiziert, wie es frühere Interpretationen von Engels bis Lenin nahegelegt hatten, sondern man entdeckte in den Jugendschriften von Marx eine Art Humanismus, eine allgemeine Lehre von den gesellschaftlichen Bedingungen und notwendigen Veränderungen, die allein dem Menschen seine verlorene Würde wiedergeben könnten.

Während im „orthodoxen Marxismus" die philosophischen Gedanken zum Parteiprogramm umfunktioniert und häufig genug zum Instrument des staatlichen oder parteilichen Machtkampfes degradiert wurden, knüpfte der soeben charakterisierte *„Neomarxismus"* zwar an Marx an; zugleich forderte er aber die Anpassung dessen Lehre an die gegebenen gesellschaftlichen Verhältnisse in kritischer Absicht und ohne parteipolitische Absicherung, also in persönlicher Verantwortung. Besonders die Vertreter der „kritischen Theorie" oder der „Frankfurter Schule", M. Horkheimer, T. Adorno, H. Marcuse und J. Habermas, legten Gesellschaftsanalysen vor, welche die Notwendigkeit einer permanenten Weltveränderung im Sinne von Marx verdeutlichen sollten, aber entgegen den älteren Lehren das menschliche Subjekt nicht in den Produktionsprozeß der Klassengesellschaft aufgehen lassen wollten. Ausgehend von Untersuchungen zur politischen Ökonomie und Soziologie im 1931 gegründeten Frankfurter „Institut für Sozialforschung" weitete sich das gesellschaftskritische Untersuchungsfeld mehr und mehr zu einer allgemeinen Kulturkritik aus, in der die kapitalistische Welt generell als „Katastrophe des menschlichen Wesens" (Marcuse) erschien.[131] Horkheimer sprach von der „Verfin-

sterung“ oder „Dämmerung“ des bürgerlichen Lebens und prägte so einen Gegenbegriff zur „Aufklärung“. Zusammen mit Adorno hatte er in der „Dialektik der Aufklärung“ zu zeigen versucht, daß die Aufklärung im Spätkapitalismus ihre eigentliche Zielrichtung verloren habe und in brutale Herrschaft und Unvernunft umgeschlagen sei.
Aus der Vielzahl neomarxistischer und der „kritischen Theorie“ nahestehender Lehren greifen wir die Philosophie von Herbert Marcuse (1898–1979) heraus, eines Philosophen, dessen geistige Heimat Deutschland war, der aber während der nationalsozialistischen Herrschaft nach Amerika emigrierte, dort die „Neue Linke“ (New Left) prägte und schließlich durch seine Schriften zum Ideologen der deutschen Studentenunruhen um 1968 wurde.

b) Anknüpfungen an Heidegger und Hegel

Die „Neue Linke“ verschwendete nur selten Gedanken an die Existenzphilosophie, dem „Jargon der Eigentlichkeit“, wie Adorno seine Streitschrift gegen Jaspers und andere Existenzphilosophen genannt hatte. Der Rückzug auf das Selbstsein bedeutete ihren Vertretern zugleich ein Verrat am Anderen, das isolierte „Ich und Du“ (Martin Buber) ein Mißverständnis der eigentlichen Beziehung des Ichs zur Gesellschaft. Deshalb bildet Marcuse die Ausnahme: er versuchte, direkt an die Phänomenologie Husserls und an die Fundamentalontologie Heideggers anzuknüpfen und dieser durch die Einbeziehung der Dialektik ihren wahren Wert zu geben.
Daß Revolution notwendig sei, war für Marcuse aufgrund der Analysen von Marx offenkundig. Deshalb blieb der Philosophie nur die Aufgabe, die „marxistische Grundsituation“ zu beschreiben, also Phänomenologie zu betreiben. In Heideggers „Sein und Zeit“ fand Marcuse die Philosophie vor, welche die phänomenologische Methode nicht nur auf theoretische und wertbezogene Gegenstände angewandt, sondern auch die Geschichtlichkeit als Grundbedingung menschlicher Existenz offengelegt hatte. Allerdings dachte Heidegger in den Augen Marcuses nicht radikal genug. Er übersah, daß konkretes geschichtliches Dasein stets in einer konkreten geschichtlichen Gesellschaft steht. Deshalb erweiterte Marcuse die Daseinsanalyse in ihrer historisch-gesellschaftlichen und in ihrer ökonomischen Dimension, die stets zugleich Praxis, „radikale Tat“, das heißt Revolution, fordert. In dieser „Konkretisierung“ wurde beispielsweise aus Heideggers „Mit-Sein“ ein „Mit-Sein mit anderen“, aus dem „Zuhanden-Sein“ die „Arbeit“

bei Marx, aus dem Versuch, den Sinn von Sein zu *verstehen,* die Aufforderung, die Welt in ihrer Konkretheit zu *verändern.* Daher greift das fundamentale Existenzial der Sorge bei Marcuse weit über die Realität hinaus, indem es auf normatives Handeln ausgerichtet, ,,zweidimensional'', ist.
Besonders bei *Hegel* fand Marcuse weitere Ansätze zur Ausprägung des Begriffs der ,,Zweidimensionalität'', der in seiner Spätphilosophie zur zentralen Vokabel wurde. Für Hegel ist jedes Sein mehr als nur das unmittelbar Vorgegebene; es ist in einen universellen Prozeß eingeordnet, der nur in den Kategorien von Möglichkeit und Wirklichkeit, beziehungsweise von Sein und Wesen, verstanden werden kann. Die Möglichkeit bestimmt die Norm, so daß das Sein als Sollen nicht jenseits des Seienden, sondern in diesem selbst angelegt ist. Deshalb ist das Faktische nie das Wahre, sondern eher die totale Verkehrung des Wesens, welche zur Revolution der bestehenden Verhältnisse auffordert. Diese Umdeutung der Hegelschen Philosophie zu einer Theorie der Revolution war bereits durch *Marx* vorgezeichnet. Für Marcuse bedeutete demnach der Übergang von Hegel zu Marx keinen revolutionären Bruch (Löwith), sondern die innere Konsequenz aus den in der Hegelschen Philosophie angelegten Möglichkeiten. Die phänomenologische Daseinsanalyse verwandelte sich allmählich zur Analyse der geschichtlichen Bedingungen der Revolution, die sich nicht nur aus ökonomischen Zwängen, sondern vor allem aus philosophischen Sachverhalten erklären lassen sollten. So endete Marcuses Denkweg schließlich in der kritischen Gesellschaftstheorie seines Hauptwerkes ,,Der eindimensionale Mensch''.

37.2 ,,Der eindimensionale Mensch''

Das Buch zerfällt in drei Teile. Im ersten Teil werden die gesellschaftlichen Phänomene, im zweiten Teil das Denken unter dem Gesichtspunkt der Eindimensionalität dargestellt. In dem kleineren, letzten Abschnitt über die ,,Chance der Alternativen'' formuliert Marcuse einige Gedanken, wie diese Eindimensionalität überwunden werden kann.

a) *Die fortgeschrittene Industriegesellschaft als „eindimensionale Gesellschaft"*

Die *„Haupttendenzen"* in der westlichen hochentwickelten Industriegesellschaft betreffen unter anderem

- „Konzentration der Volkswirtschaft auf Bedürfnisse der großen Konzerne; . . .
- Verflechtung dieser Wirtschaft mit einem weltweiten System von militärischen Bündnissen, monetären Übereinkünften, technischer Hilfe und Entwicklungsplänen;
- allmähliche Angleichung der Arbeiter- an die Angestelltenbevölkerung . . ., der Freizeitbeschäftigung und Wünsche der verschiedenen Klassen . . ." [132]

Diese Tendenzen sind als Fehlentwicklungen zu deuten, weil sie auf ein System von Manipulation und auf einen Konformismus hinauslaufen und damit die bestehenden Verhältnisse stabilisieren und verewigen. Marcuse spricht von einer „Gesellschaft ohne Opposition", in welcher die Kritik paralysiert, sozialer Wandel und Revolution verhindert und Freiheit und Glück verraten werden.
Bemerkenswert ist, daß die „eindimensionale Gesellschaft" durchaus bestens funktioniert; es herrscht „eine komfortable, reibungslose, vernünftige, demokratische Unfreiheit". Man findet sich damit ab, „in der Hölle der Gesellschaft im Überfluß leben (zu) müssen". [133] Niemand spricht von Revolution, jeder einzelne ist dem Konsumzwang unterworfen und dabei selbstzufrieden. Doch nach Marcuse muß zwischen den wirklichen und den nur unmittelbar vorgegebenen Interessen unterschieden werden. Wer sich letzteren ausliefert, lebt im *„falschen Bewußtsein"*. Aufgabe der „kritischen Theorie" ist die Entlarvung dieses falschen Bewußtseins, das heißt die Öffnung der Augen für das Bewußtsein der weiter bestehenden Knechtschaft unter eben diesen harmonisierenden, technisch perfekten Bedingungen. So kann auch dort von „Verelendung" gesprochen werden, wo das „Vorstadthaus mit Auto, Fernsehgerät usw." gegeben sind. „Dies falsche Bewußtsein hat sich im herrschenden technischen Apparat verkörpert, der es wiederum reproduziert". [134] Das richtige Bewußtsein denkt im Wissen der Dualität von Schein und Wirklichkeit dialektisch und geht von zwei Grundüberzeugungen aus, nämlich

- „daß das menschliche Leben lebenswert ist oder vielmehr lebenswert gemacht werden kann oder sollte";

- „daß ... spezifische Möglichkeiten zur Verbesserung des menschlichen Lebens bestehen ... Der etablierten Gesellschaft steht eine nachweisbare Qualität und Quantität geistiger und materieller Ressourcen zu Verfügung". [135]

b) Der Positivismus als „eindimensionales Denken"

Wenn Zweidimensionalität im innersten Wesen Widerspruch, Negation, Aufforderung zur Veränderung meint, dann sind Marcuses große Widersacher diejenigen Mächte, die den dialektischen Widerspruchsgeist bekämpfen und das Faktische zur letzten Legitimationsinstanz erklären. Deshalb konzentrierte sich seine „transzendierende Analyse" auf drei Formen von Positivismus: auf den „gesunden Menschenverstand", auf die wertfreie Wissenschaft und schließlich auf die Logik selbst. Da der Positivismus in technologische Rationalität aufgeht und sich der bestehenden Welt ausliefert, hat dieser stets auch politische Konsequenzen. Er dient einerseits der Stabilisierung des kapitalistischen Gesellschaftssystems, andererseits macht er in seiner Privatisierung der Ratio den Weg frei für Faschismus und Diktatur.
Die letzte Steigerung der Positivismus-Kritik vollzog sich als Kritik an der modernen *Logik*. Der eigentliche Sündenfall in diesem Drama habe sich bereits bei Aristoteles vollzogen, als dieser der platonischen *dialektischen* Logik, die noch die Unterscheidung von Schein und Wesen kannte, die *formale* Logik der wahren und falschen Sätze gegenüberstellte. Die Logik repräsentiere den gesunden Menschenverstand in Reinform und diene als Evangelium des gewöhnlichen wissenschaftlichen Denkens. Weil sie die falsche, nämlich *ewige* Wirklichkeit stabilisiere, sei die Logik zugleich „Logik der Herrschaft": logische Subsumtion ist nicht nur begriffliche, sondern auch politisch-gesellschaftliche Unterordnung; der Satz vom Widerspruch verbietet nicht nur gedankliche, sondern zugleich auch politische Widersprüche. So sorgt die Logik für „umfassende Kontrolle und Kalkulierbarkeit". [136]

c) Die Utopie des Zweidimensionalen

Die meisten Ausführungen Marcuses betreffen die kritische Ablehnung bestehender Ordnungen und Strukturen. Wie im Falle der Ablehnung der Logik gehen diese so weit, daß Zweifel aufkommen, wie Sprache und Gesellschaftskritik überhaupt möglich sein sollen, wenn sie die Logik als notwendige Bedingung von Verständlichkeit so radikal verabschieden. Die Berufung auf die Anerkennung von Widersprüchen ist insofern nicht ausreichend, weil das Argument Objekt- mit Metasprache verwechselt. Marcuse kann seine Lehre vom widerspruchstoleranten Denken gar nicht vermitteln, wenn er die Logik außer Kraft setzt. Als Folge dieses Dilemmas findet man nur vage Andeutungen über die Art der Alternativen, die sich zudem schnell in Widersprüche verfangen. So spricht Marcuse von einem noch unbekannten Reich der Freiheit jenseits der Notwendigkeit, in welchem die innere Struktur des menschlichen Daseins völlig verändert sei. „Neue Technologie", „Emanzipation des Bewußtseins", „sinnliche Kultur" sind weitere wiederkehrende Stichworte. Er betont zugleich, daß sich solche neue Daseinsweisen nur in negativen Begriffen andeuten lassen, „weil sie auf die Negation der herrschenden hinauslaufen". Einen prinzipiellen Zweifel an der Möglichkeit eines solchen Unterfangens läßt Marcuse gar nicht erst aufkommen; denn „der unrealistische Klang dieser Behauptungen deutet nicht auf ihren utopischen Charakter hin, sondern auf die Gewalt der Kräfte, die ihrer Verwirklichung im Wege stehen". [137]

Im Mittelpunkt steht die Vorstellung, daß das Universum in sich entzweit, „zweidimensional", sei. Marcuses Denken ist letztlich der Versuch einer Synthese aus Gedanken von Marx, Nietzsche und Freud. Er fordert ein sinnlich-lustvolles Leben, in welchem sich die Triebe aus eigener Kraft bändigen. Das letzte Ziel besteht in der Freiheit und im Glück der Massen. „Eine Gesellschaft ohne Krieg, ohne Grausamkeit, ohne Brutalität, ohne Unterdrückung, ohne Dummheit, ohne Häßlichkeit: daß eine solche Gesellschaft möglich ist, daran zweifle ich überhaupt nicht", [138] gesteht Marcuse. Voraussetzung ist die Befreiung von allen ideologischen und sozialen Fesseln. Konkret läuft das auf die radikale Aufhebung der Eigentumsverhältnisse durch Revolution hinaus. Allerdings ist für Marcuse nicht mehr das Arbeiterproletariat der Träger der Revolution, sondern seine Hoffnungen richten sich auf die Minderheiten der Aussteiger, der Unterprivilegierten und der frustrierten Intelligenz, insbesondere der Studentenschaft.

So wurde Marcuse zum geistigen Wegbereiter der weltweiten Protestbewegungen der späten sechziger Jahre. Als „Vater der antiautoritären Revolte" lieferte er der Studentenbewegung Argumente. „Der eindimensionale Mensch" wurde zum Bestseller und zur „Fibel der großen Verweigerung". Ihre unscharfen Begriffe eigneten sich vorzüglich zur Agitation und später zu Gewaltaktionen gegen das „Establishment". Nach dem Verlöschen dieses pseudorevolutionären Feuerwerks kehrten Enttäuschung und Resignation zurück, eine Stimmung, die schon die Einsichten und Analysen der illusionslosen „kritischen Theorie" früherer Jahre geprägt hatte. Dabei haben die übertriebenen Forderungen der Protestbewegungen auch die bemerkenswerten Kritiken anderer Reformer diskreditiert. Durch den „Marcusianismus" vollzog sich die Rückkehr zum Vulgärmarxismus, der gerade durch den Neomarxismus überwunden werden sollte.

38. Ludwig Wittgenstein und die „sprachliche Wende" der Philosophie

38.1 Wittgenstein als Initiator der sprachanalytischen Philosophie

a) Die „sprachliche Wende"

Die Grenzen der an der strengen Logik orientierten Analyse von Russell und Wittgenstein, die auf Praxis bezogene Sachlichkeit der Angelsachsen, aber auch das Unbehagen über den Rückzug auf die Einzelexistenz und auf das begrifflich kaum faßbare „Geschick des Seins" in der Existenzphilosophie gaben entscheidende Anstöße zur Ausbildung der sprachanalytischen Schule. Ihre Nähe zum „gesunden Menschenverstand" und ihre sprachliche Disziplin bildeten zugleich ein Gegengewicht zur ideologisch motivierten, begrifflich unscharfen und zum Mißbrauch bestens geeigneten Dialektik der „Neuen Linken".
Die Frage, welche Bedingungen erfüllt sein müssen, damit eine Behauptung sinnvoll ist, hatte auf logische Strukturen *hinter* der Umgangssprache geführt. Die in der unentschiedenen Grundlagenkrise fragwürdig gewordene Begründung von Idealsprachen und vor allem die Einseitigkeiten der an den strengen mathematischen Methoden orientierten Denkweisen veranlaßten Wittgenstein, sich auf die *Umgangssprache selbst* zu berufen und dort die Bedingungen für einen reibungslosen Ablauf sprachlicher und gedanklicher Kommunikation zu suchen. Damit leitete er eine allgemeine Hinwendung der Philosophie zur Sprache, die sogenannte „sprachliche Wende" (linguistic turn), ein. Das Sprachproblem wurde eine Zeitlang Zentralthema der Philosophie (Sprachphilosophie als Fundamentaldisziplin).

Seit dieser Wende unterteilt man die analytische Philosophie in die *Philosophie der idealen Sprache* (Russell, Wittgenstein im „Traktat", Carnap) und in eine *Philosophie der normalen Sprache* (ordinary language philosophy; Wittgenstein, Ryle, Austin), je nachdem, ob logische Sprachen oder die Umgangssprache als Richtschnur für die Sprachanalyse dienen. Die letztere heißt auch *sprach*analytische Philosophie. Die Sprachanalytiker berufen sich auf die erst nach Wittgensteins Tod veröffentlichten „Philosophischen Untersuchungen". Wittgenstein steht hier nicht mehr im Banne der Logik, sondern er knüpft an die Situationen („Lebensformen") an, in welchen wir uns im Alltag befinden und Sprache verwenden. Der Sinnbegriff hängt nicht mehr davon ab, ob wir die Sprachformen in einen eindeutigen Zusammenhang zu logischen Konstruktionen bringen können, sondern ob das Gesagte in der jeweiligen Lebensform innerhalb eines bestimmten Sprechzusammenhangs, dem „Sprachspiel", eine Rolle spielt. Die Bedeutung eines sprachlichen Ausdrucks ist daher nicht ein geistiges Objekt oder ein geistiger Akt, wie es in der Phänomenologie behauptet wurde, sondern läßt sich aus seinem Gebrauch heraus verstehen.
Die neue Betrachtungsweise befruchtete auch die Sprachwissenschaften. In den sogenannten Sprechakttheorien (Austin) wurde der Gedanke aufgegriffen, daß Sprache nicht nur zur Informationsübertragung dient, sondern je nach Handlungszusammenhang die verschiedenartigsten Funktionen ausüben kann. So will man beispielsweise durch ein Versprechen nicht informieren, sondern eine Wirkung ausüben. Sprechen ist nicht nur Abbilden, sondern auch Handeln, und Sprache ist nicht nur Instrument, sondern zugleich Element unseres Weltverstehens.
Nachdem Wittgenstein an zahlreichen Beispielen gezeigt hatte, daß philosophische Probleme häufig durch Mißachtung der Regeln der Alltagssprache entstehen, konzentrierte sich die Arbeit der Sprachanalytiker auf die Klärung solcher Mißverständnisse. Man entdeckte Sprachspielverwechslungen, Kategorienfehler und falsche Verallgemeinerungen. Die Philosophie verflüchtigte sich in begriffliche Verbesserungen und endlose Differenzierungen des Sprachgebrauchs. Die Sprachwissenschaftler kamen zu Wort. Am Ende schien es, als ob die Linguistik die philosophische Sprachanalyse vollkommen überflüssig mache und sie allein die von der Philosophie aufgeworfenen Fragen beantworten könne.
So stehen wir vor der paradoxen Tatsache, daß Wittgenstein mit seinen beiden einzigen Büchern, dem „Traktat" und den „Philosophischen Untersuchungen", zwei einflußreiche philosophische Strömungen be-

gründet hat, obwohl er sich sowohl vom Neopositivismus des „Wiener Kreises" als auch von der sprachanalytischen Philosophie ausdrücklich distanziert hatte. Mit Recht wird man deshalb fragen, was nun Wittgenstein wirklich gewollt hat. Ein Blick auf seine Persönlichkeit hilft uns, der Antwort etwas näher zu kommen.

b) Zu Wittgensteins Persönlichkeit

Bis in die sechziger Jahre galt Wittgenstein als „Positivist". Die Tatsache, daß sich die Anhänger des „Wiener Kreises" einige Gedanken aus dem „Traktat" zu eigen gemacht hatten, reichte vielen zu dieser Einordnung aus. Erst lange nach seinem Tode im Jahre 1951 gewannen die Gedanken seiner Spätphilosophie Einfluß und verdrängten den Positivismusvorwurf. Vor allem die Einbeziehung des Nachlasses, der Briefe und persönlichen Bemerkungen ermöglichten eine gerechtere Beurteilung. Aufschlußreich ist ein Brief an Russell, in dem es heißt: „Der Angelpunkt ist die Theorie dessen, was durch Aussagen ... ausgedrückt werden kann ... und dessen, was durch Aussagen nicht ausgedrückt, sondern nur gezeigt werden kann; das, glaube ich, ist das Kardinalproblem der Philosophie". [139] Wenn es sich so verhält, dann darf man sich nicht auf das expiizit Ausgesagte beschränken, sondern man braucht Anhaltspunkte, was sich für Wittgenstein in dem Gesagten eigentlich zeigt.
Die Begegnung Wittgensteins mit Tolstojs Evangelien-Kommentar hatte den Sohn des reichsten österreichischen Stahlmagnaten dazu veranlaßt, sein gesamtes Vermögen zu verschenken und das „einfache Leben" in der Abgeschiedenheit eines Dorfschullehrerdaseins zu suchen. Wittgenstein beruft sich häufig auf Augustinus, Kierkegaard und Dostojewski. Diese Hinweise lassen vermuten, daß seine philosophischen Überlegungen ständig von einem moralischen Ringen um Reinheit und Wahrhaftigkeit begleitet waren. Er wird als innerlich zerrissener, äußerst sensibler, einsamer und kritischer Mensch geschildert, mit dem man nur schwer auskommen konnte. Obwohl seine Philosophie das Moralische und Religiöse selten zum Thema erhob, stand es als Motiv im Hintergrund aller seiner Aussagen: „Das Unaussprechbare ... gibt vielleicht den Hintergrund, auf dem das, was ich aussprechen konnte, Bedeutung bekommt." – „Ja, wie soll ich dieses Letzte aussprechen? Aber das Letzte soll ich eben nicht aussprechen, sondern das ist das Ende, an das wir kommen, die Mauer an die wir stoßen." – „Wenn etwas gut ist, so ist es auch göttlich. Damit ist seltsamerweise meine Ethik zusammengefaßt." [140]

Sein Grundanliegen betraf eine Grenzziehung zwischen Klarsagbarem und Unsagbarem. Der „Traktat" war der philosophische Ausdruck einer existentiellen Sprachkrise, die sich auch in der Literaturkritik (Karl Kraus) und in der Sprachtheorie (Fritz Mauthner) zeigte. Vom Positivismus, der - von der Wissenschaftlichkeit geblendet - über seinen methodischen Horizont nicht hinauskam, kann keine Rede sein. „Mein Ziel ist also ein anderes als das der Wissenschaft"; immer wieder betont Wittgenstein, „daß es kein *großes,* wesentliches Problem im Sinne der Wissenschaft gibt". [141] Schließlich lebte Wittgenstein in engstem Kontakt mit bedeutenden Künstlern und Persönlichkeiten seiner Zeit (Joh. Brahms, Gustav Mahler, Freud, Loos u. a.). Zudem war er selbst hochmusikalisch. Musik bedeutete für ihn der Inbegriff dessen, was nicht aussprechbar ist.
Die Einsicht, daß Wittgenstein kein einseitiger strenger Wissenschaftler, sondern ein moralischer Denker war, hilft uns, das eigentliche Anliegen seiner Spätphilosophie besser zu verstehen.

38.2 Wittgenstein und die Negation der Philosophie

Wie bei vielen bedeutenden Philosophen sind auch bei Wittgenstein mehrere, sich teilweise widersprechende Deutungen seiner Philosophie möglich. Es dürfte kaum gelingen, Wittgenstein einheitlich zu interpretieren. Seine unsystematische Denkweise, die den lapidaren Gedankengang und den Aphorismus bevorzugte, seine geistige Weiterentwicklung und vor allem seine innere Zerrissenheit brachten kein wiederspruchsfreies System hervor, sondern gaben Impulse in ganz verschiedene Richtungen. Besonders stark ausgeprägt sind Gedanken, welche die sogenannte therapeutische Interpretation betreffen. Wir beschränken uns daher auf diesen sehr wichtigen, aber nicht einzigen Aspekt seines Philosophierens.

a) Philosophie als geistige Verwirrung und deren Therapie

Schon im „Traktat" behauptete Wittgenstein: „Alle Philosophie ist Sprachkritik" und „Der Zweck der Philosophie ist die logische Klärung der Gedanken. Die Philosophie ist keine Lehre, sondern eine Tätigkeit. Ein philosophisches Werk besteht wesentlich aus Erläuterungen. Das Resultat der Philosophie sind nicht ‚philosophische Sätze', sondern das Klarwerden von Sätzen". In den „Philosophischen Untersuchungen" häufen sich diese Formulierungen. Hier zwei Beispiele: „Die Ergebnisse der Philosophie sind die Entdeckungen irgendeines schlichten Unsinns und Beulen, die sich der Verstand beim Anrennen an die Grenze der Sprache geholt hat". „... die Klarheit, die wir anstreben, ist allerdings eine *vollkommene.* Aber das heißt nur, daß die philosophischen Probleme *vollkommen* verschwinden sollen". [142] Philosophie entsteht demnach aus bestimmten individuellen Beunruhigungen, die uns Menschen immer wieder befallen. Diese Beunruhigungen werden als „philosophische Probleme" formuliert und begrifflich verarbeitet. Man sucht Lösungen und baut die Überlegungen zu systematischen Gebilden, zur „Philosophie" aus. Die Tätigkeiten innerhalb des philosophischen Begriffsgebäudes nennt man „Philosophieren". Doch von dieser Art des Philosophierens ist die Tätigkeit, die Wittgenstein so nennt, wesentlich verschieden: der Sinn des eigentlichen Philosophierens ist eine Therapie, ein Heilungsverfahren geistiger Verwirrungen, die vor allem durch die Sprache verursacht werden. Der Arzt legt jeder Therapie eine beschreibende Diagnose zugrunde. Auch Wittgenstein beginnt mit einem diagnostischen Verfahren. Am Anfang steht die bloße Beschreibung der Krankheitsphänomene, eine Art Phänomenologie des philosophischen Problematisierens. Zu den Phänomenen gehört zunächst der Zustand des Staunens, mit dem schon Aristoteles die Philosophie beginnen ließ; dann der Zustand der Verwirrung: „Ein philosophisches Problem hat die Form: ‚Ich kenne mich nicht aus'", [143] alles ist seltsam und fremdartig. Das Medium, in welchem sich diese Merkwürdigkeiten zeigen, ist die Sprache. Der eigentliche Untersuchungsgegenstand ist aber nicht etwa diese *Sprache,* – das war die These der sprachanalytischen Philosophie, von der sich Wittgenstein distanzierte, – sondern die *geistige Verwirrung* der Menschen, die sich in der Sprache äußert und dort identifiziert werden kann. Die sprachliche Verwirrung ist Symptom einer tieferen Verwirrung.

Solche sprachlich faßbaren Verwirrungen betreffen vor allem grenzenlose Verallgemeinerungen, falsche Analogien, ungerechtfertigte Übertragungen naturwissenschaftlicher Methoden („Sprachspielverwechslungen") und die Vergegenständlichung innerer Zustände. Wittgenstein fühlt sich über diese Verwirrungen nicht etwa erhaben, sondern erkennt, daß es sich um eine allgemeine menschliche „Krankheit" handelt. Angebotene Problemlösungen beruhigen aber keinesfalls. Auch die Flucht in die Metaphysik hilft nicht weiter. Gerade sie ist das Objekt der Wittgensteinschen Kritik. Denn indem der Metaphysiker aus der persönlichen Verwirrung einen allgemeinen Gegenstand

macht, verdeckt er das individuelle Anliegen. Nicht eine Problemlösung kann die Therapie sein, sondern nur die Entlarvung der Problementstehung als Mißverständnis: es handelt sich um eine persönliche Verwirrung, nicht um ein problematisches Denkobjekt.
In der Durchführung der Therapie orientiert sich Wittgenstein an den funktionierenden Spracheinheiten, den Sprachspielen, in denen sich Sinn und Bedeutung des Gedachten realisieren. Was sich in „Lebensformen" verwirklicht und sich dort in Handlungszusammenhängen bewährt, kann allein Richtschnur des Denkens sein. Er fordert uns auf, den *Gebrauch* von Wörtern und Ausdrücken zu beachten, wenn man verstehen will, was sie bedeuten. Es gibt sehr viele Sprachspiele, z. B. Naturwissenschaften betreiben, Theater spielen, Witze machen, zu Gott beten, in einem Prozeß Aussagen machen. Das Wort „Esel" hat in einem Witz eine ganz andere Bedeutung als in einer Gerichtsverhandlung. Die Bedeutung ergibt sich aus dem kommunikativen Zusammenhang und nicht aus der Beobachtung eines innerlich Gemeinten. Nicht metaphysische Hinterwelten oder psychologische Innenbereiche sind gemeint, sondern allgemein zugängliche Kommunikationsformen, in denen sich der Mensch vorfindet und die er mitprägen kann. Die diagnostische Beschreibung des Gegebenen in der Wittgensteinschen Philosophie ist damit zugleich die einzig mögliche Rechtfertigung, die keiner weiteren Legitimation bedarf. Die Nachzeichnung ist zugleich die Offenlegung des Lebenszusammenhangs. Das Mitspielen im Sprachspiel konstituiert das Sprachspiel. Mit der Einordnung in den Lebensvollzug ist die Verwirrung beseitigt, die philosophische Krankheit - zumindest vorübergehend - geheilt. Weil das Leben weitergeht, ergeben sich erneut Verunsicherungen, die philosophische Probleme erzeugen und einer neuen Therapie bedürfen. Die Befreiung von der Philosophie ist daher ein Idealzustand, der nie erreicht wird. Die Rückkehr in den Lebenszusammenhang oder zum „glücklichen Leben" ist nur vorübergehend. Es treten immer wieder die gleichen philosophischen Probleme auf („philosophia perennis"), weil wir immer wieder in der gleichen Sprache denken.

b) Philosophie nach Wittgenstein

Wie es die Epigonen Hegels schwer hatten, ihrer eigenen philosophischen Rolle einen Sinn zu verleihen, wenn sie Hegel ernst genommen hatten, so verwickelten sich auch die Philosophen nach Wittgenstein in innere Widersprüche, wenn sie Philosophie als Sprachkritik deuteten.

Eine radikale Übernahme des therapeutischen Standpunkts bedeutet schließlich das Ende der Philosophie als allgemein nachvollziehbares Denkphänomen. Deshalb schob man diesen Aspekt seiner Philosophie in den Hintergrund. [144] Man beschränkte sich entweder auf sprachanalytische Einzeluntersuchungen oder aber man konzentrierte sich auf spezielle philosophische Lehren im Sinne der traditionellen Philosophiediskussion (Sprachspiel- und Bedeutungstheorien, Lebensform und Kommunikation, Vorbereitung einer ,,pragmatischen Wende", die Unmöglichkeit von Privatsprachen, Deutung von Bewußtseinsphänomenen usw.). In solchen Lehren wurden dann die Schwächen eines sich allein auf die Sprache berufenden Ansatzes deutlich. Die Einwände kamen von ganz verschiedenen Seiten:

- von den *Sprachlogikern,* für die jede Sprache strukturell vieldeutig ist und daher die Berufung auf eine intakte Umgangssprache eine versteckte Festlegung auf eine bestimmte Möglichkeit der Sprachdeutung enthält;

- von den *Linguisten,* die philosophische Analysen als dilettantisch abqualifizieren und sich eher auf die empirischen Sprachwissenschaften verlassen;

- von den *Dialektikern,* welche die Möglichkeiten für die Veränderung der Wirklichkeit durch die Veränderung der Sprache vermissen und sich angesichts der sozialen Aufgaben nicht mit der Beschränkung auf die Therapie einzelner verwirrter Menschen abfinden können;

- und schließlich von den *Hermeneutikern,* die darauf bestehen, daß ohne Reflexion ihrer Möglichkeiten Sprache weder beschrieben noch therapeutisch nachvollzogen werden kann, weil wir in den Beschreibungen und Korrekturen immer nur das entdecken, was wir in einem probeweisen Vorverständnis schon in das Gegebene hineingelegt haben.

Die Artikulationen dieser verschiedenartigen Kritiken haben zu umfangreichen Kontroversen geführt und reichen bis in die Gegenwartsphilosophie.

38.3 Ausblick auf die Gegenwartsphilosophie

a) Der Streit um die Existenzberechtigung der Philosophie

Während der Philosophie in früheren Jahrhunderten stillschweigend eine kulturelle Orientierungs- und Grundlegungsfunktion zugesprochen worden war, häuften sich seit der Ausbreitung des Positivismus und der soziologisch geprägten Weltanschauungen die Angriffe gegen die gesamte Philosophie. Wenn Natur-, Geistes- und Sozialwissenschaften die Welt der Fakten und die menschlichen Handlungsfelder beschreiben und deren Gesetze entdecken, bleibt der Philosophie nur ein unverbindliches Gerede über existentielle, das heißt letztlich intersubjektiv unzugängliche Phänomene oder eine Verbrämung ideologischer Vorurteile für politische Aktivisten. Auch der Versuch der analytischen Schulen, der Philosophie wenigstens die logische Klärung (Russell) und die sprachlich korrekte Wiedergabe des Gedachten (Wittgenstein) als eigentliche Aufgabe zuzubilligen, führte nicht weiter und brachte die Philosophie mit der Logik und der Linguistik in Konflikt. Die Geschichte der Philosophie erschien aus dieser Sicht als stetige Abfolge von Loslösungen ursprünglich *philosophischer* Fragestellungen, die in den Einzelwissenschaften dann endlich ihre sachgerechte Behandlung gefunden haben. ,,Philosophie als Sprachkritik" war die letzte dieser Stationen.

In der Philosophie des 20. Jahrhunderts haben sich gegen diese Deutung zwei grundsätzlich verschiedene Denkweisen zur Rechtfertigung der Philosophie herausgebildet. Die *analytische Philosophie im weiteren Sinne* sieht in den Grundlagen- und Methodenproblemen der Einzelwissenschaften (Wissenschaftstheorie als Metatheorie), ferner in den interdisziplinären und damit auf das Ganze zielenden Fragestellungen (neue Form von Metaphysik) und schließlich in der Begründungsproblematik menschlicher Handlungsbereiche (Metaethik) echte philosophische Probleme, die der Philosophie auch weiterhin ihre Existenzberechtigung geben.

Die *hermeneutische Philosophie im weiteren Sinne* verweist in ihrer Verteidigung der Philosophie auf die Geschichtlichkeit aller Erkenntnis und ist überzeugt, daß Individualität und Personalität auf einem Phänomenbereich gründen, der den strengen naturwissenschaftlichen Methoden unzugänglich bleibt. Philosophie besteht danach in der immer wieder neuen Reflexion dieser Existenzbedingungen unseres sich ständig wandelnden Daseins. Dabei glaubt man, in der Analyse der Geisteswissenschaften jene entscheidenden geistigen Faktoren identifizieren zu können, die einer philosophischen Reflexion bedürfen. Diese Überzeugung ist der Ursprung des wissenschaftstheoretischen Methodenproblems von Natur- und Geisteswissenschaft, das nach wie vor die geistige Landschaft der Gegenwartsphilosophie prägt. Es gibt zwar Annäherungs- und Integrationsversuche, diese Grundparadigmen zu versöhnen; die Traditionen sind aber so mächtig, daß der tiefe Graben im Allgemeinbewußtsein weiterhin besteht.[145] Gemildert wird diese Konfrontation allein durch die verstärkte Hinwendung zur praktischen Philosophie.

b) Die pragmatische Wende

Die Einsicht in die prinzipiellen Schwierigkeiten absoluter Begründungen und die Notwendigkeit des Zusammen- und Überlebens haben eine allgemeine pragmatische Wende eingeleitet, die sich in allen Disziplinen der Philosophie auswirkt. Es geht nicht mehr um letzte Wahrheiten und um eine in jeder Hinsicht abgesicherte Wissenschaftsmethodik, sondern man richtet sein Augenmerk auf die Bewältigung konkreter anstehender Probleme. Diese haben solch bedrohliche Ausmaße erlangt, daß letzte Absicherungen weltfremd und utopisch erscheinen. Neue Formen der Ethik, humane Ausformungen von Wissenschaftlichkeit, auf Gesellschaft und Politik anwendbare Konzepte aus Anthropologie und Hermeneutik sind die Themen der Gegenwartsphilosophie. Aber diese neuen Versuche sind nicht denkbar ohne alte philosophische Traditionen. Man verwendet deren Begrifflichkeit, prüft schon Gedachtes und versucht, die Irrwege der Vergangenheit zu vermeiden. Das gelingt nur, wenn man die Geschichte kennt. So ist die Philosophie der Gegenwart das Ergebnis der Auseinandersetzung mit der philosophischen und wissenschaftlichen Tradition unter neuen Existenzbedingungen. Nur ihre Bewährung kann den Beweis der Existenzberechtigung von Philosophie liefern.

39. Texte F

39.1 E. Husserl: Die phänomenologische Urteilsenthaltung (Epoché)

An Stelle des Cartesianischen Versuchs eines universellen Zweifels könnten wir nun die universelle „ἐποχή“ in unserem scharf bestimmten und neuen Sinne treten lassen. Aber mit gutem Grunde *begrenzen* wir die Universalität dieser ἐποχή. Denn wäre sie eine so umfassende, wie sie überhaupt sein kann, so bliebe, da jede Thesis, bzw. jedes Urteil in voller Freiheit modifiziert, jede beurteilbare Gegenständlichkeit eingeklammert werden kann, kein Gebiet mehr für unmodifizierte Urteile übrig, geschweige denn für eine Wissenschaft. Unser Absehen geht aber gerade auf die Entdeckung einer neuen wissenschaftlichen Domäne, und einer solchen, die eben *durch die Methode der Einklammerung,* aber dann nur einer bestimmt eingeschränkten, gewonnen werden soll.

Mit einem Worte ist die Einschränkung zu bezeichnen.

Die zum Wesen der natürlichen Einstellung gehörige Generalthesis setzen wir außer Aktion, alles und jedes, was sie in ontischer Hinsicht umspannt, setzen wir in Klammern: *also diese ganze natürliche Welt,* die beständig „für uns da“, „vorhanden“ ist, und die immerfort dableiben wird als bewußtseinsmäßige „Wirklichkeit“, wenn es uns auch beliebt, sie einzuklammern.

Tue ich so, wie es meine volle Freiheit ist, dann *negiere* ich diese „Welt“ also *nicht,* als wäre ich Sophist, *ich bezweifle ihr Dasein nicht,* als wäre ich Skeptiker; aber ich übe die „phänomenologische“ ἐποχή, die mir *jedes Urteil über räumlich-zeitliches Dasein völlig verschließt.* Also *alle auf diese natürliche Welt bezüglichen Wissenschaften,* so fest sie mir stehen, so sehr ich sie bewundere, so wenig ich daran denke, das mindeste gegen sie einzuwenden, *schalte ich aus,* ich mache *von ihren Geltungen absolut keinen Gebrauch. Keinen einzigen, der in sie hineingehörigen Sätze, und seien sie von vollkommener Evidenz, mache ich mir zu eigen, keiner wird von mir hingenommen, keiner gibt mir eine Grundlage* – wohlgemerkt, solange er verstanden ist, so wie er sich in diesen Wissenschaften gibt, als eine Wahrheit *über Wirklichkeiten* dieser Welt. *Ich darf ihn nur annehmen, nachdem ich ihm die Klammer erteilt habe.* Das heißt: nur im modifizierenden Bewußtsein der Urteilsausschaltung, also gerade *nicht so, wie er Satz in der Wissenschaft ist, ein Satz, der Geltung beansprucht, und dessen Geltung ich anerkenne und benutze.*

Man wird die hier fragliche ἐποχή nicht verwechseln mit derjenigen, die der Positivismus fordert, und gegen die er freilich selbst, wie wir uns überzeugen mußten, verstößt. Es handelt sich jetzt nicht um Ausschaltung aller die reine Sachlichkeit der Forschung trübenden Vorurteile, nicht um die Konstitution einer „theorienfreien", „metaphysikfreien" Wissenschaft durch Rückgang aller Begründung auf die unmittelbaren Vorfindlichkeiten, und auch nicht um Mittel, dergleichen Ziele, über deren Wert ja keine Frage ist, zu erreichen. Was *wir* fordern, liegt in einer anderen Linie. Die ganze, in der natürlichen Einstellung gesetzte, in der Erfahrung wirklich vorgefundene Welt, vollkommen „theorienfrei" genommen, wie sie wirklich erfahrene, sich im Zusammenhange der Erfahrungen klar ausweisende ist, gilt uns jetzt nichts, sie soll ungeprüft, aber auch unbestritten eingeklammert werden. In gleicher Weise sollen alle noch so guten, positivistisch oder andersbegründeten Theorien und Wissenschaften, die sich auf diese Welt beziehen, demselben Schicksal verfallen.

39.2 E. Husserl: Das reine Bewußtsein

Wir halten also den Blick festgerichtet auf die Bewußtseinssphäre und studieren, was wir in *ihr* immanent finden. Zunächst, noch ohne die phänomenologischen Urteilsausschaltungen zu vollziehen, unterwerfen wir sie einer systematischen *Wesens*analyse, wenn auch keineswegs einer erschöpfenden. Was uns durchaus nottut, ist eine gewisse allgemeine Einsicht in das Wesen des *Bewußtseins überhaupt* und ganz besonders auch des Bewußtseins, sofern in ihm selbst, seinem Wesen nach, die „natürliche" Wirklichkeit bewußt wird. Wir gehen in diesen Studien soweit, als es nötig ist, die Einsicht zu vollziehen, auf die wir es abgesehen haben, nämlich die Einsicht, *daß Bewußtsein in sich selbst ein Eigensein hat, das in seinem absoluten Eigenwesen durch die phänomenologische Ausschaltung nicht betroffen wird.* Somit bleibt es als *„phänomenologisches Residuum"* zurück, als eine prinzipiell eigenartige Seinsregion, die in der Tat das Feld einer neuen Wissenschaft werden kann – der Phänomenologie.
Erst durch diese Einsicht wird sich die „phänomenologische" ἐποχή ihren Namen verdienen, ihr vollbewußter Vollzug wird sich als die notwendige Operation herausstellen, welche *uns das „reine" Bewußtsein und in weiterer Folge die ganze phänomenologische Region zugänglich macht.*

Der Thesis der Welt, die eine „zufällige" ist, steht also gegenüber die Thesis meines reinen Ich und Ichlebens, die eine „notwendige", schlechthin zweifellose ist. *Alles leibhaft gegebene Dingliche kann auch nicht sein, kein leibhaft gegebenes Erlebnis kann auch nicht sein:* das ist das Wesensgesetz, das diese Notwendigkeit und jene Zufälligkeit definiert.

Das immanente Sein ist also zweifellos in dem Sinne absolutes Sein, daß es prinzipiell nulla „re" indiget ad existendum.

39.3 M. Scheler: Liebe und Haß

In der Liebe von Mensch zu Mensch (und im Hasse) zeigen diese Akte schon dadurch ihre volle Unabhängigkeit vom Wechsel der Gefühlszustände, daß sie in diesem Wechsel der Zustände wie ruhige, feste Strahlen auf ihrem Gegenstande *verharren.* Niemals wird durch Schmerz und Leid, die uns ein geliebter Mensch bereitet, unsere Liebe zu ihm, niemals durch Freude und Lust, die uns ein gehaßter bereitet, unser Haß verändert. Und im mannigfachsten Wechsel von Freude und Leid, der Tag für Tag zwischen Menschen erfolgt, verharren die Liebes- und Haßbeziehungen ganz unverändert zwischen ihnen.

Als letzte Wesenheiten von Akten sind Liebe und Haß nur *erschaubar* zu machen, nicht definierbar.

Zunächst ist Liebe und Haß nicht etwa so unterschieden, daß Haß nur die Liebe zum Nichtdasein einer Sache wäre. Der Haß ist vielmehr ein *positiver Akt,* in dem ebensogut unmittelbar ein *Unwert* gegeben ist, wie im Akt der Liebe ein positiver *Wert.* Während aber die Liebe eine Bewegung ist, die vom niederen zum höheren Wert geht und in der jeweilig der höhere Wert eines Gegenstandes oder einer Person erst zum Aufblitzen kommt, ist der Haß eine entgegengesetzte Bewegung.

Wer da sagen würde, Liebe sei nur nachträgliche „Reaktion" auf einen gefühlten Wert, der verkennt ihre *Bewegungs*natur, die bereits Platon so scharf erfaßte! Liebe ist nicht emotional bejahendes Anstarren gleichsam eines Wertes, der da vor uns steht und gegeben ist. Sie geht auch nicht auf gegebene Dinge (oder reale Personen) bloß vermöge der positiven Werte, die sie an sich haben und die schon *vor* dem Eintritt der Liebe „gegeben" wären. In dieser Vorstellung liegt wieder dieses „Anstarren" des bloß *empirischen* Faktums, das der Liebe so sehr entgegengesetzt ist. Wohl fühlen wir in der Liebe den positiven Wert der geliebten Dinge, z. B. die Schönheit, Anmut und die Güte einer Person; aber das können wir auch ohne alle Liebe zu ihr. Liebe ist erst da vorhanden, wo noch hinzutritt zu dem an ihr „als real" bereits gegebenen Werte die *Bewegung,* die Intention auf noch mögliche *„höhere" Werte,* als diejenigen sind, die bereits da und ergeben sind – die aber als positive Qualitäten noch *nicht* gegeben sind. Nur als mögliche „Fundamente" einer Ganzheits- und Gestaltstruktur sind sie mitintendiert. Insofern zeichnet die Liebe der empirisch gegebenen Person immer ein *„ideales" Wertbild* gleichsam voraus, das dennoch zugleich als ihr „wahres" und „wirkliches", nur noch nicht im Fühlen gegebenes echtes Dasein und Wertsein in Einem erfaßt ist.

39.4 B. Russell: Sinnesdaten und Physik

Die *Physik* wird als eine empirische Wissenschaft bezeichnet, die auf Beobachtung und Experiment beruht.
Sie soll verifizierbar sein, d. h. imstande, vorausberechnete Ergebnisse durch Beobachtung und Experiment zu bestätigen.
Was können wir Beobachtung und Experiment entnehmen?
Soweit es sich um die Physik handelt nur unmittelbare Sinnesdaten: bestimmte Farbflecken, Töne, Geschmäcke, Gerüche usw. in bestimmten raumzeitlichen Relationen.
Die angeblichen Objekte der materiellen Welt sind auf den ersten Blick sehr verschieden davon: Moleküle haben keine Farbe, Atome verursachen kein Geräusch, Elektronen haben keinen Geschmack und Korpuskel nicht einmal einen Geruch.
Wenn solche Objekte verifiziert werden sollen, dann kann das allein durch ihre Relation zu Sinnesdaten geschehen: sie müssen in einer gewissen Korrelation zu Sinnesdaten stehen und *ausschließlich* dadurch verifizierbar sein.
Wie aber wird die Korrelation selbst ermittelt? Eine Korrelation kann empirisch nur dadurch ermittelt werden, daß die Objekte der Korrelation immer zusammen *angetroffen* werden. In unserem Falle aber wird immer nur ein Term der Korrelation, nämlich das Sinnesdatum, *angetroffen,* der andere Term scheint seiner Natur nach nicht angetroffen werden zu können. Daher hat es den Anschein, daß die Korrelation mit den Sinnesdaten, durch die Physik verifiziert werden soll, selbst niemals verifizierbar ist.
Es gibt zwei Wege, diese Konsequenz zu vermeiden.

(1) Wir können sagen, daß wir ein Prinzip a priori kennen, das keiner empirischen Verifikation bedarf, z. B. daß unsere Sinnesdaten *Ursa-*

chen haben, die nicht selbst wieder Sinnesdaten sind, und daß wir über deren Ursachen durch Folgerung aus ihren Wirkungen etwas wissen können. Dieser Weg ist in der Philosophie oft beschritten worden. Es ist vielleicht nötig, wenigstens bis zu einem gewissen Grade so zu verfahren. Soweit das aber geschieht, hört die Physik auf, empirisch oder auf Experiment und Beobachtung allein begründet zu sein. Daher ist dieser Weg soweit wie möglich zu vermeiden.

(2) Es könnte sein, daß es gelingt, die Objekte der Physik als Funktionen von Sinnesdaten zu definieren. Soweit die Physik zu Erwartungen führt, *muß* das möglich sein, da wir nur *erwarten* können, was wahrgenommen werden kann. Soweit materielle Dinge aus Sinnesdaten abgeleitet sind, müssen sie als Funktionen von Sinnesdaten ausgedrückt werden können. Das Problem, solche Funktionen zu bilden, ist eine äußerst interessante logisch-mathematische Aufgabe.
In der Physik, wie sie gewöhnlich dargestellt wird, treten die Sinnesdaten als Funktionen materieller Objekte auf: wenn die und die Wellen das Auge treffen, dann sehen wir die und die Farben usw. Tatsächlich aber werden die Wellen aus den Farben gefolgert und nicht umgekehrt. Die Physik kann nicht als schlüssig auf empirischen Daten beruhend angesehen werden, solange die Wellen nicht als Funktionen von Farben und anderen Sinnesdaten ausgedrückt werden.
Wenn also die Physik verifizierbar sein soll, dann sehen wir uns folgendem Problem gegenüber: die Physik stellt die Sinnesdaten als Funktionen materieller Objekte dar, aber Verifikation ist nur möglich, wenn die materiellen Objekte als Funktionen von Sinnesdaten dargestellt werden können. Wir haben daher die Gleichungen, die Sinnesdaten mit Hilfe materieller Objekte darstellen, so zu erklären, daß materielle Objekte statt dessen mit Hilfe von Sinnesdaten dargestellt werden.

39.5 K. R. Popper: Logik der Forschung

Die Erkenntnistheorie, wie die Philosophie überhaupt, bedarf einer *apologia pro vita sua* – einer Verteidigung ihrer Existenz. Denn was die Philosophie seit dem Tode Kants auf dem Gewissen hat, in intellektueller sowie auch in moralischer Hinsicht, das stellt eine schwere Anklage dar.
Aber es gibt ein Argument zur Verteidigung der Philosophie. Es ist das folgende: alle Menschen haben eine Philosophie, ob sie es wissen oder nicht. Zugegeben, daß diese unsere Philosophien allesamt nicht viel

wert sind. Aber ihr Einfluß auf unser Denken und Handeln ist oft geradezu verheerend. Damit wird es notwendig, unsere Philosophie *kritisch* zu untersuchen. *Das ist die Aufgabe der Philosophie;* und darin liegt ihre Verteidigung.

Diese Aufgabe ist in ihrer Zielsetzung weniger unbescheiden als viele andere philosophische Aufgaben. Aber sie ist nur lösbar, wenn wir lernen, so klar und einfach als nur möglich zu sprechen und zu schreiben. Der modische Kult der Unklarheiten muß aufgegeben und der philosophische Expressionismus muß durch eine kritische und rationale Einstellung ersetzt werden. Nicht um Worte geht es, sondern um kritisierbare Argumente.

So wie jeder seine Philosophie hat, so hat auch jeder seine – gewöhnlich unbewußte – Erkenntnistheorie; und viel spricht dafür, daß unsere Erkenntnistheorien unsere Philosophien entscheidend beeinflussen. Ihre Grundfrage ist: Können wir überhaupt etwas wissen? (oder in Kants Formulierung: Was kann ich wissen?)

Vor 35 Jahren habe ich in diesem Buch versucht, diese Frage zu beantworten. Die Antwort ist nicht pessimistisch, relativistisch oder „skeptisch" (im Sinne des modernen Gebrauchs des Wortes „skeptisch"): Sie zeigt, daß wir von unsern Fehlern lernen können. *Eine Annäherung an die Wahrheit ist möglich.* Das war meine Antwort auf den erkenntnistheoretischen Pessimismus. Aber ich gab auch eine Antwort auf den erkenntnistheoretischen Optimismus: Sicheres Wissen ist uns versagt. *Unser Wissen ist ein kritisches Raten; ein Netz von Hypothesen; ein Gewebe von Vermutungen.*

39.6 M. Heidegger: Sein zum Tode

§ 51. Das Sein zum Tode und die Alltäglichkeit des Daseins

Die Herausstellung des alltäglichen durchschnittlichen Seins zum Tode orientiert sich an den früher gewonnenen Strukturen der Alltäglichkeit. Im Sein zum Tode verhält sich das Dasein *zu ihm selbst* als einem ausgezeichneten Seinkönnen. Das Selbst der Alltäglichkeit aber ist das Man, das sich in der öffentlichen Ausgelegtheit konstituiert, die sich im Gerede ausspricht. Dieses muß sonach offenbar machen, in welcher Weise das alltägliche Dasein sein Sein zum Tode sich auslegt. Das Fundament der Auslegung bildet je ein Verstehen, das immer auch befindliches, das heißt gestimmtes ist . . .

Also muß gefragt werden: wie hat das im Gerede des Man liegende befindliche Verstehen das Sein zum Tode erschlossen? Wie verhält sich das Man verstehend zu der eigensten, unbezüglichen und unüberholbaren Möglichkeit des Daseins? Welche Befindlichkeit erschließt dem Man die Überantwortung an den Tod und in welcher Weise?

Die Öffentlichkeit des alltäglichen Miteinander ,,kennt" den Tod als ständig vorkommendes Begegnis, als ,,Todesfall". Dieser oder jener Nächste oder Fernerstehende ,,stirbt". Unbekannte ,,sterben" täglich und stündlich. ,,Der Tod" begegnet als bekanntes innerweltlich vorkommendes Ereignis. Als solches bleibt er in der für das alltäglich Begegnende charakteristischen Unauffälligkeit. Das Man hat für dieses Ereignis auch schon eine Auslegung gesichert. Die ausgesprochene oder auch meist verhaltene ,,flüchtige" Rede darüber will sagen: man stirbt am Ende auch einmal, aber zunächst bleibt man selbst unbetroffen...

Das verdeckende Ausweichen vor dem Tode beherrscht die Alltäglichkeit so hartnäckig, daß im Miteinandersein die ,,Nächsten" gerade dem ,,Sterbenden" oft noch einreden, er werde dem Tod entgehen und demnächst wieder in die beruhigte Alltäglichkeit seiner besorgten Welt zurückkehren. Solche ,,Fürsorge" meint sogar, den ,,Sterbenden" dadurch zu ,,trösten". Sie will ihn ins Dasein zurückbringen, indem sie ihm dazu verhilft, seine eigenste, unbezügliche Seinsmöglichkeit noch vollends zu verhüllen. Das Man besorgt dergestalt eine *ständige Beruhigung über den Tod.* Sie gilt aber im Grunde nicht nur dem ,,Sterbenden", sondern ebenso sehr den ,,Tröstenden". Und selbst im Falle des Ablebens noch soll die Öffentlichkeit durch das Ereignis nicht in ihrer besorgten Sorglosigkeit gestört und beunruhigt werden. Sieht man doch im Sterben der Anderen nicht selten eine gesellschaftliche Unannehmlichkeit, wenn nicht gar Taktlosigkeit, davor die Öffentlichkeit bewahrt werden soll.

Das Man setzt sich aber zugleich mit dieser das Dasein von seinem Tod abdrängenden Beruhigung in Recht und Ansehen durch die stillschweigende Regelung der Art, wie *man* sich überhaupt zum Tode zu verhalten hat. Schon das ,,Denken an den Tod" gilt öffentlich als feige Furcht, Unsicherheit des Daseins und finstere Weltflucht. *Das Man läßt den Mut zur Angst vor dem Tode nicht aufkommen...*

Versuchung, Beruhigung und Entfremdung kennzeichnen aber die Seinsart des *Verfallens.* Das alltägliche Sein zum Tode ist als verfallendes eine ständige *Flucht vor ihm.* Das Sein *zum* Ende hat den Modus des umdeutenden, uneigentlich verstehenden und verhüllenden *Ausweichens vor ihm.*

§ 53. Existenzialer Entwurf eines eigentlichen Seins zum Tode

Faktisch hält sich das Dasein zunächst und zumeist in einem uneigentlichen Sein zum Tode. Wie soll die ontologische Möglichkeit eines *eigentlichen* Seins zum Tode „objektiv" charakterisiert werden, wenn das Dasein am Ende sich nie eigentlich zu seinem Ende verhält oder aber dieses eigentliche Sein seinem Sinne nach den Anderen verborgen bleiben muß?

Zunächst gilt es, das Sein zum Tode als ein *Sein zu einer Möglichkeit* und zwar zu einer ausgezeichneten Möglichkeit des Daseins selbst zu kennzeichnen. Sein zu einer Möglichkeit, das heißt zu einem Möglichen, kann bedeuten: Aussein auf ein Mögliches als Besorgen seiner Verwirklichung.

Das fragliche Sein zum Tode kann offenbar nicht den Charakter des besorgenden Aus-seins auf seine Verwirklichung haben. Einmal ist der Tod als Mögliches kein mögliches Zuhandenes oder Vorhandenes, sondern eine Seinsmöglichkeit des *Daseins*. Sodann aber müßte das Besorgen der Verwirklichung dieses Möglichen eine Herbeiführung des Ablebens bedeuten. Damit entzöge sich aber das Dasein gerade den Boden für ein existierendes Sein zum Tode.

Das Sein zur Möglichkeit als Sein zum Tode soll aber zu *ihm* sich so verhalten, daß er sich in diesem Sein und für es *als Möglichkeit* enthüllt. Solches Sein zur Möglichkeit fassen wir terminologisch als *Vorlaufen in die Möglichkeit.*

Das Sein zum Tode ist Vorlaufen in ein Seinkönnen *des* Seienden, dessen Seinsart das Vorlaufen selbst ist. Im vorlaufenden Enthüllen dieses Seinkönnens erschließt sich das Dasein ihm selbst hinsichtlich seiner äußersten Möglichkeit. Auf eigenstes Seinkönnen sich entwerfen aber besagt: sich selbst verstehen können im Sein des so enthüllten Seienden: existieren. Das Vorlaufen erweist sich als Möglichkeit des Verstehens des *eigensten* äußersten Seinkönnens, das heißt als Möglichkeit *eigentlicher Existenz.* Deren ontologische Verfassung muß sichtbar werden mit der Herausstellung der konkreten Struktur des Vorlaufens in den Tod. Wie vollzieht sich die phänomenale Umgrenzung dieser Struktur? Offenbar so, daß wir die Charaktere des vorlaufenden Erschließens bestimmen, die ihm zugehören müssen, damit es zum reinen Verstehen der eigensten, unbezüglichen, unüberholbaren, gewissen und als solcher unbestimmten Möglichkeit soll werden können. Zu beachten bleibt, daß Verstehen primär nicht besagt: begaffen eines Sinnes, sondern sich verstehen in dem Seinkönnen, das sich im Entwurf enthüllt.

Der Tod ist *eigenste* Möglichkeit des Daseins. Das Sein zu ihr erschließt dem Dasein sein *eigenstes* Seinkönnen, darin es um das Sein des Daseins schlechthin geht. Darin kann dem Dasein offenbar werden, daß es in der ausgezeichneten Möglichkeit seiner selbst dem Man entrissen bleibt, das heißt vorlaufend sich je schon ihm entreißen kann. Das Verstehen dieses „Könnens" enthüllt aber erst die faktische Verlorenheit in die Alltäglichkeit des Man-selbst.
Die Charakteristik des existenzial entworfenen eigentlichen Seins zum Tode läßt sich dergestalt zusammenfassen: *Das Vorlaufen enthüllt dem Dasein die Verlorenheit in das Man-selbst und bringt es vor die Möglichkeit, auf die besorgende Fürsorge primär ungestützt, es selbst zu sein, selbst aber in der leidenschaftlichen, von den Illusionen des Man gelösten, faktischen, ihrer selbst gewissen und sich ängstenden Freiheit zum Tode.*

39.7 H.-G. Gadamer: Verstehen als Horizontverschmelzung

Alle endliche Gegenwart hat ihre Schranken. Wir bestimmen den Begriff der Situation eben dadurch, daß sie einen Standort darstellt, der die Möglichkeiten des Sehens beschränkt. Zum Begriff der Situation gehört daher wesenhaft der Begriff des *Horizontes.* Horizont ist der Gesichtskreis, der all das umfaßt und umschließt, was von einem Punkte aus sichtbar ist. In der Anwendung auf das denkende Bewußtsein reden wir dann von Enge des Horizontes, von möglicher Erweiterung des Horizontes, von Erschließung neuer Horizonte usw. Insbesondere hat der philosophische Sprachgebrauch seit Nietzsche und Husserl das Wort verwendet, um die Gebundenheit des Denkens an seine endliche Bestimmtheit und das Schrittgesetz der Erweiterung des Gesichtskreises dadurch zu charakterisieren. Wer keinen Horizont hat, ist ein Mensch, der nicht weit genug sieht und deshalb das ihm Naheliegende überschätzt. Umgekehrt heißt Horizont haben: Nicht-auf-das-Nächste Eingeschränktsein, sondern über es Hinaussehenkönnen. Wer Horizont hat, weiß die Bedeutung aller Dinge innerhalb dieses Horizontes richtig einzuschätzen nach Nähe und Ferne, Größe und Kleinheit. Entsprechend bedeutet die Ausarbeitung der hermeneutischen Situation die Gewinnung des rechten Fragehorizontes für die Fragen, die sich uns angesichts der Überlieferung stellen.

Freilich reden wir im Bereich des historischen Verstehens auch gern von Horizonten, insbesondere, wenn wir den Anspruch des historischen Bewußtseins meinen, jede Vergangenheit in ihrem eigenen Sein zu sehen, nicht von unseren zeitgenössischen Maßstäben und Vorurteilen aus, sondern in ihrem eigenen geschichtlichen Horizont. Die Aufgabe des historischen Verstehens schließt die Forderung ein, jeweils den historischen Horizont zu gewinnen, damit sich das, was man verstehen will, in seinen wahren Maßen darstellt. Wer es unterläßt, derart sich in den historischen Horizont zu versetzen, aus dem die Überlieferung spricht, wird die Bedeutung der Überlieferungsinhalte mißverstehen. Insofern scheint es eine berechtigte hermeneutische Forderung, daß man sich in den andern versetzen muß, um ihn zu verstehen. Indessen fragt es sich, ob eine solche Parole nicht gerade das Verständnis schuldig bleibt, das von einem verlangt wird. Es ist genauso wie im Gespräch, das wir mit jemandem nur zu dem Zwecke führen, um ihn kennenzulernen, d. h. um seinen Standort und seinen Horizont zu ermessen. Das ist kein wahres Gespräch, d. h. es wird darin nicht die Verständigung über eine Sache gesucht, sondern alle sachlichen Inhalte des Gespräches sind nur ein Mittel, um den Horizont des anderen kennenzulernen. Man denke etwa an das Prüfungsgespräch oder bestimmte Formen der ärztlichen Gesprächsführung. Das historische Bewußtsein tut offenbar Ähnliches, wenn es sich in die Situation der Vergangenheit versetzt und dadurch den richtigen historischen Horizont zu haben beansprucht...

Wenn sich unser historisches Bewußtsein in historische Horizonte versetzt, so bedeutet das nicht eine Entrückung in fremde Welten, die nichts mit unserer eigenen verbindet, sondern sie insgesamt bilden den einen großen, von innen her beweglichen Horizont, der über die Grenzen des Gegenwärtigen hinaus die Geschichtstiefe unseres Selbstbewußtseins umfaßt. In Wahrheit ist es also ein einziger Horizont, der all das umschließt, was das geschichtliche Bewußtsein in sich enthält. Die eigene und fremde Vergangenheit, der unser historisches Bewußtsein zugewendet ist, bildet mit an diesem beweglichen Horizont, aus dem menschliches Leben immer lebt und der es als Herkunft und Überlieferung bestimmt...

In Wahrheit ist der Horizont der Gegenwart in steter Bildung begriffen, sofern wir alle unsere Vorurteile ständig erproben müssen. Zu solcher Erprobung gehört nicht zuletzt die Begegnung mit der Vergangenheit und das Verstehen der Überlieferung, aus der wir kommen. Der Horizont der Gegenwart bildet sich also gar nicht ohne die Vergangenheit. Es gibt so wenig einen Gegenwartshorizont für sich, wie es historische Horizonte gibt, die man zu gewinnen hätte. *Vielmehr ist Verstehen immer der Vorgang der Verschmelzung solcher vermeintlich für sich seiender Horizonte...*

Der Entwurf des historischen Horizontes ist also nur ein Phasenmoment im Vollzug des Verstehens und verfestigt sich nicht zu der Selbstentfremdung eines vergangenen Bewußtseins, sondern wird von dem eigenen Verstehenshorizont der Gegenwart eingeholt. Im Vollzug des Verstehens geschieht eine wirkliche Horizontverschmelzung, die mit dem Entwurf des historischen Horizontes zugleich dessen Aufhebung vollbringt. Wir bezeichneten den kontrollierten Vollzug solcher Verschmelzung als die Aufgabe des wirkungsgeschichtlichen Bewußtseins.

39.8 H. Marcuse: Der eindimensionale Mensch

10 Beschluß

Die fortschreitende eindimensionale Gesellschaft verändert das Verhältnis zwischen dem Rationalen und dem Irrationalen. Vor dem Hintergrund der phantastischen und wahnwitzigen Aspekte ihrer Rationalität wird der Bereich des Irrationalen zur Stätte des wirklich Rationalen - der Ideen, die „die Kunst des Lebens befördern“ können. Wenn die bestehende Gesellschaft jede normale Kommunikation verwaltet und im Einklang mit den gesellschaftlichen Erfordernissen bekräftigt oder schwächt, dann haben vielleicht die Werte, die diesen Erfordernissen fremd sind, kein anderes Medium, in dem sie kommuniziert werden können, als das abnorme der Dichtung. Die ästhetische Dimension bewahrt sich noch eine Freiheit des Ausdrucks, die den Schriftsteller und Künstler befähigt, Menschen und Dinge bei ihrem Namen zu nennen - das sonst Unnennbare zu nennen.

Das wirkliche Gesicht unserer Zeit zeigt sich in Samuel Becketts Romanen; ihre wirkliche Geschichte wird in Rolf Hochhuths Stück *Der Stellvertreter* geschrieben. Hier spricht keine Einbildungskraft mehr, sondern die Vernunft, in einer Wirklichkeit, die alles rechtfertigt und alles freispricht - außer der Sünde wider ihren Geist. Die Einbildungskraft dankt vor dieser Wirklichkeit ab, welche die Einbildungskraft einholt und überholt. Auschwitz lebt immer noch fort, nicht in der Erinnerung, wohl aber in den vielfältigen Leistungen des Menschen – den Raumflügen, den Raketen und raketengesteuerten Geschossen, dem „labyrinthischen Erdgeschoß unter der Imbißhalle“, den hübschen elektronischen Fabriken, sauber, hygienisch und mit Blumenbeeten, dem Giftgas, das den Menschen in Wirklichkeit gar nicht schadet, dem Geheimnis, in das wir alle eingeweiht sind. So sieht das Gefüge aus, in dem die großen menschlichen Errungenschaften in Naturwissenschaft, Medizin und Technik statthaben; die Anstrengungen, das Leben zu retten und zu verbessern, sind das einzige Versprechen im Unheil. Das bewußte Spiel mit phantastischen Möglichkeiten, die Fähigkeit, mit gutem Gewissen zu handeln, *contra naturam,* mit Menschen und Dingen zu experimentieren, Illusionen in Wirklichkeit zu verwandeln und Erdichtetes in Wahrheit, bezeugen das Ausmaß, in dem die Einbildungskraft ein Instrument des Fortschritts geworden ist. Ein Instrument freilich, das, wie andere Instrumente in den bestehenden Gesellschaften, methodisch mißbraucht wird. Indem sie Schrittmacher der Politik wird und deren Stil bestimmt, geht die Einbildungskraft im Umgang mit den Worten über *Alice in Wonderland* hinaus und verkehrt Sinn in Unsinn, Unsinn in Sinn.

Die ehedem antagonistischen Bereiche verschmelzen auf technischem und politischem Boden - Magie und Wissenschaft, Leben und Tod, Freude und Elend. Die Schönheit offenbart ihren Terror in nuklearen Fabriken, die an vorderer Stelle stehen, und Laboratorien werden zu „Industrieparks" in angenehmer Umgebung; das Civil Defense Headquarters stellt einen „erstklassigen Bunker gegen atomaren Niederschlag" zur Schau, ganz mit Teppichstoff ausgelegt („weich"), mit Klubsesseln, Fernsehen und Brettspielen, „entworfen als kombiniertes Zimmer für die Familie in Friedenszeiten (sic!) und als Familienbunker gegen Atomniederschläge, sollte der Krieg ausbrechen". Wenn das Grauenhafte solcher Vorstellungen nicht ins Bewußtsein eindringt, wenn es sogleich als selbstverständlich hingenommen wird, so deshalb, weil diese Errungenschaften a) im Sinne der bestehenden Ordnung völlig rational und b) Zeichen menschlicher Erfindungsgabe und Macht sind, die über die traditionellen Grenzen der Phantasie hinausgehen.

Die abstoßende Verschmelzung von Ästhetik und Wirklichkeit widerlegt die Philosophien, die die „poetische" Einbildung der wissenschaftlichen und empirischen Vernunft entgegensetzen. Der technische Fortschritt ist von einer zunehmenden Rationalisierung, ja Verwirklichung des Imaginären begleitet. Die Archetypen des Grauens wie der Freude, des Krieges wie des Friedens verlieren ihren katastrophischen Charakter. Ihr Erscheinen im täglichen Leben der Individuen ist nicht mehr das von irrationalen Kräften - ihre modernen Ersatzgötter sind Elemente technischer Herrschaft und ihr unterworfen.

39.9 L. Wittgenstein: Über Philosophie

116. Wenn die Philosophen ein Wort gebrauchen – „Wissen“, „Sein“, „Gegenstand“, „Ich“, „Satz“, „Name“ – und das *Wesen* des Dings zu erfassen trachten, muß man sich immer fragen: Wird denn dieses Wort in der Sprache, in der es seine Heimat hat, je tatsächlich so gebraucht? –
Wir führen die Wörter von ihrer metaphysischen, wieder auf ihre alltägliche Verwendung zurück.

117. Man sagt mir: „Du verstehst doch diesen Ausdruck? Nun also, – in der Bedeutung, die du kennst, gebrauche auch ich ihn.“ – Als wäre die Bedeutung ein Dunstkreis, den das Wort mitbringt und in jederlei Verwendung hinübernimmt.
Wenn z. B. Einer sagt, der Satz „Dies ist hier“ (wobei er vor sich hin auf einen Gegenstand zeigt) habe für ihn Sinn, so möge er sich fragen, unter welchen besonderen Umständen man diesen Satz tatsächlich verwendet. In diesen hat er dann Sinn.

118. Woher nimmt die Betrachtung ihre Wichtigkeit, da sie doch nur alles Interessante, d. h. alles Große und Wichtige, zu zerstören scheint? (Gleichsam alle Bauwerke; indem sie nur Steinbrocken und Schutt übrig läßt.) Aber es sind nur Luftgebäude, die wir zerstören, und wir legen den Grund der Sprache frei, auf dem sie standen.

119. Die Ergebnisse der Philosophie sind die Entdeckung irgend eines schlichten Unsinns und Beulen, die sich der Verstand beim Anrennen an die Grenze der Sprache geholt hat. Sie, die Beulen, lassen uns den Wert jener Entdeckung erkennen.

120. Wenn ich über Sprache (Wort, Satz usw.) rede, muß ich die Sprache des Alltags reden. Ist diese Sprache etwa zu grob, materiell, für das, was wir sagen wollen? *Und wie wird denn eine andere gebildet?* – Und wie merkwürdig, daß wir dann mit der unsern überhaupt etwas anfangen können!
Daß ich bei meinen Erklärungen, die Sprache betreffend, schon die volle Sprache (nicht etwa eine vorbereitende, vorläufige) anwenden muß, zeigt schon, daß ich nur Äußerliches über die Sprache vorbringen kann.
Ja, aber wie können uns diese Ausführungen dann befriedigen? –

Nun, deine Fragen waren ja auch schon in dieser Sprache abgefaßt; mußten in dieser Sprache ausgedrückt werden, wenn etwas zu fragen war!

Und deine Skrupel sind Mißverständnisse.

Deine Fragen beziehen sich auf Wörter; so muß ich von Wörtern reden.

Man sagt: Es kommt nicht aufs Wort an, sondern auf seine Bedeutung; und denkt dabei an die Bedeutung, wie an eine Sache von der Art des Worts, wenn auch vom Wort verschieden. Hier ist das Wort, hier die Bedeutung. Das Geld und die Kuh, die man dafür kaufen kann. (Anderseits aber: das Geld, und sein Nutzen.)

121. Man könnte meinen: wenn die Philosophie vom Gebrauch des Wortes ,,Philosophie" redet, so müsse es eine Philosophie zweiter Ordnung geben. Aber es ist eben nicht so; sondern der Fall entspricht dem der Rechtschreibelehre, die es auch mit dem Wort ,,Rechtschreibelehre" zu tun hat, aber dann nicht eine solche zweiter Ordnung ist.

122. Es ist eine Hauptquelle unseres Unverständnisses, daß wir den Gebrauch unserer Wörter nicht *übersehen*. – Unserer Grammatik fehlt es an Übersichtlichkeit. – Die übersichtliche Darstellung vermittelt das Verständnis, welches eben darin besteht, daß wir die ‚Zusammenhänge sehen'. Daher die Wichtigkeit des Findens und des Erfindens von *Zwischengliedern.*

Der Begriff der übersichtlichen Darstellung ist für uns von grundlegender Bedeutung. Er bezeichnet unsere Darstellungsform, die Art, wie wir die Dinge sehen. (Ist dies eine ‚Weltanschauung'?)

123. Ein philosophisches Problem hat die Form: ,,Ich kenne mich nicht aus."

124. Die Philosophie darf den tatsächlichen Gebrauch der Sprache in keiner Weise antasten, sie kann ihn am Ende also nur beschreiben.

Denn sie kann ihn auch nicht begründen.

Sie läßt alles wie es ist.

40. Referat- und Diskussionsthemen F

40.1 Die Bedeutung der verschiedenen Reduktionen in der Phänomenologie. (K. Wuchterl: Methoden der Gegenwartsphilosophie, Bern 1977, 9.1–9.3)

40.2 Verschiedene Formen von Phänomenologie. (Siehe 40.1; Abschnitt 9.4)

40.3 Husserl und Descartes, zwei Versuche von Letztbegründung. (Husserl: Cartesianische Meditationen, Husserliana Band 1, Haag 1950; Einleitung und Teil I)

40.4 Der Positivismus in Physik, Biologie und Philosophie. (W. Stegmüller: Hauptströmungen der Gegenwartsphilosophie, Band 1, Stuttgart 1960, Kap. IX 1 und 2)

40.5 Die logischen Antinomien und ihre Auswirkung auf die Grundlegung der Wissenschaften. (F. v. Kutschera: Elementare Logik, Wien 1967, 5.6)

40.6 Philosophie als Sprachkritik. (L. Wittgenstein: Tractatus logico-philosophicus, Frankfurt 1960, insbesondere § 4 und Schluß)

40.7 Der „Wiener Kreis" und der moderne Empirismus. (H. Schleichert: Logischer Empirismus - der Wiener Kreis; München 1975, Einleitung, und M. Schlick: Die Wende der Philosophie)

40.8 Kritischer Rationalismus und Gesellschaftstheorie. (K. Wuchterl: Lehrbuch der Philosophie, Bern 1984, 2.5a))

40.9 Existenzphilosophisches in der Dichtung, z. B. bei Rilke. (O. F. Bollnow: Existenzphilosophie, Stuttgart 1955, V und X)

40.10 Sartres Existenzphilosophie als neue Form des Humanismus. (Sartre: Ist der Existentialismus ein Humanismus? In: Drei Essays, Frankfurt / Berlin 1961)

40.11 Formen der Uneigentlichkeit im Massendasein. (Heidegger: Sein und Zeit, Kap. V, B; O. y Gasset: Der Mensch und die Leute, München 1961, S. 118 ff.)

40.12 Der Streit zwischen Natur- und Geisteswissenschaften. (Siehe 40.1, Abschnitt 7 und 8)

40.13 Die Grundlegung der philosophischen Hermeneutik bei Schleiermacher und Dilthey. (Gadamer: Wahrheit und Methode, S. 172 f. bzw. 205 f.)

40.14 Die Frankfurter Schule. (Siehe 40.8, Abschnitt 2.5b))

40.15 Sprechakttheorien. (A. Keller: Sprachphilosophie, Freiburg 1979, Abschnitt 6)

40.16 Wittgenstein-Interpretationen. (Beiheft 1 zu L. Wittgenstein, Schriften, Frankfurt 1960)

40.17 Wittgenstein und die Phänomenologie. (W. Stegmüller: Hauptströmungen der Gegenwartsphilosophie, Band 2, Stuttgart 1975, Kap. II)

41. Zeittafel F

1899	E. Haeckel: „Die Welträtsel"; monistischer Materialismus
1900	*E. Husserl:* „Logische Untersuchungen"; Beginn der Phänomenologie
	S. Freud: „Traumdeutung"; Grundlegung der Psychoanalyse
1902	H. Cohen: „System der Philosophie"; Neukantianismus
1903	G. E. Moore: „Principia Ethica"; Vorläufer der analytischen Philosophie
1905	A. Einstein: Spezielle Relativitätstheorie; Revolution in der Physik
1907	H. Bergson: „Die schöpferische Entwicklung"; französische Lebensphilosophie
	W. James: „Pragmatismus"; amerikanischer Pragmatismus

1908	W. I. Lenin bekämpft in „Materialismus und Empiriokritizismus“ den bürgerlichen Idealismus
1910	*B. Russell* veröffentlicht gemeinsam mit A. N. Whitehead die „Principia Mathematica“
1911	Tod W. Diltheys, des Autors der „Einleitung in die Geisteswissenschaften
1913	E. Husserl: „Ideen zu einer reinen Phänomenologie und phänomenologischen Philosophie“
	M. Scheler: „Der Formalismus in der Ethik und die materiale Wertethik“
1914–1918	*Erster Weltkrieg*
1914	G. Marcel: „Metaphysisches Journal“; Anfänge der Existenzphilosophie
1918	O. Spengler: „Der Untergang des Abendlandes“; Kulturpessimismus
1919	Gründung der Weimarer Republik
1921	*L. Wittgenstein:* „Tractatus logico-philosophicus“; Philosophie als Sprachkritik
1927	*M. Heidegger:* „Sein und Zeit“
	M. Scheler: „Die Stellung des Menschen im Kosmos“
1929	Die Zeitschrift „Erkenntnis“, das Zentralorgan des „Wiener Kreises“
1933	Machtergreifung Adolf Hitlers
1938	K. Jaspers: „Existenzphilosophie“
	J. Stalin: „Über dialektischen und historischen Materialismus“
1939–1945	*Zweiter Weltkrieg*
1943	J. P. Sartre: „Das Sein und das Nichts“
1947	T. W. Adorno / M. Horkheimer: „Dialektik der Aufklärung“; Kritische Theorie
1953	L. Wittgenstein: „Philosophische Untersuchungen“; sprachanalytische Philosophie
1960	*H. G. Gadamer:* „Wahrheit und Methode“
1964	*H. Marcuse:* „Der eindimensionale Mensch“
1968	Studentenunruhen in zahlreichen westlichen Ländern

42. Anmerkungen

1 K. Kerény: Umgang mit Göttlichem, Göttingen 1961, 2. Aufl. S. 32
2 K. Jaspers: Vom Ursprung und Ziel der Geschichte, München 1955, S. 14
3 W. Windelband: Lehrbuch der Geschichte der Philosophie, Tübingen 1950, 14. Aufl. S. 22
4 J. Burckhardt: Griechische Kultur, Berlin 1947, S. 219
5 Dieser Begriff taucht allerdings erst später, besonders bei Heraklit, auf
6 Platon: Theaetet 174a; Rowohlts Klassiker Bd. 4, Hamburg 1958
7 Ausführliche Schilderungen bei W. Weischedel: Die philosophische Hintertreppe, München 1981, 7. Aufl. S. 11 f.
8 Jaspers a. a. O. S. 15
9 W. Capelle: Die Vorsokratiker, Stuttgart 1953, 4. Aufl. S. 79
10 W. Jaeger: Paideia I, Berlin 1954, 3. Aufl. S. 218
11 H. Diels: Fragmente der Vorsokratiker, hrsg. v. W. Kranz, Bd. I, Dublin / Zürich 1968, 6. Aufl.; 4, S. 161
12 Jaeger a. a. O. S. 374
13 W. K. Guthrie: Die griechischen Philosophen von Thales bis Aristoteles, Göttingen 1963, 2. Aufl. S. 51
14 a. a. O. S. 385 bzw. 380
15 Aristoteles Rhetorik Schol. 13, 1373b, 18 ff.; zitiert nach P. Spranger: Historische Untersuchungen zu den Sklavenfiguren des Plautus und Terenz, Stuttgart 1984, 2. Aufl. S. 18
16 a. a. O. S. 238
17 G. Martin: Sokrates: Das Allgemeine; in: J. Speck: Grundprobleme der großen Philosophen, Philosophie des Altertums und des Mittelalters, Göttingen 1978, 2. Aufl. S. 10
17a Dabei ist die Frage nach wie vor ungelöst, ob es vielleicht neben den an die Öffentlichkeit gerichteten Dialogen noch eine «esoterische Lehre» gab, die Platon an der Akademie nur seinen Schülern vermittelte und zu deren Verständnis die Dialoge nicht ausreichten (Vgl. H. J. Krämer: Arete bei Platon und Aristoteles. Heidelberg 1959).
18 Besonders E. Martens greift in seinen didaktischen Untersuchungen auf die sokratische Methode zurück. Vgl. z. B. Dialogisch-pragmatische Philosophie-Didaktik, Hannover 1979, 3.11.1
19 Diogenes Laertius: Leben und Meinungen berühmter Philosophen, III, 2, Hamburg 1967, 2. Aufl. S. 149/50
20 W. Jaeger: Aristoteles, Berlin 1955, 2. Aufl. S. 420
21 K. R. Popper: Die offene Gesellschaft und ihre Feinde, Band I, München 1980, 6. Aufl. S. 46 bzw. 148 und 128/29
22 J. W. von Goethe: Materialien zur Geschichte der Farbenlehre, 3. Band der Sophienausgabe, S. 141; zitiert nach: Ueberweg / Praechter: Die Philosophie des Altertums, Darmstadt 1957, 14. Aufl., Band 1, S. 352
23 a. a. O. S. 393
24 a. a. O. S. 1

24a Der sogenannte Neoaristotelismus betrifft weniger die Einzelheiten der aristotelischen Lehre als vielmehr gewisse Aspekte in der Rückbindung der Ethik an Lebensformen, die auch aus ganz anderen Traditionen stammen (z. B. aus der husserlschen und wittgensteinschen Spätphilosophie).
25 E. R. Sandvoss: Aristoteles, Stuttgart 1981, S. 8 bzw. 11
26 Siehe die Darstellung der Philosophie Heideggers im Abschnitt 36
27 Epikur, Philosophie der Freude, Stuttgart 1949, S. 39
28 Justinian: Dialogus, c. 8, Paris 1909
29 P. Boehner / E. Gilson: Christliche Philosophie von ihren Anfängen bis Nikolaus von Cues, Paderborn 1954, 3. Aufl. S. 159
30 a. a. O. S. 158
31 a. a. O. S. IX
32 Augustinus gegen die Skeptiker in: Contra Academicos III; 11, 24; 64; 26, 66; in: Soliloquia II, 1,1; 885; in: De trinitate X, 10; 981 und in: De civitate Dei XI, 26, 551, 6 f.
33 W. Kluxen: Das Seiende und seine Prinzipien, in: Speck a. a. O. S. 181
34 So z. B. J. Pieper: Scholastik, München 1960, S. 19
35 M. Grabmann: Die Geschichte der scholastischen Methode, Band 1, Basel / Stuttgart 1961, S. 36/37
36 a. a. O. S. 63
37 Sermones 117,3
38 W. Durant: Kulturgeschichte der Menschheit, Band 14, Lausanne o. J., S. 122
39 Einzelheiten v. a. bei Max Weber, z. B. Asketischer Protestantismus und kapitalistischer Geist, in: Max Weber, Stuttgart 1973
40 Siehe R. Specht: Descartes, Reinbek 1980, S. 17 und 20
41 R. Descartes: Abhandlung über die Methode, Stuttgart 1961, S. 18/19
42 a. a. O. 3. Kapitel
43 C. F. von Weizsäcker: Descartes und die neuzeitliche Naturwissenschaft, Hamburg 1958; E. Gilson: Le thomisme, 1921; E. Cassirer: Descartes, Stockholm 1939; E. Husserl: Cartesianische Meditationen, Husserliana 1, Haag 1950; G. Ryle: Der Begriff des Geistes, Stuttgart 1969; L. Mumford: Mythos der Maschine, Wien 1974
44 B. de Spinoza: Die Ethik, Hamburg 1963, I, 1
45 Die Terminologie findet man bei R. Spaemann, vgl. Funktionale Religionsbegründung und Religion, in: P. Koslowski: Die religiöse Dimension der Gesellschaft, Tübingen 1985
46 So W. Weischedel: Die philosophische Hintertreppe, München 1973, S. 132 f.
47 I. Kant: Prolegomena, Vorrede, Werkausgabe Band 5, Frankfurt 1977, 3. Aufl.
48 „Transzendental" darf nicht mit „transzendent" (d. h. die Erfahrung unserer Welt übersteigend) verwechselt werden. Die transzendentale Überlegung, wie Erfahrung überhaupt möglich ist, übersteigt diese nur in einem methodologischen Sinne.

49 D. Hume: Eine Untersuchung über den menschlichen Verstand, Hamburg 1955, Abt. VII
50 I. Kant: Kritik der reinen Vernunft, Werkausgabe Band 3, Frankfurt 1977, Vorrede B XII
51 a. a. O. B XXX
52 Grundlegung der Metaphysik der Sitten, Werkausgabe Band 7, S. 51
53 Kritik der reinen Vernunft, Vorrede B XIII
54 Beantwortung der Frage: Was ist Aufklärung? Werkausgabe Band 11, S. 53
55 Zweiter „Kallias"-Brief vom 8. 2. 1793, Sämtliche Werke, Band 5, München 1959, S. 395/96
56 Goethe: „Einwirkungen der neueren Philosophie" und „An Eckermann, 11. 4. 1827", zitiert nach H. Glockner: Die europäische Philosophie, Stuttgart, 1960, 2. Aufl. S. 710
57 K. Löwith: Von Hegel zu Nietzsche, Stuttgart 1964, 5. Aufl. S. 17
58 G. W. F. Hegel: Vorlesungen über die Philosophie der Geschichte, Werkausgabe Band 12, Frankfurt 1970, S. 524
59 Hegel: Grundlinien der Philosophie des Rechts, Werkausgabe Band 7, Vorrede, S. 26
60 a. a. O. S. 24
61 Hegel: Phänomenologie des Geistes, Werkausgabe Band 3, Vorrede
62 Hegel: Enzyklopädie der Wissenschaften, Logik, Werkausgabe Band 8, § 41, Zusatz 2
63 Hegel: Phänomenologie des Geistes, Ende
64 R. G. Collingwood: Philosophie der Geschichte, Stuttgart 1955, S. 123 f.
65 Hegel: Wissenschaft der Logik I, Werkausgabe Band 5, S. 44 bzw. Enzyklopädie der Wissenschaften, Logik § 18; siehe auch T. Litt: Hegel, Heidelberg 1953, Abschnitt XI
66 a. a. O. Band II, Litt a. a. O. VIII
67 a. a. O. Band III, Litt a. a. O. Vf
68 L. v. Ranke: Geschichte der romanischen und germanischen Völker, Vorwort zur 1. Aufl.; Werke Band 33, Leipzig 1874. S. VII
69 Löwith a. a. O. S. 10
70 K. Rosenkranz, zitiert nach Löwith a. a. O. S. 66
71 L. v. Ranke: Weltgeschichte, Leipzig 1883, 3. Aufl., IX. Teil, 2. Abt., Einleitung S. 4
72 Vgl. Löwith a. a. O. S. 81
73 Zur Philosophie Feuerbachs siehe besonders: Das Wesen des Christentums, Werke Band 6, Stuttgart 1903–1911
74 Löwith a. a. O. S. 115
75 Siehe F. Engels: Ludwig Feuerbach und der Ausgang der klassischen deutschen Philosophie, Berlin 1946, S. 56
76 K. Marx / F. Engels: Historisch-kritische Gesamtausgabe, Frankfurt 1927, 1. Abt. S. 15
77 So der Untertitel des Werkes „Furcht und Zittern"
78 Löwith a. a. O. S. 168

79 a. a. O. S. 153
80 S. Kierkegaard: Tagebücher 4. und 5. Band, Düsseldorf / Köln 1970/74: S. 28 (X 2 A 163), 199 (X 3 A 231), 327 (XI 2 A 138), 226 (XI 1 A 252), 86 (X 4 A 570)
81 S. Kierkegaard: Die Krankheit zum Tode, Frankfurt / Hamburg 1959, S. 14
82 F. Nietzsche: Werke IV, München / Wien 1966, 5. Aufl. S. 755
83 Siehe Abschnitt 37 bzw. 38
84 So der Titel seines Hauptwerkes
85 A. Schopenhauer: Die beiden Grundprobleme der Ethik, Sämtliche Werke Band 4, Wiesbaden 1950, S. 270 f.
86 So der Titel eines seiner Werke
87 Werke II, S. 459
88 Werke III, 2. Hauptstück von „Jenseits von Gut und Böse"
89 Werke III, 3. Buch, S. 125, „Die fröhliche Wissenschaft"
90 Werke III, „Also sprach Zarathustra", Ende
91 Werke IV
92 Werke VI, S. 634 f.
93 Werke III, S. 293 f.
94 Werke IV, S. 1128 „Ecce homo"
95 Werke III, S. 409
96 Werke VI, S. 469
97 Nietzsches Erkenntnistheorie, in: Wege der Forschung, Darmstadt 1980
98 Werke III, S. 408
99 Die Hauptvertreter des Psychologismus sind J. St. Mill (System der induktiven und deduktiven Logik, 1843), W. Wundt (Logik, 3 Bände, 1880 f.) und C. Sigwart (Logik, 2 Bände, 1873 f.)
100 Zwei Bände, Halle 1900/1901
101 Europäische Philosophie der Gegenwart, Bern / München 1951, 2. Aufl. S. 145
102 E. Husserl: Logische Untersuchungen, Band II, I. Ausdruck und Bedeutung, Tübingen 1968, 5. Aufl.
103 E. Husserl: Ideen zu einer reinen Phänomenologie und phänomenologischen Philosophie, Tübingen 1980, 4. Aufl., Einleitung, S. 1
104 Cartesianische Meditationen, Husserliana I, Haag 1950
105 Vgl. die Spätphilosophie, insbesondere: Die Krisis der europäischen Wissenschaften und die transzendentale Phänomenologie, Husserliana VI, Haag 1962
106 Brief an Dorian Cairus, 1930; vgl. E. Avé-Lallement u. a.: Die Münchner Phänomenologie, Haag 1975
107 a. a. O. München 1953, S. 13
108 Der Aufbau der realen Welt, Berlin 1940
109 K. Lorenz: Die Rückseite des Spiegels, München 1973, S. 57 f.
110 So der Titel seines letzten Werkes, erschienen 1927 im Jahrbuch „Der Leuchter"
111 a. a. O. S. 39

112 Autobiographie, Frankfurt 1972, S. 7 f.
113 Für diese neben dem (Frege-Russellschen) Logizismus wichtigsten grundlagentheoretischen Strömungen ist die Mathematik nicht auf Logik zurückführbar. Für die Formalisten ist Mathematik mit formalen axiomatischen Systemen identisch, in denen Widerspruchsfreiheit garantiert ist. Nach den beiden anderen Auffassungen handelt dagegen die Mathematik von Inhalten, die aus der Urintuition der natürlichen Zahlen konstruktiv aufgebaut werden können.
114 A Critical Exposition of the Philosophy of Leibniz, Cambridge 1900, S. 8
115 Über Bekanntschaft und Beschreibung siehe ,,Probleme der Philosophie``, Frankfurt 1967, § 5. Russells ausführliche und folgenreiche Untersuchung zur Kennzeichnung findet man in ,,On Denoting``, in: Mind 14, 1905
116 Eine Einführung in die Gedankenwelt Wittgensteins z. B. in K. Wuchterl / A. Hübner: Ludwig Wittgenstein, Reinbek 1979
117 G. Patzig im Nachwort zu R. Carnap: Scheinprobleme in der Philosophie, Frankfurt 1966, S. 104
118 Das Hauptwerk Poppers: Logik der Forschung, Wien 1934, ist auch für die gegenwärtige Diskussion noch grundlegend
119 Ist der Existentialismus ein Humanismus? In: Drei Essays, Frankfurt / Berlin 1961
120 Der Mythos von Sisyphos, Hamburg 1959, S. 9
121 Sein und Zeit, Tübingen 1957, 8. Aufl. S. 12 bzw. 42
122 a. a. O. S. 143
123 a. a. O. S. 250 bzw. 263
124 a. a. O. S. 17
125 Über den Humanismus, Frankfurt 1947, S. 16–122
126 So der Titel einer Schrift von Adorno
127 Sein und Zeit, S. 143–145
128 a. a. O. § 32
129 Wahrheit und Methode, Tübingen 1972, 3. Aufl. S. 261
130 a. a. O. S. 276 bzw. 278
131 H. Marcuse: Schriften, Frankfurt 1978, Band 1, S. 536
132 a. a. O. S. 39
133 a. a. O. S. 11, 21, 44
134 a. a. O. S. 46 bzw. 160
135 a. a. O. S. 12 bzw. 13
136 a. a. O. S. 152
137 a. a. O. S. 22 bzw. 24
138 So Joachim Fest in FAZ vom 4. 8. 1979
139 Brief an Russell Nr. 37, Letters to Russell, Keynes and Moore, London 1975
140 Vermischte Bemerkungen, Frankfurt 1977, S. 38 bzw. 15 und Nachlaß-Manuskript 109/16
141 Vermischte Bemerkungen S. 22 bzw. 28
142 Traktat 4.0031 bzw. 4.112, PU 119 bzw. 133
143 PU 123

144 Es gibt vereinzelte Versuche, die Wittgensteinsche Therapie durch ein radikal neues Philosophie-Verständnis, das insbesondere Gedankengänge Heideggers einbezieht, zu konkretisieren. R. Rorty spricht in «Der Spiegel der Natur: Eine Kritik der Philosophie» (Frankfurt 1981) von der Philosophie als nicht-normalen Diskurs, der alle normalen Diskurse (d. h. solche, in denen Konsens erreichbar ist) kritisch übersteigt. Philosophie wird dann zum dialektischen Bildungsprozeß, zum ewigen Gespräch über immer wieder scheiternde Versuche, bestimmte Selbstauffassungen und Sozialpraktiken als Philosophie oder als Wissenschaft zu verewigen.

145 Zur Situation in der gegenwärtigen Philosophie, siehe K. Wuchterl: Methoden der Gegenwartsphilosophie, Bern / Stuttgart 1977, 2. Auflage in Vorbereitung

43. Textquellen

4.1 W. Nestle: Vom Mythos zum Logos; Kröner, Stuttgart 1975, 2. Aufl. S. 1 f.

4.2 P. Feyerabend: Wider den Methodenzwang; Suhrkamp, Frankfurt 1976, S. 24

4.3 W. Jaeger: Paideia I; de Gruyter, Berlin, 1954, 3. Aufl. S. 214 f.

4.4 H. Diels: Fragmente der Vorsokratiker, hrsg. v. W. Kranz, Bd. I; Weidmann, Dublin / Zürich, 1968, 6. Aufl.; 12, S. 154; 49a, S. 161; 52; 53; S. 162; 30; S. 157; 1, S. 150; W. Capelle: Die Vorsokratiker; Kröner, Stuttgart o. J. 19, S. 133; 31, S. 135/36

4.5 F. Nietzsche: Werke, hrsg. v. K. Schlechta; Hansser, München / Wien 1980, Bd. V, S. 369, 372, 376

4.6 Diels a. a. O. 2, S. 231; 6, S. 232; 7, S. 234

4.7 H.-G. Gadamer: Philosophisches Lesebuch 1; Fischer, Frankfurt 1965, S. 15–17

12.1 Diels a. a. O. II; 152 A, S. 263 bzw. 4, S. 265

12.2 Sextus Empiricus: Adversos mathematicos VII, 65 ff., Diels a. a. O. II; 3, S. 280, übersetzt von Capelle a. a. O. S. 345

12.3 Jaeger a. a. O. I, S. 385

12.4 R. Guardini: Der Tod des Sokrates; Rowohlt, Reinbek 1956, S. 7

12.5 Nietzsche a. a. O. Bd. 1, S. 84–86

12.6 Platon: Phaidon 116a–118a; Rowohlt Klassiker Bd. III; Hamburg 1958, S. 64–66

12.7 a. a. O. 66b–67b, S. 19

12.8 Platon: Politeia 433a–434c, a. a. O. S. 159–160

12.9 a. a. O. 444a–e, S. 169/170

12.10 Aristoteles: Metaphysik Z 1,2; 1028 a, b; Kröner, Stuttgart o. J., S. 115–116 bzw. Z 3, 1029a, S. 117

12.11 Aristoteles: Nikomachische Ethik, 1. Buch 1095 a 13 ff. bzw. 10.Buch 1177a 5; Artemis, Zürich 1951, S. 58/59 bzw. 291
12.12 In J. Mewaldt (Hrsg.): Epikur - Philosophie der Freude; Kröner, Stuttgart 1949, S. 44/45
12.13 In H. Schmidt (Hrsg.): Epiktet - Handbüchlein der Moral und Untersuchungen; Kröner, Stuttgart 1954, S. 50/51
12.14 Mark Aurel: Selbstbetrachtungen, 4. Buch 49, 50; Reclam, Stuttgart 1949
18.1 J. Pieper: Scholastik; Kösel, München 1960, S. 20–22
18.2 Augustinus: Soliloquia II, 1.1; Migne, Patrologie, serias latina, S. 885; De trinitate X, 10, a. a. O. S. 981; De civitate Dei XI, 26, Übersetzung nach P. Böhner / E. Gilson: Christl. Philosophie; Schöningh, Paderborn 1954
18.3 Augustinus: De civitate Dei; Kröner, Stuttgart 1951, 5. Aufl. S. 285 bzw. 286/87
18.4 S. Gilson: Der Heilige Augustin; Hegner, Hellerau 1930, S. 389–391
18.5 Thomas von Aquin: Summa theologiae, 1. Untersuchung, 1. Artikel; Kröner, Stuttgart 1938, 2. Aufl.
18.6 H. Meyer: Thomas von Aquin. Sein System und seine geistesgeschichtliche Stellung; Schöningh, Paderborn 1961, 2. Aufl. S. 654/55
25.1 R. Descartes: Die Prinzipien der Philosophie; Meiner, Hamburg 1955, 5. Aufl. S. 1–3
25.2 R. Descartes: Abhandlung über die Methode des richtigen Vernunftgebrauchs; Reclam, Stuttgart 1961, S. 18/19
25.3 B. de Spinoza: Ethik; Meiner, Hamburg 1963, S. 3–5 bzw. 84
25.4 Leibniz-Texte aus I. M. Bocheński: Formale Logik; Alber, Freiburg / München 1956, S. 320/21
25.5 N. Hoerster: David Hume, Existenz und Eigenschaften Gottes; in: Speck J.: Grundprobleme der großen Philosophen, Phil. der Neuzeit I; Vandenhoeck, Göttingen 1979, S. 244-246
25.6 I. Kant: Vorrede zur „Kritik der reinen Vernunft", Werkausgabe Bd. 3; Suhrkamp, Frankfurt 1977, B XI–B XIII
25.7 a. a. O. B XXVII–B XXX
25.8 G. W. F. Hegel: Vorrede zur „Phänomenologie des Geistes", Sämtl. Werke Bd. V; Meiner, Hamburg 1952, 6. Aufl., S. 11/12; 15; 19/20
25.9 G. W. F. Hegel: Vorrede zu „Grundlinien der Philosophie des Rechts", Werkausgabe Bd. 7, Vorrede, S. 26–28
31.1 K. Löwith: Von Hegel zu Nietzsche; Kohlhammer, Stuttgart 1964, 5. Aufl. S. 83
31.2 K. Marx: Das Kapital, Bd. 1, ökonomische Schriften I; Cotta, Stuttgart 1962, S. 864–66
31.3 S. Kierkegaard: Furcht und Zittern, Fischer, Frankfurt / Hamburg 1959, S. 127
31.4 S. Kierkegaard: Die Leidenschaft des Religiösen; Reclam, Stuttgart 1953, Abschnitt 63

31.5 F. Nietzsche: Menschliches, Allzumenschliches III, 126; Werke II; Hanser, München / Wien 1980, S. 529
31.6 F. Nietzsche: Die Fröhliche Wissenschaft III, 125; Werke III, S. 125
31.7 F. Nietzsche: Also sprach Zarathustra III; Werke III, S. 466–468
39.1 E. Husserl: Ideen zu einer reinen Phänomenologie und phänomenologischen Philosophie; Niemeyer, Tübingen 1980, 4. Aufl. S. 56/57
39.2 a. a. O. S. 59, 86, 92
39.3 M. Scheler: Wesen und Formen der Sympathie; Schulte-Bulmke, Frankfurt 1948, 5. Aufl. S. 158, 164–166
39.4 B. Russell: Die Philosophie des logischen Atomismus; Nymphenburger Verlag, München 1976, S. 103/104
39.5 K. Popper: Logik der Forschung, Vorwort zur dritten deutschen Auflage; Mohr, Tübingen 1969
39.6 M. Heidegger: Sein und Zeit; Niemeyer, Tübingen 1957, 8. Aufl. S. 252–54, 260–63, 266
39.7 H.-G. Gadamer: Wahrheit und Methode; Mohr, Tübingen 1972, 3. Aufl. S. 286–290
39.8 H. Marcuse: Der eindimensionale Mensch; Luchterhand, Neuwied / Berlin 1967, S. 258/59
39.9 L. Wittgenstein: Philosophische Untersuchungen, L. Wittgenstein Schriften; Suhrkamp, Frankfurt 1960, § 116–124

44. Literaturverzeichnis

Da bei den Referat- und Diskussionsthemen zu den einzelnen Abschnitten genauere Literaturhinweise gegeben werden, sind hier nur einige Werke zur ersten Orientierung alphabetisch aufgeführt, die meistens selbst wieder umfangreiche Literaturhinweise enthalten.

Diehm, H.: Sören Kierkegaard. Eine Einführung, Göttingen / Zürich 1964
Fink, E.: Nietzsches Philosophie, Stuttgart 1960
Freudenthal, J.: Spinozas Leben und Lehre, 1903; neu bearbeitet von C. Gebhardt, Heidelberg 1927
Gottschalk, H.: Bertrand Russell, Berlin 1962
Hartmann, K.: Die Marxsche Theorie. Eine philosophische Untersuchung zu den Hauptschriften, Berlin 1970
Janssen, P.: Edmund Husserl. Einführung in seine Phänomenologie, Freiburg / München 1976
Jaeger, W.: Aristoteles. Grundlegung einer Geschichte seiner Entwicklung, Berlin 1955[2]
Jaeger, W.: Paideia. Die Formung des griechischen Menschen, Berlin 1954/55[3]
Jodl, F.: Leben und Philosophie David Humes, Halle 1872
Klemmt, A.: John Locke. Theoretische Philosophie, Meisenheim / Wien 1952
Körner, S.: Kant, Göttingen 1967
Litt, T.: Hegel. Versuch einer kritischen Erneuerung, Heidelberg 1953
Löwith, K.: Von Hegel zu Nietzsche. Der revolutionäre Bruch im Denken des 19. Jahrhunderts, Stuttgart 1964[5]
Martin, G.: Sokrates, Reinbek 1967
Meyer, H.: Thomas von Aquin. Sein System und seine geistesgeschichtliche Stellung, Paderborn 1961[2]
Nestle, W.: Vom Mythos zum Logos, Stuttgart 1975[2]
Pieper, J.: Scholastik. Gestalten und Probleme der mittelalterlichen Philosophie, München 1960
Pöggeler, O.: Der Denkweg Martin Heideggers, Pfullingen 1963
Röd, W.: Descartes. Die innere Genesis des cartesianischen Systems, München 1964
Schöpf, A.: Augustinus. Einführung in sein Philosophieren, Freiburg / München 1970
Steigerwald, R.: Herbert Marcuses dritter Weg, Köln 1969
Stenzel, J.: Studien zur Entwicklung der platonischen Dialektik von Sokrates zu Aristoteles, Darmstadt 1961[3]
Totok, W. / Haase, C.: Leibniz. Sein Leben - Sein Werk - Seine Welt, Hannover 1966
Wuchterl, K. / Hübner, A.: Wittgenstein, Reinbek 1979

45. Namenverzeichnis

Weitere Werke von Prof. Dr. Kurt Wuchterl
in den Uni-Taschenbüchern

Lehrbuch der Philosophie

UTB 1320
3. Auflage, 277 Seiten, 12 Abbildungen, kartoniert DM 25,80
ISBN 3-258-03570-9

Methoden der Gegenwartsphilosophie

UTB 646
2. verbesserte und neubearbeitete Auflage, 338 Seiten, 39 graphische Darstellungen, kartoniert DM 29,80
ISBN 3-258-03659-4

Philosophie und Religion

UTB 1199
203 Seiten, kartoniert DM 19,80
ISBN 3-258-03140-1

Analyse und Kritik der religiösen Vernunft

Grundzüge einer paradigmenbezogenen Religionsphilosophie
UTB 1543
etwa 260 Seiten, kartoniert etwa DM 23,80
ISBN 3-258-04079-6

Verlag Paul Haupt Bern und Stuttgart